박근혜 대통령 새 정치시대

박근혜 대통령 새 정치시대

초판 1쇄 발행 2013년 1월 18일

지 은 이 원 봉
발 행 인 권선복
디 자 인 가보경
업 무 지 원 박소은
마 케 팅 서선교
발 행 처 도서출판 행복에너지
출 판 등 록 제315-2011-000035호
주 소 서울특별시 강서구 화곡동 24-322
전 화 0505-666-5555
팩 스 0303-0799-1560
홈 페 이 지 www.happybook.or.kr
이 메 일 ksb6133@naver.com

값 15,000원
ISBN 978-89-97580-63-7   13340

Copyright ⓒ 원 봉, 2013

이 책은 저작권법에 따라 보호받는 저작물이므로 무단전재와 무단복제를 금지하며, 이 책의 내용을 전부 또는 일부를 이용하시려면 반드시 저작권자와 〈도서출판 행복에너지〉의 서면 동의를 받아야 합니다.

•잘못된 책은 구입하신 곳에서 바꾸어 드립니다.

> 도서출판 행복에너지는 독자 여러분의 아이디어와 원고 투고를 기다립니다. 책으로 만들기를 원하는 콘텐츠가 있으신 분은 이메일이나 홈페이지를 통해 간단한 기획서와 기획의도, 연락처 등을 보내주십시오. 행복에너지의 문은 언제나 활짝 열려 있습니다.

통일반도총서 제1부 싱크탱크기획

박근혜 대통령 새 정치시대

지은이 원 봉

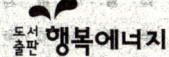

새로운 정치,
새로운 시대를
만들겠습니다!

박근혜 후보의 2012년 11월 25일 기자회견에서

원봉의 세계최초 핵심기획

1. 인류의 원시문명, 농업문명, 공업문명 다음의 네 번째 문명은 '인류사상문명'일 것입니다.

2. 인류의 원시사회, 노예사회, 봉건사회, 자본주의사회 다음의 사회는 '국민민주사회'일 것입니다.

3. 인류의 역사를 몇 천 년, 몇 만 년, 몇 억 년 시간단위로 탐구하는 '거시역사학'이 창설될 것입니다.

4. 인류가 대결하면서 경쟁하던 시대에서 협력하면서 경쟁하는 '협력경쟁시대'에 진입할 것입니다.

5. 세계에서 무기개발과 침략전쟁이 완전히 사라지고 인류 '평화발전모델'이 창조될 것입니다.

6. 21세기 후반에는 북극해 항로의 단계적 개통과 함께 '유라시아·북극해 시대'가 열리게 될 것입니다.

7. 동북아 '극동경제공동체/FEC'가 인류의 미래발전을 강력하게 견인하는 핵심동력이 될 것입니다.

8. 통일반도가 '극동경제공동체/FEC'의 중축이 되어 세계 5강 초일류 행복국가로 도약할 것입니다.

국민이 국가의 주인이다

제18대 대선결전이 막을 내렸다.
박근혜 후보가 대한민국 제18대 대통령이 되었다.
우리나라와 동북아의 첫 여성 대통령이 탄생한 것이다.
이번 대선의 가장 큰 이슈는 정치쇄신과 새 정치였다.
"국민들께서 주인공이 되는… 좋은 세상을 꼭 만들어 나가겠습니다."
지난 2월 16일, '새누리당' 현판식 때 박근혜 후보가 국민께 드린 약속이다.
"이제, 근본적인 변화가 필요합니다."
"국정운영의 기조를 국가에서 국민으로 바꿔야 합니다."
지난 7월 10일, 대선출마 시 박근혜 후보의 선언이다.

지난 9월 19일, 안철수 후보가 대선출마를 하였다.
정치쇄신과 새 정치를 선언하면서 '안철수 돌풍'이 일어나기 시작하였다.

안철수 후보는 '중앙당 취소, 국회의원 축소' 등의 정치쇄신안을 제안했다.
"국가의 권리를 국민에게 돌려주어야 한다."고 선언하였다.
정치입문 1년 좀 넘는 안철수 후보에 대한 국민지지율이 최고로 치솟기도 하였다.
오랫동안 지속되어 온 '박근혜 대세론'을 위협하기도 하였다.
새누리당과 민주통합당까지 정치쇄신 경쟁에 뛰어들게 하였다.
국민에게 새 정치에 대한 희망을 가져다주었다.
그러나 지난 11월 23일 안철수 후보가 전격사퇴를 하였다.
국민이 도저히 이해할 수 없는 돌연한 대선후보 사퇴이다.
문재인 후보와의 단일화 약속은 지켰으나 국민과의 새 정치 약속은 접었기 때문이다.
후보사퇴로 인하여 제18대 대선에서는 안철수 대통령이 탄생할 수 없게 되었다.
"새로운 시대, 새로운 정치를 갈망합니다."
안철수 후보가 사퇴선언에서 남긴 말이다.

"새로운 정치, 새로운 시대를 만들겠습니다."
박근혜 후보가 국민에게 남긴 약속이다.
그리고 '대통령 산하에 국정쇄신정책회의' 창설을 약속하였다.
박근혜 후보의 강력한 정치쇄신 결심과 새 정치의 의지를 다시 한 번 밝힌 것이다.
사실상 박근혜 후보는 강력한 정치쇄신으로 국민의 신뢰를 받게 되었다.
박근혜 후보의 승리는 새 정치에 대한 국민기대의 승리이다.

대선의 승리로 '박근혜 대통령 새 정치시대'가 막을 열게 되었다.
박근혜 후보가 약속한 정치쇄신과 새 정치의 목표는 분명하고 확실하다.
확실한 정치쇄신으로 '국민이 주인공이 되는 좋은 세상'을 만드는 것이다.
"새로운 정치, 새로운 시대를 만들겠습니다."라는 약속을 실천하는 것이다.
'국정운영의 기조를 국가에서 국민'으로 철저히 바꾸는 것이다.

그러면 어째서 반드시 '국민이 주인공'이 되어야 하는가? 또 어째서 반드시 '국정운영의 기조를 국가에서 국민'으로 바꿔야 하는가? 근년의 정치판에서 벌어진 사실에 근거하여 그 이유를 찾아본다

이유 1. 정권의 핵심에서 부패와 범죄가 계속 터져 나오고 있다

한나라당이 새로 국가의 정권을 잡은 것은 불과 5년 전의 일이다.
"국민의 머슴이 되겠다."고 맹세한 이명박 후보가 17대 대통령이 되었다.
그러나 임기 말에 접어들면서 가족과 핵심 측근들이 줄지어 기소 당하고 재판을 받는다.
지난 5일 국제투명성기구π가 발표한 세계 각국의 부패인식 지수이다.
대한민국은 이명박 정부 출범 이후 4년 연속 추락해 45위를 기록하였다.
서민경제와 국민복지와 국가안보까지 최악으로 치달았다.
그러나 5년 동안 국민은 대통령을 견제할 수 있는 방법이 없었다.
국가의 모든 핵심권력을 대통령과 집권여당이 독점하고 있었기 때문이다.
정당이 권력을 독점하있는 한 측근정치와 부패는 절대로 근절될 수 없다.
박근혜 후보는 당명까지 바꾸면서 한나라당에 대해 환골탈태의 정치쇄신을 하였다.

집권여당의 모든 기득권을 내려놓고 '국민이 주인공'이 되는 새 정치를 하기 위해서이다.
'대통령은 국민의 머슴'이 되기 위해서이다.
측근·이권·밀실·부패정치 등 낡은 정치를 종결하게 될 것이다.
국민이 국가의 주인이 되어 직접 집권하는 국민정치가 실현될 것이다.

이유 2. 국회의원의 엄청난 특권과 특혜가 더욱더 강화되고 있다

19대 국회는 새누리당과 민주통합당이 주도하는 국회이다.
지난 총선에서 새누리당과 민주통합당 모두 국회의 개혁을 다짐하였다.
그러나 19대 국회는 새누리당과 민주통합당의 약속대로 개원되지 못하였다.
여야가 상임위원회 권력배분 문제를 놓고 극명하게 대립했기 때문이다.
국회공전으로 민생법안 108건의 처리가 지연돼 국민의 피해가 생겨났다.
국회가 한 달이나 공전을 하면서 국민의 분노가 터져 나왔다.
국회가 공전하고 있었지만 국민에게는 아무런 제재방법이 없었다.
지난 총선에서 정당들은 "국회의원의 특권을 내려놓겠다."고 선언하였다.
'무노동 무보수'라면서 국회의원의 세비를 반환한다고 요란하게 떠들었다.
그러나 국회의원의 특권과 특혜 중 어느 것 하나 축소된 것이 없었다.
언론통계에 따르면 국회의원이 차지한 특권과 특혜가 200여 가지나 된다고 한다.
더 어처구니없는 일은 19대 국회의원들이 국민을 속이고 세비를 올렸다는 것이다.
1인 기준 1억 3,796만 원으로, 18대 의원세비에 비해 20.3%2,326만 원나 대폭으로 올렸다.

국민의 최저임금은 겨우 2% 올려주고, 국회의원의 세비는 20%가 넘게 올린 것이다.

지난 18대 국회에서 발의된 법안은 1만 3,913건이나 된다.

그중 6,301건이 상임위에서 논의조차 되지 못하고 폐기되었다.

국회의원들이 일은 제대로 하지 않고 자기들의 세비만 대폭 올린 것이다.

이렇게 밀실정치 수법으로 세비를 올렸지만 국민은 알 권리마저도 없었다.

이제는 반드시 국회의원의 모든 특권과 특혜를 취소하고 국민정치를 해야 한다.

국민이 직접 국회의원이 되므로 그 어떤 특권과 특혜도 필요 없다.

국회의원이 모두 국민이고 국민의 뜻과 지혜로 국민입법을 하기 때문이다.

정당과 권력을 위해서가 아니라 국민만을 위하여 헌신하고 봉사하기 때문이다.

이유 3. 최고의 사법기관인 대검찰청이 범죄의 장으로 변하고 있다

지난 11월 24일 여성 피의자와 성관계를 가진 전 모 검사가 체포되었다.

검사가 검찰권을 이용해 피의자 여성을 성추행의 대상으로 삼은 것이다.

게다가 검찰에서 피의자 여성의 사진을 유출시켜 인권까지 짓밟은 것이다.

이렇게 상상조차 하기 어려운 성범죄가 검찰기관에서 일어나고 있다.

지난 12월 7일 서울고등검찰청 김 모 부장검사가 10억 원대의 뇌물수수 혐의 등으로 구속 기소되었다.

대한민국 검사로는 역대 최대 규모의 뇌물수수 혐의이다.

검사가 제약 없는 권한을 독점하고 무소불위의 특권인물이 된 것이다.

검찰기관이 성추행에서 거액뇌물 수수까지 감행하는 범죄의 장으로 변질된 것이다.

사실상 지난해 6월에 이미 검찰의 정치쇄신을 위한 '검찰개혁안'이 나온 바 있다.

그러나 검찰의 압박이 거셌고 검찰 출신 국회의원들도 친정 감싸기에 총력전이었다.

'검찰개혁안'은 결국 없던 일이 되고 말았고 검찰개혁도 좌절되고 말았다.

일단 검사가 되면 곧바로 국장급3급으로 임용되는 직급 인플레가 문제이다.

정권의 입맛에 따르는 이른바 '정치검찰'의 임명관행도 큰 문제이다.

이제 검찰개혁은 더 미룰 수 없는 시대적인 정치쇄신의 과제가 되었다.

어째서 검찰기관까지 국민의 인권과 이익을 해치는 장소가 되었는가?

집권여당이 검찰기관을 통제, 검찰의 임명권을 독점하고 있기 때문이다.

반드시 국민이 검찰을 임명, 감독, 해임하는 국민법치가 이뤄져야 검찰개혁도 실현될 수 있다.

이유 4. 국민의 거액 혈세로 모든 정당을 먹여 살리고 있다

지난 11월 18일 선관위가 선포한 바에 따르면 정당에 지급한 국고보조금이 365억 원이다.

새누리당이 177억여 원이고 민주통합당이 161억여 원이다.

통합진보당에도 27억여 원의 정당보조금이 지급되었다.

정당보조금 제도가 도입된 1980년의 정당보조금 총예산은 8억 원이었다.

그러나 해마다 늘어 금년엔 총 982억 원의 정당보조금을 지급하게 된다.

금년 한 해에만 1천억 원에 육박하는 정당보조금이 지급되는 것이다.

정당보조금 이외에도 정당들이 많은 비용을 국고로부터 받아가고 있다.
정당의 의원들이 국회에서 누리는 모든 특혜도 국고에서 지불되고 있다.
정당보조금, 선거자금, 국회세비 등을 모두 합치면 거액의 정치자금이다.
모두 국민의 혈세로 국민이 모든 정당을 먹여 살리고 있는 것이다.
이미 1,000조 원에 육박하고 있는 가계부채로 인하여 국가경제가 흔들리고 있다.
국민이 절망 속에서 세계최고의 자살률을 기록하면서 소중한 목숨을 던지고 있다.
그런데도 정당들은 국민의 혈세를 펑펑 써가면서 권력싸움만 하고 있다.
그러면 어째서 국민의 혈세로 모든 정당을 먹여 살려야 하는가?
정당이 입법권을 독점하고 정당의 이득을 지키는 법들을 만들어 놓았기 때문이다.
반드시 철저한 정치쇄신으로 국민을 해치는 모든 법들을 고쳐야 한다.
반드시 국민의 제안, 국민의 논평, 국민의 표결로 국민의 입법을 실현해야 한다.
국민이 돈 없이도 직접 국정운영하는 국민정치 시스템이 구축되어야 한다.
정당정치를 종결하고 국민이 국가의 주인공이 되는 국민정치가 실현되어야 한다.
거액의 정치자금을 대폭 절감하여 서민복지와 국민행복 해결에 집결해야 한다.

이유 5. 국민행복을 방치하면서 천문학적인 국민혈세를 써버리고 있다
낡은 정치와 구태정치는 한마디로 말하여 국민을 해치는 권력정치이다.

권력을 위한 정당보조금 등의 정치자금에 거액의 혈세를 쏟아붓고 있다.
더 많이 쏟아붓고 있는 혈세는 무기수입, 군사기지 등의 전쟁준비비용이다.
이명박 정부는 2012년 임기 말에도 14조 원대의 무기수입을 단행하려고 했다.
사실상 14조 원이 아니라 최소 24조 원에 달한다는 분석도 나오고 있다.
지난 5일 국방기술품질원이 발간한 '2012 세계 방산시장 연감'의 통계이다.
대한민국은 2007년부터 최근 5년간 무기수입 세계 2위 국가가 되었다.
거대한 군사대국인 인도에 이어 세계 2위의 무기수입국이 된 것이다.
무기수입, 군사기지 등 전쟁준비에 거액의 국민혈세를 쏟아부은 것이다.
이는 국민 뜻대로가 아닌 통치자의 생각대로 국정운영을 하였기 때문이다.
이제는 국가의 이러한 권력구조를 더 이상 그대로 둘 수는 없다.
전쟁준비, 토목공사, 정치자금 등 거액의 자금을 국민행복에 써야 한다.
국민이 직접 국민의 혈세를 관리할 수 있어야만 국민이 행복할 수 있다.

이유 6. 헌법이 규정한 국민의 주권과 권리가 박탈되어 있다

대한민국의 주권은 국민에게 있다.
국가의 모든 권리는 국민으로부터 나온다.
그렇다면 헌법이 규정한 대로 국가의 모든 권력이 확실히 국민으로부터 나오고 있는가?
불행하게도 국민의 주권과 모든 권리가 철저히 박탈되어 있다.
정당이 입법, 예산, 인사, 정책, 안보, 외교 등 모든 제안권을 독점하고 있다.
국민은 제안의 권리도, 논평의 권리도, 표결의 권리도 없다.
5년에 한 번씩 하는 대통령 선거까지도 정당이 철저히 좌지우지하고 있다.

국민은 정당이 결정한 후보와 정책을 골라서 투표해야 하는 권리만 있는 것이다.
정당이 대통령을 만들어 내고 국가의 핵심권력을 모두 차지하고 있다.
정당이 입법부, 사법부, 행정부의 모든 고위직을 임명하고 있다.

지난 17일 박근혜 후보가 TV방송연설에서 호소한다.
"분열과 갈등이 위험수위에 달했습니다. 민생은 큰 위기입니다."
"갈등을 풀어내지 못하고는 우리 사회는 미래로 나갈 수 없습니다."
"우리 사회의 혁명적 변화, 기대가 되지 않으십니까?"
정치쇄신의 본질, 근본과 핵심이 바로 '사회의 혁명적 변화'의 실현이다.
반드시 박근혜 후보가 국민에게 호소한 '사회의 혁명적 변화'가 일어나야 한다.
반드시 국민법치를 거쳐 헌법이 규정한 국민의 주권과 권리를 찾아야 한다.
결론을 말한다면 새 정치의 목표는 국민이 국가의 주인공이 되는 것이다.
박근혜 후보가 약속한 대로 '국민이 주인공이 되는 좋은 세상'을 만드는 것이다.

이상은 반드시 '국민이 국가의 주인공'이 되어야 하는 현실적 이유이다.
그러면 국민이 어째서, 어떻게, 국가의 주인공이 되어야 하는가?
세계적인 사상가들이 남긴 명언이다. "논쟁이 있어야 민주가 있다."
반드시 언론의 논평, 논쟁과 국민의 민주토론으로 정답을 찾아내야 한다.
언론에서 논평과 논쟁을 하고 국민토론을 하려면 문제의 제기가 있어야 한다.

국민토론으로 정답을 찾고 공감대가 형성되게 하기 위해 필자는 '통일반도총서' 제1부 『박근혜 대통령 새 정치시대』약칭 『새 정치』를 창작하게 되었다. 어째서 국민이 국가의 주인공이 되어야 하고, 어떻게 국민이 국가의 주인공이 될 수 있고, 국민정치의 위대한 역사적 가치가 또 무엇인가를 투철하게 분석하고 전망하였다.

대한민국은 '언론·출판의 자유'를 헌법으로 보장하고 있고, '언론·출판에 대한 허가나 검열'을 헌법으로 금지하고 있는 민주와 법치의 국가이다. 예부터 고어古語에는 "도리가 있으면 천하를 다닐 수 있고, 도리가 없으면 한 발자국도 어렵다有理走遍天, 無理寸步難行."라는 말이 있었다.

언론의 논평, 논쟁과 국민의 민주토론을 거쳐 정답을 찾을 수 있을 것이라고 본다.

이러한 핵심문제를 탐구, 정답을 찾으려는 싱크탱크 기획이기 때문이다. 싱크탱크 기획과 일반 기획의 근본 구별은 무엇을 중점으로 기획하였는가에 있다.

일반 기획은 특정된 사람이나 행사, 비즈니스, 프로젝트 등 사업을 중심으로 하여 기획하였으므로, 반드시 기획대상의 이득이나 이윤창출을 중심으로 기획해야 한다.

싱크탱크 기획은 사상思想을 중심으로 하여 기획하게 된다.

다음의 사항들을 독자님들께 설명해 드린다.

1. 『새 정치』는 '국민이 국가의 주인이다'라는 주제사상을 핵심으로 하여 창작되었다.

필자는 '박근혜 대통령 새 정치시대' 정치쇄신을 통하여 우리나라에서, 우리 민족과 인류 최초의 '국민정치'와 '국민민주사회'가 탄생하리라고 보고 있다. 국민이 국가의 주인이 되어 국민의 제안, 논평과 표결을 통하여 직접 국민입법을 하고, 직접 국정운영을 하는 위대한 '국민정치'와 '국민민주사회'가 탄생하게 되는 것이다. 국민감독 센터가 설치되고 국민법치 시스템이 구축되어 권력의 부패와 범죄가 강력히 근절될 것이고, 국민에게만 의존하고 국민만을 위하는 위대한 대통령이 탄생할 것이다.

2. 『새 정치』는 동시에 '세계5강 통일반도' 사업에 대한 거시전략 기획이다. '세계5강 통일반도' 도약에 필요한 핵심정책과 핵심사업을 거시 전략적으로 기획하여, 국민과 겨레와 다음 대통령들께 드리는 사업기획 제안서이다. 그러므로 실현성과 실천성을 염두에 두고 창작하였다. 모든 핵심사업들이 차례로 가동될 것이며, 원봉이 기획권과 저작권을 가지고 있으므로 관련 핵심사업의 가동에 협력하게 될 것이다.

박근혜 후보는 대선에서 북핵문제가 진전을 이루면 대규모 남북경협 프로젝트들을 추진하겠다는 공약을 발표하였다. 필자는 박근혜 대통령의 임기 내에 북반도 고속철도가 건설되어 통일반도 대동맥이 구축되고, 대규모 남북경협 프로젝트들이 가동되어 '한강의 기적'을 추월하는 '반도의 기적'이 일어나게 되리라고 확신하고 있다. 그리고 동북아의 '극동경제공동체/FEC' 사업도 거시 전략적으로 가동되리라고 믿는다.

3. 『새 정치』에서 나타난 모든 인물과 사실과 사건은 모두 한국과 관련 국가들의 언론매체에서 공식적으로 보도가 되었거나 논평을 한 자료들을 근

거로 하였다.

그러므로 모두가 확실한 출처가 있고 믿을 수 있는 진실한 자료들이다.

4. 한글이 그 미래가 걱정될 정도로 영문의 큰 위협을 받고 있다.

한글을 지키는 마음으로 영문발음으로 되어 있는 한국어를 쓰지 않으려고 노력하여 보았다. 한자는 우리조상들이 고대로부터 사용하였고 우리가 지금도 쓰고 있는 문자이다. 한자와 한글이 글자로 직접 번역이 가능한 단어들도 글자로 번역하여 쓰려고 노력하여 보았다.

5. 대한민국과 조선민주주의인민공화국은 모두 유엔의 회원국이고 합법적인 국가들이다.

조만간 '남북경제공동체'가 탄생하고 조국통일의 길이 열리게 될 것이다. 그러므로 한국/조선, 남한/북조선, 남/북, 남반도/북반도 등으로 약칭하였다.

6. 『새 정치는 '통일반도총서' 제1부이다. 제2부『통일행진곡』과 제3부『삼천리금수강산』이 명년에 출판될 것이며, 제4부『흑룡의 웅비』와 제5부『통일연방공화국』, 제6부『통일반도 2050』 등도 지속적으로 출판될 것이다.

독자님들의 뜨거운 사랑과 많은 배려를 기대한다.

2012년 12월 19일 밤
원봉 드림

목차

- 머리말 국민이 국가의 주인이다 8

제1장 박근혜 대통령 기획이다 22
제1편 박근혜 대통령을 기획한다 25
제2편 핵심정책의 기획제안이다 40
제3편 국민정치의 기획제안이다 54

제2장 낡은 정치를 해부한다 96
제1편 3류 정치의 현주소이다 99
제2편 3류 정치의 뿌리와 수치 104
제3편 3류 정치는 국민재앙이다 111

제3장 새로운 정치를 기획한다 130
제1편 국민이 주인이 되어야 한다 133
제2편 국민정치 시스템 구축이다 139
제3편 평화발전 모델의 창조이다 146
제4편 역사적 국가개혁 가동이다 157
제5편 국가의 거시전략 기획이다 174

- **제4장 통일반도 국가를 기획한다** 188
  - 제1편 남북 전략협력이 관건이다 194
  - 제2편 동북아 공동체가 핵심이다 225
  - 제3편 해양강국 도약이 가능하다 236
  - 제4편 세계 5강으로 도약한다 243
  - 제5편 우리의 대기업을 격려하라 249
  - 제6편 중국을 정확히 알아야 한다 253

- **제5장 원봉이 제출한 중요한 질문** 264

- 후기 세계적인 기획가와 사상가가 되겠습니다 288

기획도면 1 〈반도의 핵심가치 기획 도면〉 297
기획도면 2 〈조선자유무역특구 총도면〉 298
기획도면 3 〈조선 신도 국제도시 도면〉 299
기획도면 4 〈조선 압록강 자유무역특구 도면〉 300
기획도면 5 〈극동경제공동체/FEC 도면〉 301
부록 정인영 회장님 면담 후 기업방문 사진 / 정주영 회장님과 회담 시의 기념사진 302

제1장 박근혜 대통령 기획이다

■

필자는 2012년 1월부터 박근혜 여사를 대통령으로 기획하였다.
박근혜 후보의 출마 후에는 '국민정치'를 기획하여 제안하였다.
다음은 실제로 진행된 박근혜 대통령 탄생을 위한 기획의 기록이다.

■

제1편
박근혜 대통령을 기획한다

박근혜 후보는 필자가 가장 공을 들여 기획한 제18대 대통령이다. 박근혜 여사를 원형原型으로 하여 장편 싱크탱크 소설까지 창작하였다. 필자가 2012년 7월 9일 박근혜 후보님께 드린 원고초고에서 발췌했다.

〈박근혜 후보가 대통령이 될 수 있는 아홉 가지 이유〉

이유 1. 인간적으로 가장 깨끗하고 정직한 대통령 후보이다.

대한민국 역대 대통령치고 부정부패에서 깨끗하게 몸을 뺀 대통령은 거의 없었다. 대통령 재임 시의 권력을 이용한 탐욕과 범죄로 인하여, 재판을 받고 징역을 살고 언론의 비판을 받고 국민의 분노가 터지게 하고 국제정치 무대에서 한국의 대통령 부패범죄 현상이라고 불릴 정도로 국가적인 망신을 당하기도 하였다.

국민을 대표해 국가의 최고 권력을 행사하는 대통령이 국민의 혈세로 모아진 국가의 재산을 삼켜버리는 악렬惡劣한 범죄는, 반드시 원천적으로 척결해야 한다. 그 첫 순서가 인간적으로 가장 깨끗하고 정직한 대통령 후보를 뽑는 것이다.

박근혜는 1974년부터 박정희 대통령을 따라 국내외의 다양한 공식행사에 참가하게 되었고, 1974년 한국걸스카우트 명예총재를 맡으면서 본격적 사회활동을 시작하였다.

1978년에는 (사)새마음봉사단 총재, 1979년에는 사회복지법인 경로복지원 이사장을 지낸 뒤 1993년에 한국문화재단 이사장, 1994년에 정수장학회 이사장, 1994년에 한국문인협회 회원, 1998년부터 제15대, 제16대, 17대, 18대 국회의원과 한국미래연합 대표 최고위원, 한나라당 대표 최고위원, 한나라당 17대 대통령 경선후보, 새누리당 비상대책위원회위원장 등을 거쳐 오늘에 이르기까지, 정치인들의 부정부패에 단 한 번도 연루된 적이 없다.

박근혜는 생활상으로도 인간적으로도 모두 겸허하고 소박하며 정직하다. 가장 모범적이고 신사다운 의정활동을 펼친 국회의원에게 수여되는 '백봉 신사상' 역시 지난 2011년 12월 6일 5년 연속으로 수상한 바 있다.

이유 2. 정치적으로 가장 철저한 검증을 받은 대통령 후보이다.

대통령은 국민을 위해 봉사하겠다는 대선공약을 내걸고, 국민의 신뢰를 끌어내어 당선이 되고 막강한 국가권력을 손에 잡게 되는 최고의 권력자이다.

그러나 많은 대통령들이 말로만의 공약으로 국민을 기만하여 대통령에 오른 다음에는 철저한 밀실정치를 하고, 국민의 그 어떤 참여와 동의가 없어도 모든 결단을 내릴 수 있었으며 모든 권력을 행사할 수 있었다. 이 때문에 국민은 선거 때만 일시적으로 권력을 행사하고, 선거가 끝나면 참여권과 알 권리마저도 박탈을 당하는 일시형, 선택형, 실효형의 소위 국가주인이 되어버렸다.

이 같은 정당정치의 폐단을 제도적 차원에서 해결하기 위하여, 박근혜는 기존 정당정치의 완전 종결과 국민민주정치 제도의 입법 및 '4대 센터'를 중심으로 한 국민민주정치 시스템의 구축을 국민에게 핵심공약으로 약속하고 전 세계에 선포하였다.

이로 인해 밀실정치가 철저하게 근절되었으며, 부정부패로 가는 길은 말 그대로 꽉 막혀버리게 된 것이다. 국민민주정치법이 입법되고 '4대 센터'가 설치되어 국민민주정치의 시스템이 구축되었기 때문이다.

다시는 우리 국민이 일시형, 선택형, 실효형의 국가주인이 되는 일이 없게 되었다. 선거 때도, 선거 후에도, 국민이 국가의 주인공이 된 것이다. 그뿐만이 아니다. 박근혜는 1998년부터 국회의 산업자원상임위원회, 여성특별위원회, 경제구조개혁 및 실업대책특별위원회, 통일외교통상위원회, 과학정보통신위원회, 국방위원회, 행정자치위원회, 환경노동위원회, 보건복지가족위원회, 기획재정위원회에서 근무하였고, 1998년부터 한나라당의 부총재, 대선선대위 의장, 상임 운영위원, 대표 최고위원과 새누리당 비상대책위원회 위원장 등 요직을 맡고 국민의 검증을 받았다.

특히 2004년 한나라당이 '역풍의 위기'에 처했을 때 당대표가 되어 한나라당을 구해내었고, 새누리당 창당과 환골탈태의 개혁과 쇄신, 그리고 지난 4·11 국회의원 총선에서 기적과 같은 역전승을 이끌어내 다시

한 번 역사적 인물로 등극하였다. 박근혜는 가장 철저한 검증을 받은 대통령 후보이다.

이유3. 국제적으로 가장 완벽한 인정을 받은 대통령 후보이다.

　대통령 후보가 대통령이 되기 전에 국제적으로 가장 완벽한 인정을 받으려면, 어떤 것이 기준이 되는 것일까? 대통령 후보가 내놓은 국가외교철학, 국가외교전략, 국가외교비전과 국가외교의 거시 전략적인 핵심사업에 대한 분석과 전망에서, 정확한 판단이 내려질 수 있을 것이다.

　박근혜는 이미 한강의 기적을 이룩하여 산업화의 비약발전을 실현하고 대한민국이 아시아의 네 마리 용 중 하나로 웅비하게 한 박정희 전 대통령의 딸로서, 국제무대에 널리 알려져 있다. 더불어 국제무대에서의 박근혜의 활동도 눈부시다.

　2006년 11월 27일부터 4박 5일 동안 중국공산당 초청으로 북경과 청도, 연태 등지를 방문하여 국빈대접을 받았으며, 후진타오 중국 국가주석과 면담하고 중앙당과 중앙정부의 책임자들과 활발한 외교 활동을 펼쳤다. 2008년 대한민국 대통령 특사 신분으로 재차 중국을 방문하였을 때, 후진타오 국가주석이 "새 세기의 중·한 양국의 전면적 동반자 관계에 기여할 것으로 확신한다."고 말할 정도로 박근혜를 높게 평가했다.

　2009년 8월 24일부터 9월 5일, 대한민국 대통령 특사 신분으로 유럽을 방문하여 헝가리 대통령, 덴마크 여왕 등 국가원수와 고위관계자들을 만나고 EU를 방문하여 집행위원장 등 고위인사와 면담을 하였으며, 경유지인 오스트리아도 방문하여 고위관계자 및 국제기구 대표들을 면담하는 등 국빈의 대우를 받았다. 2010년 재차 유럽을 방문하여 네덜란드, 포르투갈, 그리스 등을 방문하고 네덜란드 여왕을 비롯하여 국가정상들과 면담을 하면서 '친밀·우호 외교'의 테마로 상대국에 큰 외교력을 발휘하였다.

2007년 2월 13일, 하버드대에서의 연설도 국제적인 영향력을 과시했다. 박근혜의 국가외교철학은 무기와 전쟁이 없는 인류의 평화발전 시스템 구축이다. 박근혜는 충분한 철학적 분석으로 이러한 평화발전 시스템 구축의 필연성必然性과, 대한민국이 인류사상 최초로 국민민주정치의 창의적, 시범적, 주도적 역할을 할 수 있다는 점을 모든 국민과 세계인들이 확신할 수 있게 입증하였다.

박근혜의 국가외교 전략은 대치와 대결이 아닌 협상과 협력이다. 박근혜의 국가외교 비전은 통일외교를 본격적인 추진하고 동북아의 통합, 유라시아의 통합, 지구촌의 통합을 추진하여 가장 평화로운 지구촌을 창설하는 것이다.

박근혜의 국가외교의 거시 전략적인 사업은 동북아 '극동경제공동체/FEC' 사업이다. 동북아 '극동경제공동체/FEC' 사업의 추진으로 우리의 통일반도가 세계 5강으로 도약하게 하고, 지구촌 초일류의 행복국가로 발전하게 하는 것이다.

박근혜는 국가외교 철학, 국가외교 전략, 국가외교 비전과 국가외교 거시 전략적인 핵심사업의 정확성과 그 실천성에 대하여 이미 국제사회에서 인정받고 있다.

이유 4. 개인적으로 가장 훌륭한 여건을 구비한 대통령 후보이다.

21세기는 지구촌 시대이고 세계인 시대이다. 세계의 모든 나라들은 초고속 해운선과 최첨단 고속철도로 하나의 지구촌으로 융합되고 있고, 세계의 모든 사람들은 초고속 인터넷과 디지털 동영상 및 소셜 네트워크로 세계인으로 전환되고 있다.

이 지구촌 세계인 시대에서의 대통령은 외국어와 전문 과학기술 지식이 꼭 필요하다. 박근혜는 외국어 능력을 구비하고 있다. 우선 영어가 유창하다. 미국 하버드대의 존 F. 케네디 주니어 포럼 연설에서 통역 없이 직접 영어로 연설을 하고, 외국 지도자를 만날 때 통역이 부적절한 단어를 쓸 경우 이런 단어가 더 좋다고 알려줄 정도다. 불어도 능숙하게 하고 스페인어도 현지인들과 자유스럽게 대화를 나눌 정도다. 미래의 지구촌 언어는 영어와 중국어가 될 것이다. 가장 많은 사람들이 쓰고 있기 때문이다.

박근혜의 중국어 수준도 보통은 넘는다. 지난 2006년 11월 중국 방문 때, 중국공산당 대외연락부의 만찬에서도 원고 없이 중국어로 약 3분가량 건배사를 하였다. 영어, 중국어, 불란서어, 스페인어에 한국어를 합치면 무려 5개국의 언어를 능숙하게 하는, 명실상부한 언어의 천재이라는 데 그 누구도 의의가 없을 것이다. 또한 박근혜는 1974년 서강대학교 전자공학과 졸업이다. 전공이 전자공학이다. 미래의 세계는 디지털 정보통신, 미디어와 디지털 스마트 지능의 시대이다.

고속철, 해운선, 자동차, 산업기계, 생활가전, 무인비행기, 무인심해잠수기 등 미래의 물품들이 스마트 지능으로 움직이게 될 것이다. 이 모든 최첨단 과학기술의 기초가 바로 전자공학이다.

박근혜는 이 전자공학을 전공한 이공계 출신의 대통령 후보이다. 어느 나라의 대통령이든, 반드시 강한 원칙이 있고 의지력과 결단력이 반드시 구비되어 있어야 한다. 박근혜는 청년시절부터 지금에 이르기까지 원칙이 강한 사람으로 공인받고 있다.

대통령의 딸로 태어났으나 청년시절에 어머니와 아버지를 정치의 총격에 의하여 영원히 떠나보내고, 강한 의지력으로 그 많고도 많은 첩첩 애로와 난관을 모두 다 이겨내고 전 국민이 인정하는 최강의 대통령 후보로 성장하게 되었다. 또 한 가지, 대통령이 구비하고 있어야 할 것은 국민과 겨레에 대한 확고부동한 사랑이다.

박근혜의 불교 법명이 선덕화善德華이다. 불교의 근본은 사랑과 선량이며 봉사이다. 더불어 인간의 가장 큰 사랑은 인류를 낳아 세상을 만든 여성의 애심愛心이다. 박근혜는 이러한 불교정신과 여성의 애심으로 국민과 겨레에게 그의 모든 사랑을 바칠 것이고, 선량한 마음으로 그 어떤 사심私心도 없이 봉사할 것이다. 박근혜는 개인적으로 가장 훌륭한 여건을 구비한 보석 같은 대통령 후보이다.

이유 5. 남북화해와 조국통일을 실현하는 데 가장 적합한 대통령 후보이다.

대한민국 차기 대통령이 절대로 피할 수 없는 가장 시급하고 필수적인 국가대사國家大事가 바로 남북의 화해와 통일로 가는 길을 여는 것이다. 남북의 화해 없이는 대한민국의 그 어떤 복지도, 안보도, 국민의 행복도 모두 불가능하기 때문이다.

대한민국이 기다리고 있다. 역사가 기다리고 있다. 남북의 화해와 포용의 대통령을. 2007년 2월 13일, 미국 하버드대에서 열린 존 F 케네디 주니어 포럼 연설 후, 학생들과의 일문일답에서 박근혜가 명확하게 남긴 말이다.

"대북 포용정책의 근본 취지에 찬성한다. 집권하면 지금까지 주장한 대로 원칙 있는 포용정책을 전개하려 한다."

지난 2월 20일에 열린 방송기자클럽 토론회에서 박근혜는 다시 한 번 선포하였다.

"대북정책의 최종목표 중 하나는 북한이 국제사회의 책임 있는 일원이 되도록 하는 것이다. 북조선이 그 기회를 얻을 수 있도록 환경과 여건을 조성할 필요가 있다."

지난 2월 28일에도 또다시 선포하였다.

"북조선이 국제사회의 책임 있는 일원이 되어 한국 및 주변국과 신뢰를 쌓도록 하기 위해 '한반도 신뢰 프로세스'를 추진해야 한다." "대한민국은 미국, 중국 등 주변국들과 함께 '불신의 악순환'을 '신뢰의 선순환'으로 변환시키는 대장정을 시작해야 한다."

박근혜는 이미 2002년 5월 매우 극진한 대우를 받으면서 평양을 방문하여 김정일 국방위원장과 단독면담을 가졌고, 그때 "김 위원장과 2세끼리 노력해 한반도에 평화가 정착되도록 힘쓰자는 뜻을 모았다."고 밝힌 바 있다.

그러므로 일단 대통령에 당선되면 '원칙 있는 포용정책'으로 '환경과 여건을 조성'하여 남북화해를 실현하고, 통일로 가는 '민족의 대장정'을 시작할 것이다.

이유 6. 동방의 '철의 여인'으로 부상할 수 있는 대통령 후보이다.

마가렛 대처, 유럽 최초의 여성 총리이며 11년간이나 영국 총리로 재임하였다. 내각의 엄격한 규율, 강력한 통화주의정책, 노동조합에 대한 법적 규제의 확대 등을 통하여 '철의 여인'이라 불리게 된 전 세계가 인정하는 세계적인 여성 정치가이다. 앙겔라 메르켈, 독일 최초의 여성 총리이며 독일 최초로 동부독일 출신의 총리가 되었다. 독일을 유럽 최강의 대국으로 발전시키고 유럽연맹에서 핵심적인 역할을 하는 국가로 격상시킨 업적으로, 역시 '철의 여인'이라 불리게 된 탁월한 여성 정치가이다. 마가렛 대처와 앙겔라 메르켈, 모두 서구의 정치가들이다. 동북아에서는 아직 세계적인 여성 국가원수의 출범이 이루어지지 못하고 있다. 그러나 이미 급격히 변하고 있다.

미국에 이어 서구가 사상 최악의 경제위기로 허덕이고 있고, 동북아가 서구와 북미를 대체하여 미래세계의 경제발전을 견인하는 새로운 기관차와 핵심지역으로 자리매김하게 될 전망이다. 그 중축에 한국이 있다. 이 역사적인 2012년 흑룡의 해에, 60년 전의 흑룡의 해에 태어난 박근혜가 대한민국 제18대 대통령직에 도전하고 있다.

지난 3월 미국의 시사주간지 뉴스위크는 박근혜를 '2012 세계를 움직이는 여성'으로 선정하고 "한국의 차기 대권주자로 주목받고 있다."고 평가했다.

이제 박근혜는 동북아 최초의 여성 대통령이 되어 남북의 화해협력과 통일로 향한 대장정을 이끌어내고, 통일반도가 앞으로 동방의 흑룡이 되어 웅비할 수 있는 기반을 마련하여 동북아의 '철의 여인'으로 전 세계의 인정을 받게 될 것이고, 아버지인 박정희 대통령의 뒤를 이어 조국의 새 도약을 이룩한 위대한 대통령으로 민족사에서 찬란하게 빛나게 될 것이다.

이유 7. 나라와 겨레의 운명을 바꿔놓을 수 있는 대통령 후보이다.

하버드대 존 F. 케네디 주니어 포럼에서 했던 박근혜 연설의 마지막 한 구절이다.

"저의 목표는 단지 하나입니다. 위기의 조국을 구하는 것입니다."

지난 3월 21일 새누리당 선대위 출범식 및 공천자 대회의 인사말에서 박근혜가 남긴 말이다.

"이제 우리는 정치를 바꾸고, 나라를 살린다는 각오로 우리의 모든 것을 걸고 임해야 합니다."

'위기의 조국을 구하는 것' '나라를 살린다는 각오로 우리의 모든 것을 거는 것'. 이것이 바로 박근혜가 품고 있는 신성한 사명이고 단호한 각오이다.

지난 6월 5일 조선닷컴의 블로그 〈앵두나무〉에 실린 한 편의 시이다.

제목: 국가는 있으되 국혼이 없구나

나의 조국 대한민국이여.

국민은 있으되 국가관이 없고,
국가는 있으되 국혼이 없구나.
국혼의 뿌리인 국학이 없으니
그 어디에서 국가관을 배울 것인가?
국가관이 없으니 애국심과 애사심이 없고,

가족 간의 존중과 사랑마저 사라져 가고 있다.

언론은 있으되 정론이 없고,
여론은 있으되 얼이 없으며,
지식은 있으되 인간존중이 없구나.

양심과 인간애가 살아있어야 할 곳에
이기심과 욕망이 사람과 세상의 눈을 멀게 한다.

돈과 명예, 출세와 권력이 다인 양 착각하는 이들이 모여
나만 잘살자, 나만 성공하자고
어두운 귀신 춤판을 벌이며 기도하고 노래하니
손바닥으로 하늘을 가려 세상을 다 가졌다 하는구나.

지금, 대한민국 국민들은 불안하고 두렵다.

소수의 부와 권력을 가진 이들에 의한
중산층의 몰락과 점점 커져만 가는 빈부격차는
미래에 대한 희망을 앗아가고 있다.
전쟁의 폐허를 딛고 일어선
경제 성장의 기적과 현대 민주화를 상징하는
자랑스러운 대한민국의 이름 뒤에는
세계 불명예 1위의 검은 그림자가

따리를 틀고 우리를 내려다보고 있다.

흡연율 1위, 자살사망률 1위, 자살증가율 1위,
이혼증가율 1위, 교통사고율 1위,
저출산율 1위, 낙태율 1위,
노인빈곤율 1위, 노인자살률 1위,
청소년과 어린이 행복지수 4년 연속 꼴찌.

아, 나의 조국 대한민국이여.
누가, 어떻게 무엇으로
오늘의 문제를 해결할 것인가?

조선닷컴의 블로그에 실린 글을 읽고서 박근혜가 무엇 때문에, 무엇을 위하여, 신성한 사명과 단호한 각오를 마음에 품게 되었는가를 피부로 느끼게 되었다.

이러한 신성한 사명과 단호한 각오를 가슴속에 품고 있기에, 박근혜는 반드시 모든 것을 다 바쳐서라도 위기의 조국을 구하고 나라를 살릴 것이다.

이유 8. 국민이 국가의 주인공이 되게 할 수 있는 대통령 후보이다.

"저희 새누리당은 이념, 지역, 계층, 세대를 통합하는 국민의 정당이 될 것이고, 국민들께서 주인공이 되는 그런 새 세상을, 좋은 세상을 꼭 만들어 나가겠습니다."

박근혜가 지난 2월 16일 '새누리당' 현판식 연설에서 남긴 말이다. 박근혜의 이 공약은 인류사상 최초로 국가의 권력구조를 바꾸게 될 것이다.

인류의 역사를 되돌아보면 노예사회에서는 노예주들이 국가의 권력을 틀어잡고 노예들을 짐승처럼 부리면서 마음대로 죽이기까지 하였고, 봉건사회에서는 왕족이 국가의 권력을 독점하고 백성을 다스렸으며, 자본주의 사회에서는 자본의 세력을 대표하는 권력집단이 끊임없는 전쟁으로 자원과 시장을 약탈하였다. 권력집단의 이득을 위한 전쟁은 지금도 진행되고 있다.

국민들이 무엇 때문에 자유를 박탈당하고 행복을 빼앗기면서 억울한 삶을 겪어야 하는가? 권력을 기본으로 하여 권력집단이 주인공이 된 국가의 권력구조 때문이다.

인류는 이미 원시사회, 노예사회, 봉건사회, 자본주의 사회, 사회주의 사회 등을 거쳤다. 현재는 자본주의 사회와 사회주의 사회가 공존하면서 경쟁을 펼치고 있다.

그러면 자본주의 사회는 완벽한가? 그렇지 않다. 이미 자본주의 4.0과 5.0의 개혁이 추진되고 있고, 지난 6월 강만수 산업은행금융지주 회장은 "자본주의는 끝났다."라고 지적한 바 있다.

그렇다고 사회주의는 문제가 없는가? 역시 아니다. 소련공산당이 창립한 인류최초의 사회주의 국가인 소련은 이미 무너진 지 20년이 넘었다. 중국만이 개혁개방으로 새로운 사회주의의 창출을 모색하고 있다.

인류사회의 다음 단계는 국민민주주의 사회일 것이다. 국민이 주인공이 되는 새로운 국민민주주의 사회가 다음 단계 사회정치제도로 부상하고 있다.

새로운 국민민주주의 사회에서 국가권력의 주인공은 정당이 아니라 국민이다. 박근혜가 내놓은 "국민들께서 주인공이 되는 그런 새 세상을, 좋은 세상을 꼭 만들어내겠다."는 핵심공약은 우리 민족의 미래와 운명을 바꾸어놓게 될 것이다.

대한민국에서 국민이 주인공이 되는 국가의 권력구조가 탄생하게 될 경우 대치와 대결, 권력과 부패 등 모든 냉전의 악습惡習이 말끔히 사라지고 평화와 공존, 협상과 협력의 희망찬 새 시대가 열리게 될 것이다.

이유 9. 국민들의 가장 큰 신뢰와 사랑을 받고 있는 대통령 후보이다.

대한민국의 제18대 대통령은 어떤 사람이어야 하는가? 우리 함께 분석하고 검토하고 풀어보기로 하자. 나라를 위하여, 겨레를 위하여!

대한민국의 제18대 대통령의 가장 핵심적인 여건은 명철하고도 정확한 정치철학, 미래비전, 전략기획 등 정치가政治家, 사상가思想家, 전략가戰略家의 기본기질基本氣質과 남북화해, 위기탈출, 국가도약을 이끌 수 있는 능력을 갖추고 있느냐이다.

이상의 기질과 능력은 차기 대통령이 반드시 구비해야 하는 기본여건이다.

만약에 정치철학, 미래비전, 전략기획 등 기본기질과 남북화해, 위기탈출, 국가도약을 이끌 수 있는 핵심능력마저도 구비하지 못한 정치인이 대통령이 된다면, 대한민국은 상상할 수 없을 더 큰 위기와 불행에 봉착하게 될 것이다.

우리는 반드시 나라의 미래와 국민의 운명에 책임진다는 각오로 판단을 내려야 한다. 지금까지 가장 명철하고도 정확한 정치철학, 미래비전, 전략기획과 남북화해, 위기탈출, 국가도약의 핵심방안과 구체조치를 밝힌 대통령 후보자는 박근혜이다. 다른 후보들은 아직도 안개 속에 가려져 있거나 검증을 받지 못한 상태이다.

박근혜가 내놓은 국민들께서 주인공이 되는 좋은 세상을 꼭 만들겠다는 명확한 정치철학, 국토를 통합하고 겨레를 화합하고 반도와 겨레의 장점을 융합하여 지구촌 초일류의 행복국가를 건설하자는 희망차고 미래지향적인 미래비전, 냉전사상을 비판하고 탈냉전을 실현하고 협상과 협력의 새 시대를 활짝 열어 남북화해와 반도의 비핵화를 실현하고 '극동경제공동체/FEC' 창설을 추진하여 미래의 통일반도 국가를 세계의 5대 강국에 올려놓겠다는 전략기획, 그리고 충분한 실천성과 실현성이 있게 국가도약을 이끌 수 있는 핵심방안과 구체조치 등은 국민과 겨레의 광범위한 신뢰와 응원과 지지를 받고 있다.

제2편
핵심정책의 기획제안이다

필자가 2012년 7월 9일 박근혜 후보님께 드린 기획제안서이다.

〈박근혜 후보님의 핵심 대선공약 제안서〉

박근혜 후보님.

　안녕하십니까? 내일 대선출마 선언식을 시점으로 하여, 박근혜 후보님의 대한민국 제18대 대통령선거 경선이 본격적으로 가동하게 되었습니다. 저는 지금 박근혜 여사님을 원형原型으로 하여 원봉의 '통일반도총서' 제1부를 본격적으로 창작하고 있습니다.
　'통일반도총서' 속의 박근혜 대통령의 원형이 박근혜 여사님이므로, 저자의 차원에서 '박근혜 후보님의 핵심 대선공약 제안서'를 준비하여 현실의 본인께 발송하여 드립니다.

그리고 박근혜 후보님께서 답신을 주시면 서문으로 하고 저의 제안서를 별첨하여 출판하려고 합니다. 모든 독자들과 국민들이 박근혜 후보님의 대선공약을 이 세계 최초의 싱크탱크 소설로 읽어보면서, 더 심도 있게 사고하고 분석하고 평판하게 될 것입니다.

핵심공약 1. 국민이 주인공이 되는 좋은 세상 창설

대한민국의 5천만 국민은 자랑스러운 국민이고 지혜로운 국민이며 위대한 국민입니다.

냉전으로 인한 6·25전쟁의 폐허 위에서 전 세계가 인정한 한강의 기적을 이룩하고, 아시아의 네 마리 용이 되어 웅비하였으며, 최첨단 산업들과 세계적인 기업군을 키워내고, 국민소득 25,000달러를 실현하면서 선진국으로 도약하고 있습니다.

문제는 정치입니다. 이제는 기존의 정당정치를 반드시 종결하고 국민민주정치를 실행하여야만, 대한민국의 정치선진화를 실현하고 정치의 위기 탈출과 새로운 전략적 대도약을 이룩할 수 있습니다.

(1)국민민주의 시스템구축 (2)국민두뇌의 시스템구축 (3)국민법치의 시스템구축 등 구체적인 조치로 새로운 국민민주정치의 실현을 가장 중요한 핵심공약으로 제안합니다.

박근혜 여사님에 대한 '얼음공주' '불통不通' 등의 언론의 모든 주장이 저절로 무너질 것이며, 오는 12월 대선에서는 물론이고 대통령으로 당선된 이후에도 전 국민과 온 겨레와 제도적으로 항상 소통하고 있는 국민의 대통령과 열린 정부가 탄생하게 될 것입니다.

인류사회 민주정치의 역사는 지금 중대한 역사의 기로에 처하여 있습니다. 자본주의의 원산지인 서유럽과 미국이 경제위기에 봉착하여, 일부 국가는 파산의 위험까지 도래하고 있으며 세계를 불안하게 하고 있습니다. 사회주의의 원산지 소련도 고위층의 부정부패로 이미 역사의 무대에서 사라지고 중국이 본격적인 개혁으로 사회주의 민주제도의 새로운 돌파구를 마련하고 있습니다.

대한민국의 정치는 반드시 위기탈출의 출구를 찾아야 합니다. 유일한 해결책과 돌파구가 바로 국민민주정치입니다.

저는 예언합니다. 오는 12월 대선에서 계속 정당정치를 고집하는 후보는 절대로 당선될 수 없을 것입니다. 대한민국 5천만 국민이 이미 정당정치의 본질과 위해성을 확실하게 깨달았기 때문입니다.

저는 모든 여야 '잠룡'들의 공약과 정치철학을 자세히 연구하였습니다. 오직 박근혜 후보님만이 국민이 주인공이 되는 좋은 세상을 만들겠다는 공약을 가장 명확하고 신뢰 있게 선포하셨습니다. 제가 박근혜 여사님을 원형으로 하여 '통일반도총서'를 창작하게 된 동기가 바로 여기에 있습니다. 국민민주정치를 실현하겠다는 공약입니다.

핵심공약 2. 지구촌 초일류의 행복국가로 통일반도 건설

대한민국의 18대 대통령은 5천만 국민을 이끌고 나라의 미래와 민족의 운명을 거시 전략적으로 개척하여 나가는 국가의 대표이고 국민의 대표이며 겨레의 대표입니다.

그러나 명확한 비전이 없으면 나라의 미래도, 민족의 운명도 보장될 수 없습니다.

지구촌 초일류의 행복나라, 통일반도 국가의 창설을 그 다음의 핵심공약으로 하시고, 이 공약의 실현을 위한 핵심방안과 구체조치를 국민들께 투철하게 밝히시기를 바랍니다.

(1) 냉전의 굴레에서 전격 탈퇴

역사가 엄준한 사실로 말하고 있습니다. 남과 북은 냉전 때문에 생겨났습니다.

일제가 망한 1945년 외세의 개입이 없었더라면, 냉전의 두 축이 간섭하지 않았더라면, 우리는 하나의 민주국가로 태어났을 것이며 통일의 민주공화국이 되었을 것입니다. 그러나 냉전의 두 우두머리는 우리의 반도, 우리의 국민을 잔인하게 갈라놓았습니다.

소련은 반도를 완전히 장악하고 동북아의 부동항不凍港과 핵심적인 군사기지를 차지하기 위하여 6·25전쟁을 기획하고 발동시켰습니다. 미국도 반도를 절대로 소련에 내줄 수 없었습니다. 그래서 인천상륙이 일어나고 유엔군이 참전하여 중국군대가 출전하고 우리의 국토와 우리의 삶터에서 동족상잔의 비참한 전쟁을 치르게 되었습니다. 이 6·25전쟁의 동기가 무엇이고 본질이 무엇이며 결말은 또 무엇이었는가를, 이제는 냉철하게 따져보아야 할 때가 되었습니다. 냉전의 패주覇主를 위한 전쟁이었습니다. 절대로 우리의 나라, 우리의 민족을 위한 전쟁이 아니었습니다.

우리는 더 이상 냉전의 굴레 속에 머물러 있을 수 없습니다. 냉전으로 인하여 생겨난 모든 것을 말끔하게 청소해야 합니다. 냉전의 사상, 냉전의 주장, 냉전의 이념, 냉전의 관습 등은 물론이고 모든 냉전의 군사기지, 냉전의 군사동맹 등을 깨끗하게 정리하여야 합니다. 미국의 오바마 대통령은 야당의 반대를 무릅쓰고 최근 1,000개 이상의 핵탄두 해소를 추진하고 있습니다. 우리는 미국의 이러한 탈냉전 조치에서 우리의 출로를 찾아야 합니다. 반드시 냉전의 굴레 속에서 전격 탈퇴하여 국민의 행복을 확실하게 보장하여야 합니다.

(2) 모든 전쟁의 위험을 완전히 제거

우리는 지금 미국의 동북아 군사기지 역할을 하고 있습니다. 몇 만 명의 미군이 주둔하고 있고 해군기지, 공군기지, 육군기지가 모두 있습니다. 전쟁의 불씨는 우리 옆에서 툭툭 튀면서 번지고 있고, 전쟁의 위험은 시시각각 우리를 위협하고 있습니다.

일단 전쟁이 터져 미군의 최전선 군사기지 제거를 위한 최소형의 핵탄두 하나만 우리의 국토에 떨어지게 되어도 그 결과는 멸망적인 재앙입니다. 우리는 그 어떤 이유로도, 그 어떤 구실로도, 우리의 국토에서 또 한 번의 전쟁이 절대로 일어나지 못하게 해야 합니다. 우리의 국토가 외국의 군사기지가 되지 않도록 철저한 조치를 취해야 합니다. 모든 전쟁의 위험을 완전하고도 확실하게 철저히 제거해야 합니다. 전쟁이 터지면 그 어떤 국민의 행복도 순식간에 회멸되고 말기 때문입니다.

(3) 협력과 경쟁의 평화발전 모델 창조

대한민국의 18대 대통령은 반드시 가장 시급한 전략적인 판단을 내려야 합니다.

우리 대한민국에서 전쟁이 일어날 수 있는가? 어느 나라가 대한민국에서 전쟁을 감행할 수 있는가? 북조선이 남한에 전쟁을 발동할 수 있는가? 정당한 이유가 있는 전쟁은 우리의 반도에서 일어나도 괜찮은가?

이상의 판단이 없이는 대통령으로서의 정확한 결단이 이루어질 수 없기 때문입니다. 북조선의 새로운 남한 침략전쟁은 절대로 발생할 수 없으며 미국도, 중국도, 러시아도, 일본도, 그 어느 국가도 대한민국에서 전쟁을 감행할 가능성이 절대로 없습니다.

우리가 주동적으로 전쟁의 게임 속에 끼어들지만 않는다면, 우리는 우리의 지혜와 거시전략으로 우리의 국토에서 그 어떤 전쟁도 일어나지 못하게 할 수 있다는 판단입니다.

반드시 대한민국에서 그 어떤 전쟁도 발생하지 못하게 조치를 취해야 합니다.

이를 위해 우리의 국토에서 그 어떤 전쟁의 위험도 없게 하는 평화발전의 모델이 꼭 필요합니다. 협력과 경쟁의 평화발전 모델입니다. 남과 북은 물론이고 모든 국가와 협력하면서 경쟁하는 평화발전의 모델로, 지구촌 초일류의 행복나라와 통일반도 국가의 창설을 이번 경선의 중요한 핵심공약으로 하여, 나라와 겨레의 미래비전을 희망차게 제시해야 합니다.

핵심공약 3. 서민의 복지와 국민의 행복, 철저하게 해결

우리의 청년, 노인, 어머니, 어린이와 서민, 장애인, 빈곤인 등 대다수 국민의 생활난과 정신적 고통은 이미 최악의 수준에 도달하여 있습니다.

세계최고의 자살률과 세계 최저의 출산율이 이러한 사실을 입증하여 주고 있습니다.

(1)청년의 공부, 취업과 행복 본격해결 (2)노인, 어머니, 어린이 행복 본격해결 (3)서민, 장애인, 빈곤인 행복 본격해결 등의 조치를 모든 국민들이 알아듣기 쉽게 설명하고 '서민의 복지와 국민의 행복, 철저하게 해결'을 핵심공약으로 하시기를 제안 드립니다.

국민민주정치의 실행으로 대폭 감소되는 국회자금 및 정당자금과 군사기지, 군사훈련, 무기수입 등의 거액자금을 집중 투입하여 서민의 복지와 국민의 행복을 철저하게 해결하는 것은 완전히 실천이 가능한 공약입니다.

핵심공약 4. 국민의 행복만을 위한 국가 개혁, 본격추진

대한민국 건국 이래 우리의 행정부, 입법부, 사법부는 수많은 부서와 직능이 겹쳐져 거대한 관료기구로 팽창되어 있고 아직도 국민의 존경을 받는 기업제도가 확립되지 못하였으며, 국군의 건설은 기본상 냉전의 틀에서 진행되고 있었습니다.

(1)행정부, 입법부, 사법부의 역사적인 개혁 (2)국민의 존경을 받는 기업제도의 완전한 확립 (3)전문군인 제도의 실행과 정예의 국방군 창설 등을 중심으로 한, 국민의 행복을 위한 역사적 국가개혁의 본격추진을 또 하나의 핵심 대선공약으로 제안 드립니다.

청년사업부, 노인·여성·어린이부, 인력·인재·인사부 등 국민의 삶을 위한 부서들을 설치하고 대륙물류·관광·통상부약칭 대륙부, 해양산업부약칭 해양부, 항공·우주부약칭 우주부와 과학·기술·첨단산업부 등 핵심 산업육성을 위한 부서들과 통일·외교부, 행정·국방·안전부, 법무·법제부 등 국가관리를 위한 부서들을 설치하고 국가직능을 단일화·전문화하여 국민의 행복만을 위한 국가개혁을 실행하는 공약입니다. 국민들이 박근혜 후보의 국가개혁의 의지와 조직력을 감촉하게 할 것입니다.

핵심공약 5. 세계 5강 대국의 목표를 향해 전략적 도약

이번 경선에서 세계 5강 대국으로의 도약을 핵심공약으로 제시하시기를 제안 드립니다. 우리는 어떻게 세계 5강이 될 수 있고, 세계 5강이 될 경우 국민의 행복에 어떠한 역사적인 변화가 생기게 되는가를, 전 국민과 온 겨레에 설명하고 약속하는 것입니다. 엄청나게 큰 원동력이 생기게 될 것입니다. 구체적인 조치들을 말씀 드립니다.

(1) 통일을 최고의 국익사업으로 추진

지금까지의 모든 통일관련 주장과 이론을 정리하고 북조선의 가치를 분석하고 파악하는 방법론으로 통일의 필수성, 필연성, 중요성을 충분히 확인하고 남북경제공동체, 통일연방공화국 등의 단계를 거쳐 통일을 조속히 실현하여 세계 5강으로서의 가장 필요한 여건을 구비하는 것입니다. 1단계의 경제·문화·과학기술 분야 전면협력, 2단계의 경제·문화·과학기술 분야 남북공동체 구축, 3단계의 통일연방공화국 설립, 4단계의 완전한 조국통일 실현 등 구체적인 계획을 세우고 통일을 나라와 겨레의 최고 국익사업으로 정하여 전략적으로 추진해야 합니다.

(2) 세계적인 글로벌 대기업의 전략적인 육성

반드시 세계적인 글로벌 대기업의 본격육성을 국가의 핵심전략으로 확립해야 합니다.

대한민국의 대기업들, 대단히 잘하고 있습니다. 정치인들이 대기업을 질타하고 공격하고 부정하고 괄시하는 행위는 국익과 국민의 이익에 치명적인 타격을 가져다주게 됩니다.

대기업의 기를 죽이고 대기업의 글로벌 경쟁력을 허무는 행위는 법으로 금지해야 합니다. 박정희 전 대통령의 가장 중요한 전략이 세계적인 기업군의 본격적인 육성이었습니다. 국가차원에서 세계적인 글로벌 대기업 본격육성의 거시전략이 있어야 합니다.

(3) '극동경제공동체/FEC' 창설 전략추진

통일반도가 세계 5강의 지구촌 초일류의 행복국가로 도약하는 가장 전략적 사업이 '극동경제공동체조직'의 설립과 동북아 '극동경제공동체/FEC'의 창설입니다.

'극동경제공동체/FEC' 사업의 추진으로 우리의 반도와 겨레의 장점을 융합하고, 그 핵심가치를 최대화하여 세계 5강의 지구촌 초일류 행복국가로 도약할 수 있기 때문입니다.

우리의 국토는 반도입니다. 변방의 나라입니다. 지역의 중심도, 아시아의 중심도 아니고, 세계의 중심은 거론조차도 할 수 없습니다. 그러나 '극동경제공동체/FEC'가 창설되면, 우리의 반도는 '극동경제공동체'의 중축이 되고, 동북아 극동이 세계경제 발전의 핵심지역으로 부상하면서 세계의 중심으로 도약하는 것입니다.

그뿐만이 아닙니다. 우리의 기획과 우리의 발기發起로 '극동경제공동체조직'이 설립되고 '극동경제공동체/FEC'가 창설될 경우, '극동경제공동체조직'의 본부빌딩 및 FEC사무국과 '극동박람회관' 등의 시설도 우리의 반도에 건설되고 설치되어 통일반도가 그 주도적인 역할을 하게 될 것입니다.

이상으로 박근혜 후보님의 5대 핵심 대선공약을 제안 드립니다.
안녕히 계십시오.

2012년 7월 9일
원봉 드림

다음은 지난 10월 22일 필자가 박근혜 대통령 탄생에 대하여 쓴 논평이다.

제18대 대통령은 박근혜일 것이다. 필자의 전략적 기획의 결론이다.

박근혜는 대한민국의 둘도 없는 다음 대통령 감이다. 대통령이 반드시 갖추고 있어야 하는 모든 여건들이 잘 구비되었기 때문이다. 박근혜의 장점에 대하여 필자는 이미 싱크탱크 소설 한 권으로 창작하였다.

이 책의 내용을 요약하여 정리하여 본다. 한마디로 안철수가 '3무'라면 박근혜는 '3유'이다. 안철수가 권력의지·자기세력·정치경험이 모두 '3무'라면 박근혜는 '3유'인 것이다.

우선 권력의지를 보자. 박근혜는 모든 대선후보 중 최강의 권력의지를 가지고 있다. 문제는 '누구를 위한 권력의지인가?'이다. 국가의 국익을 지키고 국민이 주인이고 행복한 좋은 세상을 꼭 만들겠다는 권력의지는, 당연히 대통령으로서 보석보다도 더 귀중한 품질이다. 반면에 다른 당파와 계파를 소외시키면서 독주하는 권력이거나, 자기와 측근의 이득을 위하여 강경하게 집권하는 권력의지는 국가의 재앙으로 번져갈 수 있다.

박근혜의 입장에서 볼 때 이러한 권력의지의 양면성이 모두 있다고 볼 수도 있다. 자기세력도 박근혜가 대선후보 중 최강을 자랑하고 있다. 이 역시 명백한 양면성이 있다. 국민을 위한 자기세력이라면 국민에게 큰 복을 가져다줄 것이다. 반면에 권력에 탐욕을 부리고 재물을 챙기는 데만 몰두하는 자기세력이라면 최악의 부패정권이 될 것이다.

정치경험 역시 박근혜가 모든 대선후보 중 최고로 풍부하다. 소녀시절부터 아버지 박정희 전 대통령을 따라다니면서 보고 듣고 배우고 익혔으며, 국회에서 정당에서 선거에서 그리고 여당에서 야당에서 절대적으로 가장 풍부한 정치경험을 쌓았다.

이 점 역시 양날의 칼이다. 이상이 박근혜가 안철수에 비해 충분하게 구비하고 있는 세 가지 강점이다. 문제는 대선출마 후 경선과정에서 일어난 일들이다. 박근혜의 대선승리에 치명적인 손실을 가져다주고 있다.

첫째, 당내 기타 대선후보들에 대한 배척이다.

둘째, 박정희 전 대통령의 과過에 대한 미화美化이다.

셋째, 측근인물의 공천비리에 대한 무책임한 태도이다.

그렇지만 박근혜는 확실히 가장 충분한 여건이 구비된 18대 대통령 후보이다. 박근혜가 새누리당 대선후보로 확정되었다. 본선에서 '국민이 주인공이 되는 좋은 세상'을 어떻게 만들 것인지, 그 구체적인 방법과 조치만 확실하게 밝힌다면 박근혜의 대통령 당선이 가능하다고 본다.

박근혜는 반드시 정당정치의 종결과 국민정치의 가동으로 정치 선진화를 실현함과 동시에, 박정희 전 대통령의 과오에 한해서는 투철하게 비판해야 할 것이다. 박근혜가 환골탈태의 쇄신과 개혁을 계속한다면 18대 대통령이 될 수 있다.

지난 9월 24일 박근혜 후보가 기자회견을 통해 5·16과 유신, 인혁당 재건위 사건 피해자와 가족들에게 공식으로 사과를 하였다. 박근혜는 "5·16과 유신, 인혁당 등은 헌법가치가 훼손되고 대한민국의 정치발전을 지연시키는 결과를 가져왔다."고 명확하게 밝혔다. 지난 9월 28일 KBS의 새누리당 정강정책 방송연설 중 새누리당 정치쇄신특위위원회 안대희 위원장의 말이다.

"박근혜 후보자는 몇 차례나 직접 찾아와 정치쇄신을 통해 우리 정치를 바꾸어 보자며 저를 설득했습니다. 정권마다 터져 나오는 권력형 비리, 선거 때마다 터져 나오는 공천비리, 그때마다 반복되는 정치권의 다짐과 국민의 실망, 이 악순환의 고리를 끊어보자고 말했습니다."

"나라형편이 참 어렵습니다. 경제는 나아질 줄 모르고, 강력범죄는 기승을 부리고 있습니다. 정치권은 해법을 내놓지 못하고 있습니다. 오히려 끊임없는 비리로 국민들의 원성을 사고 있습니다. 이래서야 나라꼴이 제대로 돌아가겠습니까? 국민형편이 나아질 수 있겠습니까?"

"정치권은 그동안 많은 자정 노력과 제도개선을 위한 노력을 해왔다고 합니다. 하지만 나아진 것은 별로 없습니다. 김영삼, 김대중, 노무현, 그리고 지금의 정권까지 어느 정권 가릴 것 없이 친인척 비리에 측근 비리로 얼룩져 있습니다. 정당 역시 마찬가지입니다. 공천 뒷거래, 정치자금 수수, 온갖 지저분한 범죄들로 국민을 실망시키고 있습니다. 소위 진보세력이라고 하는 정당도 마찬가지입니다. 이는 우리 정치권 모두의 문제입니다."

"국민통합과 국가경영의 리더 역할을 해야 할 정치권이 이런 모습이라면 우리의 미래는 과연 어떤 모습일까요? 국민에게 희망과 믿음을 주는 정치란 정말 없는 것일까요? 지금이야말로 국민의 신뢰를 얻기 위한 특단의 조치가 있어야 한다고 생각합니다."

"지난 우리의 역사를 돌이켜 보면 정치권이 당쟁으로 분열되고, 무능과 부패가 만연했을 때 민심이 이반되었고, 결국 외침으로 인한 국가적 재난이 찾아왔습니다. 임진왜란이 그랬고 병자호란이 그랬고 한국전쟁이 그랬습니다. 동서고금을 살펴봐도, 정치가 바로 서지 못하고 흥한 나라는 없었습니다."

"한마디로 정치쇄신은 나라 발전의 기본을 세우는 일입니다. 지금 대한민국에 필요한 정치쇄신은 한국 정치의 전근대적 요소를 뿌리 뽑는 것입니다. 과감한 제도개혁과 함께 낡은 사고를 혁파하는, 뼈를 깎는 자정노력이 필요합니다. 권력의 뒤를 쫓아 한몫 보려는 관행도 없어져야 합니다. 더 이상 '측근'이나 '실세'라는 말이 나와서는 안 됩니다. 새누리당은 정치쇄신특별위원회를 통해 쇄신의 기틀을 마련하고자 합니다."

"대통령 후보와 그 주변 인사들은 권력에 대한 욕심보다는 모든 것을 버리고, 국민만을 위해 헌신할 수 있어야 합니다. 역사에 대한 소명의식이 있어야 합니다. 소명의식을 가지고 실천할 수 있는 후보가 당선이 되어서 국민의 신뢰를 받는 대통령, 성공한 정부가 나와야 대한민국은 오늘의 위기를 극복할 수 있을 것입니다."

새누리당이 정치선진화가 대선의 관건이라는 현실을 정확히 파악하고 있었다. 그리고 그는 새누리당을 대표하여 야당에 '쇄신경쟁'을 제안하였다. 박근혜의 거시 전략적인 환골탈태의 정치쇄신이 또다시 가동된 것이다. 박근혜는 비상대책위원장을 맡고 강력한 개혁과 쇄신으로 국민의 큰 지지를 받았다. 박근혜 후보가 '국민정치'로 기존의 정당정치를 종결시키고 국민이 국가의 주인이 되게 하고, 그 어떤 전쟁의 위험도 없게 하는 '평화발전모델'을 창조하여 국민이 항구적으로 행복하게 하며, '세계 5강 통일반도'를 거시 전략적인 미래발전 비전으로 하게 된다면, 우리 민족 역사의 새 장을 여는 위대한 대통령으로 역사에 남게 될 것이다.

제3편
국민정치의 기획제안이다

지난 10월 12일 필자가 박근혜 후보님께 드린 국민정치 선언서 기획제안이다.

〈박근혜의 국민정치 선언서 기획제안〉

박근혜 후보님께.

〈박근혜의 국민정치 선언서〉를 작성하여 발송하여 드립니다. 〈박근혜 선언朴槿惠宣言〉으로 약칭합니다. 18대 대선이 박근혜, 문재인, 안철수 세 후보를 중심으로 전개되고 있습니다. 모두 다양한 공약과 정책을 내놓으면서 본선의 경쟁에 뛰어들고 있습니다.
문재인 후보와 안철수 후보의 최대 강점은 많은 국민이 지지하고 있다는 점입니다. 최대의 약점은 국가정치의 실천경력과 경험이 지나치게 부족한 점입니다. 박근혜 후보의 최대 강점은 국가정치의 충분한 실천경력과 경험입니다. 최대의 약점은 권력에 대한 지나친 의거로 인해 국민의 신뢰를 잃고 있는 것입니다. 국민정치를 위한 환골탈태의 정치쇄신을 단행한다면 국민이 신뢰할 것입니다.

지난 9월 28일 새누리당이 정치쇄신을 선포하고 '쇄신경쟁'을 제안하였습니다. 대선의 핵심은 사실상 정치의 쇄신입니다. 대선의 경쟁도 사실상 정치쇄신의 경쟁입니다. 그 어느 후보이든지 확실한 정치쇄신이 있어야만 국민이 선택해 줄 것입니다.

박근혜 후보님은 국민정치를 핵심으로 정치쇄신의 경쟁을 펼치고 있습니다. 반드시 정확하고 과학적인 콘텐트로 정치쇄신의 내용을 충실充實히 해야 합니다. 말로만이 아니라 실현성 있는 핵심정책과 구체적인 조치로 정치쇄신을 해야 합니다. 시대의 흐름을 선도하는 정치쇄신으로 국민정치가 탄생되게 하여야 합니다. 박근혜 후보님은 이러한 정치쇄신으로 국민이 신뢰하는 박근혜 대통령이 될 것입니다.

그러므로 실현이 확실한 정책과 구체적인 조치로 〈박근혜 선언〉을 준비하였습니다. 기획초고와 거대한 역사적 가치로 나누어 제안 드립니다.

1. 〈박근혜의 국민정치 선언서〉 기획초고

존경하는 국민 여러분.

안녕하십니까? 대한민국 제18대 대선후보 박근혜입니다.

지난 2007년 5월 4일 출판기념회에서 제가 남긴 말입니다.

"새로운 국가 시스템을 만드는 게 바로 국가혁신의 길입니다."

지난 2월 16일 '새누리당' 현판식에서 제가 남긴 말입니다.

"저희 새누리당은 이념, 지역, 계층, 세대를 통합하는 국민의 정당이 될 것이고, 국민들께서 주인공이 되는 그런 새 세상을, 좋은 세상을 꼭 만들어 나가겠습니다."

지난 7월 10일 경선출마 공식선언에서 제가 남긴 말입니다.

"무엇보다 국정운영의 기조를 국가에서 국민으로 바꿔야 합니다."

새누리당 정치쇄신특위 안대희 위장장님을 찾아가 제가 남긴 말입니다.

"정치쇄신을 통해 우리 정치를 바꾸겠습니다. 정권마다 터져 나오는 권력형 비리, 선거 때마다 터져 나오는 공천비리, 그때마다 반복되는 정치권의 다짐과 국민의 실망, 이 악순환의 고리를 끊겠습니다."

저는 언행일치의 도덕성과 원칙으로 반드시 이상의 약속을 지킬 것입니다.

지난 9월 28일 새누리당이 정강정책으로 선포한 내용입니다.

"한마디로 정치쇄신은 나라 발전의 기본을 세우는 일입니다. 지금 대한민국에 필요한 정치쇄신은 한국 정치의 전근대적 요소를 뿌리 뽑는 것입니다.

과감한 제도개혁과 함께 낡은 사고를 혁파하는, 뼈를 깎는 자정노력이 필요합니다.

권력의 뒤를 쫓아 한몫 보려는 관행도 없어져야 합니다.

더 이상 '측근'이나 '실세'라는 말이 나와서는 안 됩니다.

대통령 후보와 그 주변 인사들은 권력에 대한 욕심보다는 모든 것을 버리고, 국민만을 위해 헌신할 수 있어야 합니다. 역사에 대한 소명의식이 있어야 합니다.

　소명의식을 가지고 실천할 수 있는 후보가 당선이 되어서 국민의 신뢰를 받는 대통령, 성공한 정부가 나와야, 대한민국은 오늘의 위기를 극복할 수 있을 것입니다.

　국민의 신뢰를 얻기 위한 특단의 조치가 있어야 합니다."

이상이 새누리당의 정강정책이고 저의 정치주장입니다.

'국민들께서 주인공'이 되는 국민정치를 실현하는 것입니다.

　저는 말로만이 아니라 국민이 피부로 느낄 수 있는 '과감한 제도개혁과 함께 낡은 사고를 혁파하는 뼈를 깎는 자정노력'과 '국민의 신뢰를 얻기 위한 특단의 조치'로 국민통합, 국민행복, 국가통일을 중심으로 정치쇄신을 단행하겠습니다.

　저는 땜질하는 식의 정치쇄신이 아니라 원천으로부터 '한국 정치의 전근대적 요소'를 뿌리 뽑는 거시 전략적인 역사적 국가개혁과 정치쇄신으로, 국민이 국가의 주인이 되고 국민이 항구적인 행복을 누릴 수 있는 국가개혁과 정치쇄신을 단행하겠습니다.

　이를 위한 3대 핵심정책과 10대 구체조치들을 발표합니다.

핵심정책 1. '국민정치'입니다

　지난 9월 28일 정강정책연설에서 새누리당이 선포하였습니다. 김영삼, 김대중, 노무현, 그리고 지금의 정권까지 어느 정권 가릴 것 없이 친인척 비리에 측근비리로 얼룩져 있습니다. 정당 역시 마찬가지입니다. 공천 뒷거래, 정치자금 수수, 온갖 지저분한 범죄들로 국민을 실망시키고 있습니다. 소위 진보세력이라고 하는 정당도 마찬가지입니다. 이는 우리 정치권 모두의 문제입니다.

　정치쇄신은 나라 발전의 기본을 세우는 일입니다. 대한민국 오늘의 위기는 정치권 모두의 문제입니다. 정치권 모두의 문제를 해결해야만 오늘의 위기를 극복할 수 있습니다. 우선 정치권 모두의 문제의 근원이 무엇인가를 확인해야 합니다. 정치권 모두의 문제는 3류 정치를 만들어 낸 권력형 정당정치에 있습니다.

　국가의 권력구조가 국민이 주인이 아니라 정당이 주인으로 되어 있는 것입니다. 인류는 국가의 출범과 함께 권력이 국가정치와 국정운영을 독점했습니다. 봉건사회에서는 제왕과 왕족이 국가정치와 국정운영을 독점하였습니다. 자본주의 사회 이후에서는 정당이 국가정치와 국정운영을 독점하였습니다. 정당이 국가의 주인이 되어 국가정치와 국정운영을 독점하고 있는 권력구조입니다. 이러한 정당이 국가의 주인이 되어 있는 권력구조를 철저하게 쇄신해야 합니다.

　세 가지 이유를 말씀 드립니다.

　첫째, 기존의 권력형 정당정치가 지속적인 부패와 범죄를 만들어 내고 있습니다. 미국과 유럽의 경제위기의 근원이 이권을 위한 권력정치입니다. 소련이 심각한 권력형 정당의 부패와 범죄로 정권을 잃고 역사에서 사라졌습니다. 중국도 중앙당 최고층의 부패와 범죄가 계속하여 터져 나오고 있습니다. 우리나라에서도 대통령 측근 부패와 범죄가 끊이지 않고 있습니다. 권력형 정당정치의 부패와 범죄를 근절하는 유일한 방법이 국민정치입니다. 그러므로 반드시 국민정치로 기존의 정당정치를 쇄신해야 합니다.

둘째, 국민이 국가정치에 필요한 지식을 이미 충분히 갖추고 있습니다. 인류사회는 이미 지식화 시대에 진입해 있습니다. 특히 우리나라는 세계 최고의 대학교육 보급 수준입니다. 그러므로 전체 국민이 국가정치와 국정운영을 직접 하는 국민정치가 필수입니다. 소수의 권위가 아니라 전체 국민의 마음과 사상으로 국정운영을 하는 것입니다. '대한민국헌법'이 규정한 바와 같이 국민이 국가의 주인이기 때문입니다.

셋째, 초고속 인터넷과 디지털 정보통신이 국민정치를 부르고 있습니다. 21세기는 이미 초고속 인터넷과 디지털 정보통신 시대입니다. 우리나라의 초고속 인터넷과 디지털 정보통신은 세계 초일류를 자랑하고 있습니다. 국민이 사상과 지혜를 모아 직접 국가정치를 할 수 있는 여건이 구비된 것입니다. 정당정치의 산물인 밀실정치, 측근정치, 이권정치를 더 이상 두고 보지 않을 것입니다. 우리는 반드시 디지털 정보통신시대의 국민정치를 실현해야 합니다.

이상이 반드시 정당정치를 종결하고 국민정치를 해야 하는 주요 이유입니다.

국민이 국가의 주인이 되는 국민정치는 도도히 흐르고 있는 시대의 흐름입니다. 문예부흥과 프랑스 대혁명, 미국의 독립전쟁과 링컨의 남북전쟁, 그리고 당시 독일·이탈리아·일본으로 대표되는 제국주의 세력에 의한 제2차 세계대전 등이 모두 시대의 흐름을 가로막는 정치세력에 대한 사상적이거나 군사적인 위대한 혁명이었습니다.

링컨의 연설과 미국독립선언 및 세계인권선언은 인류의 위대한 혁명 속에서 탄생하고 인류 역사의 이정표로 남아 있는 위대한 연설이고 위대한 선언입니다.

우리는 반드시 시대의 흐름을 따라 국민정치로 정당정치를 쇄신해야 합니다. 저는 반드시 확실한 정책과 구체적인 조치로 국민정치를 실현하겠습니다. 권력 기본의 정치를 국민 기본의 정치로 바꾸겠습니다. 대한민국에서 인류 최초의 국민민주사회가 탄생되게 하겠습니다. 국민들께서 주인공이 되는 좋은 세상을 반드시 만들어 내겠습니다.

핵심정책 2. '국민행복'입니다

지난 9월 28일 새누리당이 정강정책 연설에서 선포하였습니다. 나라형편이 참 어렵습니다. 경제는 나아질 줄 모르고 강력범죄는 기승을 부리고 있습니다. 정치권은 해법을 내놓지 못하고 있습니다. 오히려 끊임없는 비리로 국민들의 원성을 사고 있습니다. 이래서야 나라꼴이 제대로 돌아가겠습니까?

지난 우리의 역사를 돌이켜 보면 정치권이 당쟁으로 분열되고, 무능과 부패가 만연했을 때 민심이 이반되었고 결국 외침으로 인한 국가적 재난이 찾아왔습니다. 동서고금을 살펴봐도 정치가 바로서지 못하고 흥한 나라는 없었습니다. 지금 대한민국에 필요한 정치쇄신은 한국 정치의 전근대적 요소를 뿌리 뽑는 것입니다.

그러면 '한국 정치의 전근대적 요소'란 무엇입니까? 그것은 냉전정치입니다. 냉전이 국토의 분단을 가져다주고 냉전정치를 만들어 놓았습니다. 계속 대치와 대결의 냉전정치로 버티고 있다면 새로운 전쟁을 피할 수 없습니다. 우리는 그 어떠한 이유와 구실로도 새로운 전쟁을 용납할 수 없습니다.

전쟁은 아래의 세 가지 요소로 폭발하게 됩니다.

요소 1. 영토분쟁, 종교분쟁 등 역사에 누적된 국가 간의 갈등

요소 2. 그 나라의 자원을 약탈하기 위해서

요소 3. 그 나라의 시장을 차지하기 위해서

우리민족은 그 어떤 나라가 전쟁을 감행할 만한 역사적 갈등이 없습니다. 우리나라는 그 어떤 나라가 전쟁을 감행할 만한 자원과 시장도 없습니다. 남과 북의 경제공동체가 곧 탄생하게 될 것이므로 전쟁이 불가능합니다. 전 세계는 이미 하나의 시장과 하나의 이익관련 공동체로 융합되고 있습니다. 전쟁으로 자원과 시장을 확보하는 시대는 조만간 사라지게 될 것입니다. 전쟁이 다른 나라뿐만 아니라 자국에도 엄청난 손해를 가져오기 때문입니다. 인류의 역사에서 침략전쟁이 사리지고 평화발전모델이 탄생할 것입니다.

중국의 비약적인 발전은 등소평鄧小平의 판단에서부터 시작되었습니다. '전쟁은 없다'는 판단 하에 100만의 군대를 축소하고 개혁개방을 가동하였습니다. 우리도 반드시 전쟁은 없다는 판단을 내리고 국민행복시대를 열어야 합니다. 인류 최초로 그 어떤 전쟁의 위험도 없는 평화발전모델을 창조하겠습니다. 우리의 국민들이 항구적으로 행복한 삶을 마음껏 누리게 하겠습니다.

핵심정책 3. '국가통일'입니다

지난 9월 28일 새누리당이 정강정책 연설에서 선포하였습니다. 우리의 미래는 과연 어떤 모습일까요? 국민에게 희망과 믿음을 주는 정치란 정말 없는 것일까요? 역사에 대한 소명의식이 있어야 합니다. 소명의식을 가

지고 실천할 수 있는 후보가 당선이 되어서 국민의 신뢰를 받는 대통령, 성공한 정부가 나와야 대한민국은 오늘의 위기를 극복할 수 있을 것입니다. 그러면 무엇이 '역사에 대한 소명의식'입니까?

역사적인 거시전략 국가발전의 미래비전입니다. 소명의식과 미래비전이 있어야만 우리 민족의 도약이 가능합니다. 정치쇄신의 중요한 목표 중 하나는 정확한 미래비전을 확정하는 것입니다. 저는 국가통일을 가장 중요한 핵심정책의 하나로 선포합니다. 국가통일이 있어야 국가발전의 미래비전이 있을 수 있기 때문입니다. 국가통일이 있어야 국민행복시대를 만들어 낼 수 있기 때문입니다. '세계 5강 통일반도'를 역사적인 거시전략 국가발전의 미래비전으로 삼겠습니다.

신라의 김춘추는 국가제도를 정비하여 삼국통일의 기틀을 마련한 왕으로 평가받고 있습니다. 저는 정치쇄신과 국가개혁으로 남북통일의 기틀을 마련하겠습니다. 통일반도가 미국, 중국, 러시아, 인도에 이어 세계 5강이 되게 하겠습니다. 우리의 통일반도가 지구촌 초일류의 행복국가로 도약하게 하겠습니다. 국민정치, 국민행복, 국가통일은 저 박근혜의 3대 핵심정책입니다.

이상 3대 핵심정책의 실현을 위한 10대 구체적인 조치들을 제출합니다.

구체조치 1. 국민정치 시스템을 구축하겠습니다

전국의 군, 시, 도와 특별시의 의회, 정부, 사법기관과 청와대, 국회와 국가행정부, 국가사법기관 및 공기업과 대기업에 '제안센터' '논평센터' '감독센터' '표결센터' 등 약칭 '4대 센터'를 설치하겠습니다.

'제안센터'는 군민, 도민, 시민, 국민과 전 세계의 겨레들이 언제 어디서나 인터넷, TV, 소셜 네트워크 등으로 국가정치와 국정운영에 대한 제안을 발표하도록 하고 전국의 군, 시, 도와 특별시의 의회, 정부, 사법기관과 청와대, 국회와 국가행정부, 국가사법기관의 모든 제안도 '제안센터'에서 발표하도록 하겠습니다.

'논평센터'는 군민, 도민, 시민, 국민과 전 세계의 겨레들이 언제 어디서나 '제안센터'에서 발표된 모든 제안과 청와대, 국회, 행정부, 사법부의 국정운영에 대한 논평을 발표할 수 있도록 하고 군, 시, 도, 특별시의 의회, 정부, 사법기관과 청와대, 국회와 행정부, 사법기관의 모든 인사, 예산, 계획, 투자, 입법 등 중대한 국정운영 사항들도 모두 '논평센터'에서 국민과 겨레의 철저하고 투철하며 심도 있고 충분한 논평을 받도록 하겠습니다.

'표결센터'는 군민, 도민, 시민, 국민과 전 세계의 겨레들이 국정운영의 중요한 인사, 입법, 예산과 전략기획, 투자개발계획 및 국가의 외교안보정책 등 국정운영의 핵심사항들에 대하여 매우 간편하고도 신속하게 제도적으로 표결할 수 있게 하고, 지방과 전국의 모든 선거도 선거관리위원회가 '표결센터'에서 치르도록 하겠습니다. 앞으로 모든 여론조사도 '표결센터'를 이용하여 이루어질 것입니다.

'감독센터'는 군민, 도민, 시민과 국민, 전 세계의 우리겨레들이 언제 어디서나 국정운영의 부실과 공무원 및 공직자들의 위법과 범죄를 고발할 수 있도록 하고, 비공개 고발을 제외한 모든 고발은 즉시로 공개하여 국민들이 철저한 감독을 할 수 있도록 하며, 법이 정한 기한 내에 그 결과를 공개하는 방법으로 정부, 국회와 사법부의 부실과 부패를 강력하게 근절할 수 있도록 하겠습니다.

'제안센터'와 '논평센터'를 거쳐 지방과 국가에서 채택한 우수제안에 대해 국제관례와 시장경제의 원칙에 준하여 그 가치에 따라 장려금을 지불하고 국가적인 명예를 드리는 방법으로 민간 싱크탱크들을 키워내고 국민과 겨레의 탁월한 사상과 뛰어난 지혜로 국정운영을 하는 국민두뇌 시스템을 구축하겠습니다.

모든 학생, 교수, 직장인, 언론인, 지식인, 근로자, 작가, 학자, 전문가 등 민간인들이 민간 싱크탱크의 주역으로 출범하게 될 것이고, 전체 국민이 백가쟁명 百家爭鳴하는 시대가 본격적으로 열리게 될 것입니다.

국민이 국가의 주인이 되어 가장 효율적이고도 정확한 입법을 하고 엄격한 법치로 국정운영을 실행하는 국민법치 시스템을 구축하겠습니다. 국민과 겨레의 제안 및 논평과 표결을 거쳐 국회에서 〈대한민국국민민주정치법〉을 입법하여 이상 '4대 센터'를 법으로 관리하고 국민정치를 법치화하겠습니다. 이상 국민민주, 국민두뇌, 국민법치 시스템으로 국민정치 시스템을 구축하겠습니다.

국민정치 시스템 구축으로 국민정치와 국민민주사회가 탄생하게 하겠습니다.

구체조치 2. 국민대통합의 정권을 만들겠습니다

국민의 대통합은 저의 일관적인 정치공약입니다. 국민정치가 실현되어야만 국민 대통합이 가능합니다. 국민정치가 실현되면 집권여당이 사라지게 됩니다. 모든 정당이 참정당 參政黨이 되어 국민에게 봉사할 것입니다. 다시는 정당들이 여야로 갈라져 너 죽고 나 살기로 싸우지 않을 것입니다. 국민의 대통합이 이루어지고 국민이 직접 집권하기 때문입니다.

제가 당선이 되면 정당을 대표한 대통령이 아니라 국민의 '머슴'이 되어 국민께 봉사하겠습니다. 도덕과 능력을 유일한 기준으로 모든 정당의 우수한 인물을 뽑을 것입니다.

이번 대선에서 국민의 많은 지지를 받은 분들을 모셔 새 정부를 구성하겠습니다. 국민과 겨레의 우수한 인재를 모아 국민 대통합의 정권을 만들겠습니다. 국민의 대통합으로 국가통일과 국민행복시대가 탄생하게 할 것입니다.

구체조치 3. 역사적인 국가개혁을 진행하겠습니다

대한민국 건국 이래 행정부, 입법부, 사법부는 수많은 부서와 직능이 겹쳐져 거대한 관료기구로 팽창되어 있고 아직 국민행복을 최고로 하는 제도가 확립되지 못하였으며, 국군의 건설도 기본상 냉전의 틀에서 진행되고 있었습니다.

반드시 행정부, 입법부, 사법부의 역사적인 국가개혁을 실행하여 국민의 행복을 최고로 하는 국가제도와 시스템을 구축하고, 전문군인 제도의 도입과 정예의 국방군 창설로 국민의 행복을 최고로 하는 국가개혁을 본격적으로 추진하겠습니다.

국민이 추천하고 논평하여 선출한 국회의원으로 입법부를 구성하겠습니다. 국민이 추천하고 논평하여 선출한 인사들로 사법부의 고위직이 임명될 것입니다. 국민이 제안하고 논평하여 표결한 방안으로 행정부를 개혁하겠습니다. 국민을 주인으로 하고 국민행복을 최고로 하여 국가부서의 구조조정을 하겠습니다. 입법부, 사법부, 행정부에 모두 국민행복을 위한 시스템을 구축하겠습니다. 다시는 권력이 장악한 정당이 국가정치와 국정운영을 독점하지 못하게 하겠습니다. 역사적인 환골탈태의 정치 쇄신과 국가개혁으로 민족의 새 도약을 실현하겠습니다.

구체조치 4. 서민복지를 철저히 해결하겠습니다

　냉전정치로 인하여 우리나라는 정당유지, 국회운영, 구태경선과 무기수입, 군사기지, 전쟁준비 등으로 천문학적인 정치자금과 군사비용을 해마다 쏟아붓고 있습니다.

　국민의 혈세로 정당을 먹여 살리고 국회의원이 특혜를 누리게 하고 있습니다. 대규모의 전쟁무기를 사들여 세계 2위의 무기수입국이 되었습니다. 반드시 정당정치와 냉전정치의 천문학적인 거액자금을 절감해야 합니다.

　서는 국민정치의 실행으로 대폭 감소되는 정치비용, 군사자금 등 거액의 자금을 집중적으로 투입하여, 서민복지와 국민행복이 근본적으로 개선되게 하겠습니다.

　청년실업, 비정규직, 서민부채, 노인고통 등의 문제들도 철저히 해결하겠습니다. 국민의 제안, 논평과 표결로 방안을 마련하여 국민복지를 철저히 해결하겠습니다. 우리의 어머니와 어린이가 행복하고, 노인들이 행복하게 여생을 보내시고, 청년들이 행복하게 공부하고 창업하고 사랑하면서 청춘을 누릴 수 있고, 국민과 겨레가 자랑스러워하는 대한민국을 건설하겠습니다.

구체조치 5. 평화발전의 모델을 창조하겠습니다

　국민이 행복하려면 전쟁이 없어야 합니다. 반드시 그 어떤 전쟁의 위험도 없는 평화발전모델을 창조해야 합니다. 나라의 국익과 국민의 행복을 위하여 냉전의 굴레에서 전격 탈퇴하겠습니다.

냉전으로 인하여 생겨난 모든 것을 말끔하게 청소하겠습니다. 지난 3월 26일 '2012년 핵안보정상회의'가 서울에서 열렸습니다. '핵 테러 없는 세상'을 만들겠다는 실천방안을 논의하였습니다. '전쟁이 없는 세상'을 만드는 평화발전모델을 창조하겠습니다.

제주도에 '세계평화발전센터'를 건설하고 전 세계의 평화를 사랑하고 지향하는 관련국의 정상들과 전문가들을 불러들여 '세계평화발전포럼'을 개최하겠습니다.

전 국민과 온 겨레의 탁월한 지혜를 모아 인류역사 최초의 '평화발전모델'을 기획하여 '세계평화발전포럼'에서 세계 각국의 정상들께 공식으로 제안하겠습니다.

사람을 죽이기 위한 무기의 개발과 모든 전쟁이 사라지고 평화로운 지구촌에서 우리의 인류가 행복을 누리게 되는 평화발전의 시대가 반드시 막을 열게 할 것입니다. 우리나라가 인류 최초의 '평화발전모델'을 창조하고 선도하게 될 것입니다.

구체조치 6. 정예의 국방군을 창설하겠습니다

국민의 충분한 논평을 거쳐 지금의 병역제도를 단계별로 폐지하고 우리의 청년 인재들이 가장 귀중한 청춘을 전쟁을 위한 병영兵營에 바치는 것이 아니라 희망찬 창업의 장으로 뛰어들게 하고 청춘의 행복을 마음껏 누리게 하려고 합니다.

사람을 중심으로 전쟁을 준비하던 우리의 국군에 모병제도와 전문군인 제도를 도입하고 전문군인들이 초일류 기술과 제품으로 나라의 국방을 지키는 최첨단의 국방군을 키워내겠습니다.

사람이 탱크와 전투기, 군함을 운전하면서 전쟁을 하던 개념을 떠나, 최첨단 디지털 사이버국방력과 무인 스마트 지능무기로 국가와 국민의 안보를 지키겠습니다. 그 어느 외국에도 기대지 않고 우리의 인재, 우리의 지혜로 이루어질 것입니다. 국민행복과 세계평화를 위한 국방군이 탄생하여 인류의 칭찬을 받게 될 것입니다.

구체조치 7. 세계 일류의 기업군을 육성하겠습니다

정치는 반드시 민주화되어야 하나 경제는 민주화가 될 수 없습니다. 기업의 경영과 경제의 발전은 반드시 시장화가 되어야 하기 때문입니다.

주주들이 기업의 주인이고 기업의 소유권을 가지고 있습니다. 독점도 가능하고 상업비밀도 법으로 보호를 받으며 이윤의 추구 역시 당연합니다.

기업의 경영을 간섭하려면 반드시 지분을 투자하여 주주가 되어야 합니다. 그 외의 누구도 기업의 경영에 대하여 좌지우지할 어떠한 권한도 없습니다. 반드시 국민법치를 통하여 '경제에 관한 규제와 조정'을 해야 합니다. 대한민국헌법이 규정한 '기업의 경제상의 자유'를 존중해야 합니다. 기업의 '경영을 통제 또는 관리할 수 없다'는 규정이 지켜져야 합니다.

현재 대한민국의 핵심 성장동력은 우리의 대기업들입니다. 대기업의 기를 죽이고 글로벌 경쟁력을 허무는 일들을 법으로 금지해야 합니다. 대기업이 잘되어야 중소기업도 동반성장이 가능합니다. 대기업이 무너지면 중소기업도 살아남지 못하고 서민복지도 사라지게 됩니다. 대기업 총수 가족의 문제는 경제민주화가 아니라 국민법치로 해결해야 합니다.

국민법치로 대기업과 총수 가족의 모든 문제들을 철저히 해결하겠습니다. 대기업과 중소기업의 주주와 경영자들의 민주를 충분히 보장하겠습니다. 국민의 제안, 논평과 표결로 〈글로벌대기업육성법〉을 마련하겠습니다.

우리의 대기업, 중소기업, 벤처기업이 글로벌 대기업으로 도약하게 하겠습니다. 반드시 세계적인 글로벌 대기업의 거시 전략적 육성정책을 확립하고, 우리의 기업들이 세계 최고의 경쟁력을 가진 대기업으로 일어서게 지원하겠습니다.

구체조치 8. 남북경제공동체를 구축하겠습니다

어떠한 대북정책을 택해야 하는가는 역대 대통령들의 가장 중요한 핵심과제입니다. 역대 대통령들이 이미 많은 노력을 하였고 남북의 합의를 만들어 내었습니다. 그러나 지금의 남북관계는 완전히 얼어붙었으며 남북경협도 최악의 상태입니다. 북핵문제의 실마리도 찾지 못하고 있습니다. 이제는 전직 대통령들의 남북합의를 실천에 옮기는 대통령이 나와야 합니다.

저는 전직 대통령들의 남북합의를 실천에 옮기는 대통령이 되겠습니다. 정경분리로 남과 북의 거시 전략적 경제협력을 기획하여 추진하겠습니다. 다시는 냉전정치가 남북경협과 통일을 방해하는 일이 없도록 하겠습니다. 대기업의 투자진출을 중심으로 하여 남북경협을 본격적으로 추진하겠습니다. 서해안과 동부선 고속철도 고속도로 건설로 '통일반도대동맥'을 구축하겠습니다. 대형, 초대형의 '자유무역특구'와 기업도시들이 계획적으로 건설되게 하겠습니다. 대기업이 주도하는 남북경협으로 '남북경제공동체'를 구축하겠습니다. 모든 국민들이 세금을 더 내야 하는 '통일세'의 증설을 취소하겠습니다.

정부와 기업과 국민이 자원自願으로 납금하는 '통일기금'을 설립하겠습니다. '통일기금'을 투입하여 북반도 인민의 생활개선과 국가건설을 지원하겠습니다.

국민의 논평과 합의를 거쳐 남과 북이 합의하여 1단계 경제·문화 분야 전면협력, 2단계 경제·문화·과학기술 분야 남북공동체 구축, 3단계 '통일연방공화국' 설립, 4단계 완전한 통일의 실현 등 구체적인 계획을 세우고 통일을 나라와 겨레의 최고 국익사업으로 정하여 거시 전략적으로 추진하겠습니다.

구체조치 9. 동북아경제공동체를 만들겠습니다

동북아는 사실상 세계지리 개념에 따르면 극동極東/The Far East입니다. 중국, 러시아아시아 지역, 몽골, 일본, 남한과 북조선이 극동의 6개국입니다.

동북아의 '극동경제공동체/FEC'가 창설되면 통일반도가 '극동경제공동체/FEC'의 중축이 되고, 반도와 변방의 나라에서 세계 중심의 국가로 도약하게 될 것입니다.

우리의 거시 전략적인 기획과 기회선점의 발기發起로 '극동경제공동체조직'이 설립되고 '극동경제공동체/FEC'가 창설될 경우, 우리가 기획국인 동시에 발기국이 되는 것입니다.

'극동경제공동체조직/FEC'의 본부 및 사무국과 '극동박람회관' 등의 시설도 모두 우리의 반도에 건설되고 설치되어, 우리가 주도적인 역할을 하게 될 것입니다.

그러므로 '극동경제공동체/FEC' 창설은 세계 5강 도약으로의 관건 프로젝트이고, 우리의 반도를 지구촌 초일류 행복국가로 도약하게 할 수 있는 핵심사업입니다. 거시 전략적인 핵심사업으로 기획하여 계획적으로 추진하여 나가겠습니다.

구체조치 10. 미래인류의 발전에 기여하겠습니다

우리의 반도와 겨레가 미래의 인류발전에 중요한 역할과 큰 기여를 할 것입니다. 동북아 '극동경제공동체조직/FEC'의 기획, 발기와 창설을 선도할 것입니다.

인류 최초의 '국민민주사회'가 탄생하게 되고 선도하여 나갈 것입니다.
인류 최초의 '평화발전모델'이 탄생하게 되고 선도하여 나갈 것입니다.
인류 최초의 '협력발전시대'가 탄생하게 되고 선도하여 나갈 것입니다.
인류 최초의 '사상문명시대'를 기획하여 탄생되게 할 것입니다.
인류 최초의 '태평양·북극해시대'를 기획하여 중요한 역할을 할 것입니다. 미래지구촌의 지능형 고속철도네트워크를 기획하여 구축되게 할 것입니다. 미래지구촌의 지능형 고속물류네트워크를 기획하여 선도하여 나갈 것입니다. '세계 5강 통일반도'가 탄생하여 지구촌 초일류의 행복나라가 될 것입니다.

이상이 3대 핵심정책을 실현하기 위한 구체적인 조치들입니다.
구체조치마다 상세한 추진방안을 단독으로 준비하여 국민들께 드리겠습니다.

'국민행복캠프'에 이미 '4대 센터'를 설치하였습니다. '제안센터'를 통하여 국민과 겨레의 모든 제안을 받아들이겠습니다. '논평센터'를 통하여 국민과 겨레의 모든 논평을 받아들이겠습니다. 그리고 '표결센터'의 표결을 거쳐 국민의 사상과 지혜로 국정운영을 하겠습니다. 우리나라에서 인류 최초로 국민이 국가의 주인이고 국민이 항구적으로 행복한 국민정치가 탄생하고, '국민민주사회'와 '평화발전모델'이 탄생하게 될 것입니다. 우리나라가 세계 동방의 흑룡이 되어 힘차고 희망차게 웅비할 것입니다. 국민과 겨레 여러분, 우리 함께 우리의 미래를 창조합시다.

2012년 10월 박근혜 드림

2. 〈박근혜 선언〉의 거대한 역사적 가치

〈박근혜 선언〉이 우리 민족과 미래인류가 인정하는 유명한 선언으로 남게 될 것입니다. 〈박근혜 연설〉이 우리 민족과 미래인류가 인정하는 유명한 연설로 남게 될 것입니다. 반도의 통일, 동북아의 평화와 미래인류 발전의 새 장을 열게 되기 때문입니다.

문예부흥르네상스은 14세기와 15세기에 서유럽 문명사에 나타난 예술, 문학, 학문 분야의 문화혁신 운동을 말하고 있습니다. 문예부흥은 이탈리아에서 시작되었으며 근대 유럽문화 태동의 기반이 되었고, 인류문명의 역사적 시대를 구분하는 이정표로 자리를 굳히고 있습니다.

인류의 역사에서 또 하나의 중요한 이정표를 꼽는다면 프랑스 대혁명일 것입니다. 프랑스 봉건왕조를 무너뜨리고 국민의회로 공화제도를 탄생시킨 위대한 혁명입니다. 봉건적 행정체계가 국민의회의 헌법제정에 의해 완전히 종결되었습니다. 그 대신 프랑스에서 주·군·구 등으로 선거한 의회가 국정운영을 맡게 되었습니다. 법관이 국민의 선거로 임명되고 법치의 원칙도 근본적으로 바뀌게 되었습니다. 인류의 자유, 평등, 박애 등 3대 이념으로 인류발전의 새 장을 열었습니다.

미국의 제16대 대통령 링컨은 남북전쟁에서 1862년 민주주의의 전통을 지키고 1863년 노예 해방을 선언하였고, 1864년 미국 대통령에 두 번째로 당선되었습니다.

링컨이 1863년 11월 게티즈버그 국립묘지에서 유명한 연설을 하였습니다. 민주정치를 '국민의, 국민에 의한, 국민을 위한 정치'라고 정의하였습니다. 링컨의 이 명언은 지금까지도 민주주의를 가장 잘 표현한 말로 인정받고 있습니다. 미국독립선언은 1776년 7월 4일 당시 영국의 식민지 상태에 있던 13개 주가 서로 모여서, 필라델피아 인디펜던스 홀에서 발표한 선언입니다.

미국독립선언이 제2장에서 밝힌 내용입니다.

"우리들은 다음과 같은 사실을 자명한 진리로 받아들인다. 즉 모든 사람은 평등하게 태어났고, 창조주는 몇 개의 양도할 수 없는 권리를 부여했으며, 그 권리 중에는 생명과 자유와 행복의 추구가 있다. 이 권리를 확보하기 위하여 인류는 정부를 조직했으며, 이 정부의 정당한 권력은 인민의 동의로부터 유래하고 있는 것이다."

세계인권선언은 1948년 12월 10일, 제3회 유엔총회의 인권선언입니다. 미국의 유일한 4선 대통령인 루즈벨트가 선언한 '4가지 자유'를 초석으로 탄생되었습니다.

월러스틴82세 미국 예일 대학교 종신교수가 지난 9월 한국 방문에서 "자본주의는 한계에 부닥쳤다. 어떻게 개혁할 것이냐가 아니라 무엇으로 대체할 것이냐가 문제다. 자본주의가 종말을 향하고 있다."고 지적하였습니다. 인류의 발전이 현재 새로운 역사적인 전환기에 위치하고 있는 것입니다.

(1) 〈박근혜 선언〉 겸 〈박근혜 연설〉로 하여 인류문명의 새 장이 열리게 됩니다. 문예부흥이 문명의 부흥을 일으켰다면 사상의 부흥을 일으키게 되기 때문입니다. 문예부흥이 근대 유럽문화 태동의 기반이라면 동방문화 부흥의 기반이 될 것입니다. 인류의 사상문명시대, 인류의 국민정치사회, 인류의 평화발전모델, 인류의 협력경쟁시대 등 동방문명과 동방사상이 인류문명을 선도하게 될 것이기 때문입니다.

(2) 〈박근혜 선언〉 겸 〈박근혜 연설〉로 하여 인류정치의 새 장이 열리게 됩니다. 프랑스 대혁명이 인류 최초로 의회민주의의 새 장을 열었다면, 인류 최초로 국민이 국가정치와 국정운영을 직접 하는 국민정치의 새 장이 열리게 되기 때문입니다.

(3) 〈박근혜 선언〉 겸 〈박근혜 연설〉이 미래인류의 유명연설로 인정받을 것입니다. 링컨의 연설이 민주정치를 '국민의, 국민에 의한, 국민을 위한 정치'라고 정의하였다면, 〈박근혜 연설〉은 '국민의, 국민에 의한, 국민을 위한 정치'를 실천에 옮기고, 인류 최초의 국민정치를 실천하고 국민민주사회가 탄생되게 하기 때문입니다.

⑷ 〈박근혜 선언〉 겸 〈박근혜 연설〉이 미래인류의 유명선언으로 남게 될 것입니다. 미국독립선언은 사람의 평등, 생명의 자유와 행복의 추구를 선언하였습니다. 세계인권선언은 인권의 가치, 인권의 자유와 인권의 불가침을 선언하였습니다.

〈박근혜 선언〉은 국민이 국가의 주인이 되고 국민이 직접 국정운영을 하며 국민이 평화발전모델을 창조하여 항구적인 행복을 누리게 하면서, 5천만 국민의 인권가치의 역사적인 격상과 실질적인 변화가 일어나게 하기 때문입니다.

⑸ 〈박근혜 선언〉 겸 〈박근혜 연설〉로 하여 18대 대선의 본선이 국민정치, 국민행복, 국가통일을 중심으로 한 정치쇄신의 경쟁으로 펼쳐지게 될 것입니다. 이로 인하여 박근혜 후보가 당연히 18대 대통령으로 선출될 것입니다.

인류 최초로 집권여당이 없는 전체국민을 대표한 대통령이 탄생할 것입니다. 여야 대치와 대결이 없는 국민 대통합의 대통령이 될 것입니다. 국민정치를 실현한 국민봉사형의 대통령이 될 것입니다. 평화발전모델을 창조한 평화발전의 대통령이 될 것입니다. '세계 5강 통일반도'를 탄생시키는 위대한 통일대통령이 될 것입니다.

⑹ 향후 지구촌 국가경쟁력의 핵심은 글로벌 네트워크의 경쟁력입니다. 항공, 해운, 고속철도 등 초고속 네트워크로 국가 간의 경쟁이 펼쳐지게 됩니다. 하나의 시장으로 융합되는 미래의 지구촌 시대에 항공, 해운, 고속철도 등의 초고속 지능물류 네트워크와 정보통신 네트

워크가 국가의 핵심경쟁력을 결정하기 때문입니다. 우리나라가 기획하여 선도하는 새로운 지구촌 네트워크가 구축될 것입니다. 우리의 고속철이 중국과 러시아를 거쳐 거대한 유라시아 대륙을 달리게 될 것입니다. 부산항과 서유럽을 관통하는 태평양·유라시아 고속물류 대통로가 구축될 것입니다.

우리의 고속철이 베링 해저터널을 거쳐 북미와 남미대륙을 달리게 될 것입니다. 우리의 최첨단 기술로 지구촌의 지능형 고속철도물류 네트워크가 구축될 것입니다. 우리민족이 미래인류의 발전을 선도하여 나가는 새로운 역사가 막을 열게 됩니다.

이상이 거대한 역사적인 가치입니다. 인류 최초의 국민정치를 실현하려면 반드시 '대한민국국민정치법'이 입법되고 '대한민국헌법개정안'이 있어야 합니다.

전자우편으로 〈국민정치119〉를 별첨하여 드립니다.

2012년 10월 12일 원봉 드림

별첨

박근혜의 〈국민정치119〉 기획초안

국민과 겨레에게 드리는 말.

안녕하십니까? 대한민국 제18대 대선후보 박근혜입니다.
'대한민국헌법'은 제1장 제1조에 "대한민국의 주권은 국민에게 있고, 모든 권력은 국민으로부터 나온다."라고 규정하였습니다. 제7조에는 "공무원은 국민 전체에 대한 봉사자이며, 국민에 대하여 책임을 진다."라고 규정하였습니다.
대한민국헌법이 규정한 바와 같이 대한민국의 주권은 반드시 국민에게 있어야 합니다. 대한민국의 모든 권력은 반드시 국민으로부터 나와야 합니다. 대통령을 포함한 모든 공무원은 반드시 국민 전체에 대한 봉사자

이어야 합니다. 대통령과 정당에 책임을 지는 것이 아니라 국민에 대하여 책임을 져야 합니다. 저는 국민이 국가의 주인이 되고 국민이 행복할 수 있는 국민정치를 선언합니다. 권력 기본의 정당정치를 국민 기본의 국민정치로 바꾸겠습니다.

박근혜의 국민정치 세부정책들을 〈국민정치세부정책119〉약칭 〈국민정치119〉로 정리하여 국민들이 쉽게 알아보고 이용하고 감독하게 하려고 합니다.

"위험한 일이 있습니까? 지금 신고하십시오."

'119안전신고센터'가 모든 국민들에게 알리고 있는 홍보구호입니다.

박근혜의 국민정치는 국민민주를 수단으로 하고 국민행복을 목표로 하고 있습니다. 〈국민정치119〉가 국민행복을 해치는 모든 위험을 해결하여 드릴 것입니다.

제1부분. 대한민국의 모든 주권이 확실히 국민에게 있게 하겠습니다.

⑴ 국민이 국가의 모든 주권을 확실히 행사하는 국민정치를 실행하겠습니다.

⑵ 대한민국의 최고 권력기관은 전국국민대회이며 국회로 약칭합니다.

⑶ 전국국민대회는 매년 12월 20일부터 5일간의 일정으로 개최됩니다.

⑷ 전국국민대회는 전체 국민으로 구성됩니다.

⑸ 국회의원 선거는 매년 12월 15일에 진행됩니다.

⑹ 전국국민대회 폐회기간 중 국회의 상근업무는 상근 국회의원들이 맡습니다.

⑺ 헌법개정과 국가전쟁상태선포 결정은 전국국민대회에서 전체 국민이 표결합니다.

⑻ 국가의 거시발전전략과 통일, 외교안보 등의 중대사항은 전체 국민이 표결합니다.

⑼ 국가의 거대프로젝트투자와 건설 등의 사항은 전체 국민이 표결하여 결정합니다.

⑽ 각 지방 최고 권력기관은 지방국민대회이며 지방의회로 약칭합니다.

⑾ 지방국민대회는 매년 12월 10일부터 3일간의 일정으로 개최됩니다.

⑿ 지방국민대회는 지방의 전체국민으로 구성됩니다.

⒀ 지방의원 선거는 매년 12월 10일에 진행됩니다.

⒁ 지방국민대회 폐회기간 중 지방의회의 상근업무는 상근의원들이 맡습니다.

⒂ 대통령 임기는 5년이고 재임할 수 있으며 국민의 의지이면 3임도 가능합니다.

⒃ 국민의 탄핵제안이 있어 60% 이상 국민이 지지할 경우 대통령이 해임됩니다.

⒄ 국회의원과 지방의원의 임기는 1년이고 ○○○○년도 의원으로 칭합니다.

⒅ 국민논평에 의해 매년 1/3의 의원은 의원직을 자동적으로 상실하게 되고, 2/3의 의원은 의원직을 연임할 수 있으며, 제한 없이 계속 연임할 수 있습니다.

⒆ 매년 감소되는 1/3의 의원은 국민이 제안하고 표결하여 새로 보충합니다.

⒇ 집권여당 제도를 완전히 폐지하고 전체 국민이 직접 국정운영을 합니다.

(21) 모든 정당은 자체의 당비로 운영하며 국민의 신뢰와 감독을 받아야 합니다.

(22) 국민의 이익을 해치는 당원이나 정당의 행위는 법적인 처분을 받아야 합니다.

(23) 대통령 등 모든 공무원과 공직자는 임직과 동시에 정당에 소속되지 않습니다.

(24) 지방의원과 국회의원은 당선 즉시 그 어느 정당에도 소속되지 않습니다.

(25) 정당인, 의원과 모든 공무원. 공직자들의 특권과 특혜를 모두 취소합니다.

제2부분. 대한민국의 모든 권력이 확실히 국민으로부터 나오게 하겠습니다.

(26) 국가의 행정부, 입법부, 사법부, 공기업과 군 이상의 정부, 의회, 사법기관에 모두 '제안센터' '논평센터' '표결센터' '감독센터' 등 '4대 센터'를 설치합니다. 국민과 겨레가 '4대 센터'를 통하여 국가의 모든 권력을 행사하게 됩니다.

(27) '제안센터'는 국민과 겨레의 제안을 접수합니다. 모든 제안에 '지지'나 '반대'를 표식할 수 있고, 모든 참여자의 누적수가 표시됩니다.

(28) '논평센터'는 국민과 겨레가 공식으로 논평을 발표하는 장소입니다. 행정부, 입법부, 사법부와 모든 공무원과 공직자의 공과에 대해 논평할 수 있습니다.

(29) '표결센터'는 일반표결과 선거표결로 구분합니다. 여론조사와 지지도

확인 등의 표결은 일반표결이고, 국가와 지방의 공식선거 투표의 표결은 선거표결입니다.

(30) 모든 공직선거 표결은 중앙선거관리위원회에서 직접 관할하고 관리하며, 대통령과 고위직의 탄핵 등 특별표결은 헌법재판소에서 직접 관할하고 관리합니다.

(31) '감독센터'는 국민과 겨레의 정식고발을 접수합니다. 행정부, 입법부, 사법부와 대통령을 포함한 모든 공무원과 공직자들에 대한 고발을 할 수 있습니다.

(32) 모든 지방의원과 국회의원은 국민이 직접 제안하고 논평하여 임명합니다.

(33) 모든 공무원과 공직자는 국민이 직접 추천하고 논평하고 임명하고 감독합니다.

(34) 모든 공기업과 공공기구의 인사는 국민이 제안하여 임명하고 감독합니다.

(35) 국정운영이 정당중심에서 국민이 주인이 되어 지방의회와 국회를 중심으로 진행하게 되며, 국민의 논평과 표결에 의해 국민의 마음과 뜻으로 결정됩니다.

(36) 기존의 지방의원, 국회의원 선거와 공직자 선거에서 후보자에 대한 금전관련 규정을 취소합니다. 국민은 돈 없이 선거에 참여하여 고위직에 당선될 수 있습니다.

(37) 국회의원, 지방의원과 정당에 지불하던 예산을 국민장려금으로 전환합니다. 전국이나 지방의 '4대 센터'에서 많은 지지자를 확보한 국민제안을 장려합니다.

(38) 지방의원, 국회의원과 대통령, 국무총리, 대법원장 등 고위직 후보는 반드시 자기의 정치철학, 사업비전, 핵심정책, 실천방안과 구체조치 등을 체계적이고 투철하게 밝혀야 하고, 국민의 충분한 논평과 엄격한 검증을 받아야 합니다. 이상의 절차를 거치지 않았거나 논평과 검증에서 떨어진 후보는 당선자격이 없게 됩니다.

제3부분. 서민복지와 국민행복을 국가의 최고 원칙과 목표로 하겠습니다.

(39) 국민정치는 서민복지와 국민행복을 국가의 최고 원칙과 목표로 합니다.

(40) 정당운영, 국회의원특혜, 선거비용 등 정당정치 비용과 군사기지, 무기수입, 전쟁준비 등 냉전정치 비용을 절감하여 서민복지와 국민행복을 철저히 해결합니다.

(41) 재벌에게만 몰아준 특혜세금을 서민복지와 국민행복의 해결에 집결합니다.

(42) 청년사업부를 새로 설치하여 18세에서 40대에 이르는 모든 청년들의 대학공부와 취직, 연애, 결혼, 출산, 창업, 행복 등의 모든 분야를 전담하게 합니다.

(43) 청년은 조국의 미래입니다. 청년들의 모든 문제를 근본적으로 해결하겠습니다.

(44) 본인이 신청한 대학생에 한해 등록금의 절반을 정부가 무이자로 지원합니다. 본인의 경제형편을 보아서 신청을 하지 않는 대학생은 자체로 등록비를 해결합니다. 정부에서 지원한 등록금에 대해 일단 여

건이 구비되면 자발적으로 환급하면 됩니다.

(45) 청년의 연애, 결혼, 출산을 지원합니다. 결혼 지원자금을 신청한 청년에 대해 정부가 무이자 지원금을 제공하고 일단 여건이 구비되면 자발적으로 환급하면 됩니다.

(46) 모든 임산 여성청년의 출산자금 신청에 대해 정부가 필요한 모든 자금을 무상으로 지원하여 주며, 상환의 여건이 되지 않으면 자금을 환급하지 않아도 됩니다.

(47) 대학생의 부채와 신용불량을 철저히 해결합니다. 대학생들이 자체로 해결할 수 없는 빚과 신용불량에 대하여 본인의 신청에 따라 정부가 필요한 자금을 무이자로 지원하여 주고, 본인이 일단 여건이 구비되면 자발적으로 환급하면 됩니다.

(48) 노인·여성·어린이부를 설립하여 노인빈곤, 노인노숙, 노인병환과 여성의 결혼, 출산, 취직, 복지와 어린이의 양육, 보건, 교육 등을 전담하게 합니다.

(49) 전국의 독거노인, 노숙노인, 병환노인을 조사하여 정부가 대책을 세웁니다. 도시마다, 지역마다, 마을마다 노인행복센터를 세우고 노인들이 행복하게 합니다.

(50) 전국과 지방에 효자상을 설치하고 달마다 지역별로 정부가 장려합니다. 효자아들, 효자며느리, 효자딸과 효자사위들이 큰 상을 받고 존경받게 합니다.

(51) 모든 어머니들의 애로점을 철저히 해결합니다. 출산상금을 설치하여 어머니들의 모든 출산을 장려하고 출산한 아이가 많아질수록 상금도 높아지게 합니다.

(52) 출산 날부터 시작하여 초등학교 입학까지의 필수자금을 정부가 지불합니다.

(53) 아이들이 신생아에서 초등학교 입학까지 모든 의료비용을 정부가 지불합니다.

(54) 빈곤서민의 초등학생, 중등학생과 고등학생의 학비를 정부가 지불합니다.

(55) 정부가 전문학교를 설치하고 학교폭력의 모든 가해자가 즉시 전문학교에 전학되어 특별교육을 받게 하는 방법으로, 학교폭력이 원천적으로 해결되도록 합니다.

(56) 국민의 일자리 창출을 정부가 국민행복을 위한 핵심사업으로 확정합니다.

(57) 정부의 거시 전략적 기획으로 일자리 창출이 전면적으로 해결되게 합니다.

(58) 국민 일자리 창출의 전략사업을 확정하여 정부가 집중적으로 지원합니다.

(59) 앞으로 국가의 미래와 겨레의 운명을 책임지게 될 숙련인력, 전문인재와 최첨단 인재들을 거시 전략적으로 육성하기 위한 체제, 제도와 시스템을 구축합니다.

(60) 청년창업을 전격 지원합니다. 창업아이디어와 사업계획서만으로도 정부의 창업자금을 무이자로 지원받을 수 있고, 일단 여건이 구비되면 자신이 자발적으로 환급하면 됩니다. 청년 학생의 3차 창업까지도 정부의 지원이 가능합니다.

(61) 기업에 의존하여 청년취직을 보장하려던 기존정책을 정부가 주도하

여, 청년의 취직경쟁력을 높여주는 정책으로 전환합니다. 정부가 국가직업대학과 국제직업대학을 설립하여 운영하며 졸업 후의 국내의 취직과 해외의 취업이 보장되도록 합니다.

(62) 모든 지방에 전문직업 고등학교를 설립하고 숙련된 기능인력과 전문 인재들을 육성하며, 정부가 학비를 면제해 주고 졸업 후의 취업도 100%로 보장되게 합니다.

(63) 지구촌, 세계인, 글로벌 시대의 국제인재를 본격 양성합니다. 영어, 중국어, 러시아를 중점으로 외국어가 능숙한 글로벌 인재들이 전략적으로 육성되게 합니다.

(64) 정부가 기업의 신규취업에 취업 장려금을 지불합니다. 기업에서 실제로 취업이 되는 실적에 준하여 자금을 장려하고, 만약 해직을 하면 기업이 환급해야 합니다.

(65) 민간기업과 민간기구의 비정규직이 단계별로 정규직으로 취직하게 합니다. 이에 따른 기업과 민간기구의 자금부담은 정부로부터 필요한 지원을 받습니다.

(66) 정부와 공기업의 모든 비정규직을 단계별로 정규직으로 취직하게 합니다.

(67) 정부가 직접 공공임대 아파트 단지를 운영하는 방법으로 빈곤서민의 주거문제가 해결되게 하고, 모든 국민이 자기의 보금자리를 가질 수 있도록 합니다.

(68) 가계부채와 중소상공인의 애로점들이 정부의 주도로 철저히 해결되게 합니다.

(69) 국민제안센터의 서민복지와 국민행복에 관련된 모든 제안을 종합하

여, 국민의 논평과 표결을 거쳐 구제적인 방안을 마련하고 제때에 신속하게 해결되게 합니다.

제4부분. 국가통일은 국가의 국익과 국민행복의 핵심사업으로 추진하겠습니다.

(70) 국가통일을 위하여 반드시 대결과 대체의 냉전정치를 종결해야 합니다. 겨레의 통합과 국가통일을 국가의 국익과 국민행복의 핵심사업으로 추진하겠습니다.

(71) 국민행복을 확보하려면 우리 반도에서 어떤 전쟁도 일어나지 않게 해야 합니다. 그 어떤 전쟁도 용납할 수 없기 때문입니다.

(72) 우리의 반도에서 '전쟁은 없다'는 판단으로 국정운영을 하고 '그 어떤 전쟁도 있을 수 없다'는 결심으로 국가안보를 지키겠습니다.

(73) 남과 북이 합의하여 다시는 전쟁이 없는 평화공존체제를 구축하겠습니다.

(74) 국민이 항구적으로 행복하려면 반드시 국가통일이 실현되어야 합니다. 남과 북이 합의하여 국가통일의 실현을 위한 '국가통일사업합의서'를 만들겠습니다.

(75) 대치와 대결의 기존정책을 협상과 협력의 대북정책으로 전환하고 남과 북이 대치와 대결이 아니라 협상과 협력으로 모든 문제를 해결하게 하겠습니다.

(76) 국민의 표결로 〈남북경제협력법〉을 입법하여 과거에 정부가 주도하던 정책을 정경분리의 정책으로 전환하고 기업 위주의 남북경협을 본격적으로 추진하겠습니다.

(77) '통일세'를 취소하고 자원기금인 '통일기금'을 설립하겠습니다.
(78) 남북경협의 주체는 정치와 정부가 아니라 기업입니다. 우리의 대기업들이 주도하는 대북투자와 대규모 개발을 정부의 차원에서 지지하고 지원하겠습니다.
(79) 우리 대기업들이 남북경협과 통일의 선봉장이 되도록 하겠습니다.
(80) 중소기업과 벤처기업의 남북협력을 거시 전략적으로 기획하여 지원하겠습니다.
(81) 남측의 자본과 기술이 북측의 인력, 자원과 합류하여 기적을 만들겠습니다.
(82) 북반도의 고속철도와 고속도로 건설로 통일반도대동맥을 구축하겠습니다.
(83) 남북경제공동체를 만들어 통일을 힘차게 견인해 나가게 하겠습니다.
(84) 남북경협으로 실업난, 시장위축, 경기악화, 저성장을 해결하겠습니다.
(85) 남북이 협력하여 통일과 희망찬 민족부흥이 이루어지도록 하겠습니다.

제5부분. 우리 반도와 겨레 발전의 거시전략 미래비전을 기획하겠습니다.
(86) 세계 5강의 통일반도국가 창설이 미래발전 비전이고 거시전략 목표입니다. 남북의 협력과 국가통일로, 우리 반도가 세계의 5대 강국으로 도약하게 하겠습니다.
(87) 물류·관광·통상부, 약칭 대륙부를 신설하여 대륙사업을 추진하겠습니다.

(88) 21세기 후반의 세계는 태평양·북극해 시대입니다. 제주도와 부산을 중심으로 '해양산업광역특구'를 창설하고 우리나라가 해양강국으로 도약하게 하겠습니다.·

(89) 과학기술·첨단산업부를 신설하여 최첨단 과학기술과 산업을 육성하겠습니다.

(90) 항공·우주부를 설립하고 세계적인 항공우주 강국으로 도약하게 하겠습니다.

(91) 남측의 원자력발전 기술과 북측의 풍부한 원료자원을 이용하고 원자력발전 유해물질 제거기술을 발명하여, 세계 최고의 차세대 원자력발전 산업을 육성하겠습니다.

(92) 미래의 성장동력은 하드웨어산업이 아니라 소프트웨어산업과 문화산업입니다. 소프트웨어와 문화산업을 거시전략산업으로 기획하여 육성하겠습니다.

(93) 국방산업은 국민의 생명과 행복을 지키는 핵심산업입니다. 전문군인 제도를 도입하고 최첨단 국방기술을 연구하고 개발하여 국방산업을 키워내겠습니다.

(94) 중국과 러시아와 협력하여 '극동경제공동체/FEC'가 창설되게 하겠습니다.

(95) 우리 대기업의 북반도 투자개발이 '극동경제공동체/FEC'의 틀에서 진행되게 하여, 그 어떤 투자의 모험이 없는 미래의 국가통일 사업으로 추진되게 하겠습니다.

(96) 우리 반도와 중국과 일본의 '극동최첨단산업벨트極東最尖端産業帶' 사업을 기획하여, 실리콘밸리와 독일 루르보다 더 거대한 최첨단 산업

제1장 박근혜 대통령 기획이다　89

벨트가 탄생되게 하겠습니다.

(97) 통일반도 고속철도 대동맥이 중국과 러시아를 관통하고 일본열도를 직행하게 하여, '극동경제공동체/FEC' 고속철도 네트워크의 핵심철도가 되게 하겠습니다.

(98) 부산발 고속철이 신의주를 거쳐 유라시아 대륙 네트워크를 구축하게 됩니다.

(99) 부산발 고속철이 두만강을 넘어 러시아와 유럽을 달리는 통로를 구축합니다.

(100) 부산발 고속철이 베링 해저터널을 넘어 북미대륙을 달리는 통로를 구축합니다.

(101) 중국이 세계 최대의 수출시장과 내수시장으로 자리매김하고 있습니다. 우리나라의 중국수출이 급등하고 중국의 거대한 내수시장에 융합되게 하겠습니다.

(102) 러시아는 우랄산맥 동쪽의 아시아 지역만 1만 2천km²가 넘는 국토대국이고 거대한 자원의 보고寶庫입니다. 우리 기업이 본격 진출하게 하겠습니다.

(103) 몽골은 광물자원 매장량 세계 7대의 자원부국이고 세계 최대의 유연탄광도 있습니다. 우리나라가 몽골의 자원개발에 본격적으로 참여하게 하겠습니다.

(104) 일본은 세계적인 경제대국이고 금융대국이며 최첨단 과학기술의 대국입니다. 부산에서 규슈에 해저터널을 건설하고 본격적인 한·일 협력이 가동되게 하겠습니다.

(105) 베링 해저터널이 건설되면 미국도 '극동경제공동체/FEC'에 가입할

것입니다. 첨단산업을 중심으로 한 미국과의 더 긴밀한 전략협력을 기획하여 추진하겠습니다.

(106) 통일반도가 유라시아·태평양 시대의 가장 중요한 국가로 도약하게 하겠습니다.

(107) 우리 반도와 겨레가 미래 인류발전을 선도하는 역사의 새 장을 열 수 있도록 하겠습니다.

제6부분. 권력의 부패와 범죄가 원천에서부터 철저히 근절되게 하겠습니다.

(108) 국민정치는 권력의 부패와 범죄가 원천에서부터 철저히 근절되게 합니다.

(109) 모든 권력이 국민으로부터 나오게 되므로 권력정치가 생기지 못하게 됩니다.

(110) 집권여당이 사라지게 되어 정당이 권력을 독점하지 못하게 됩니다.

(111) 전체 국민이 집적 국정운영을 하게 되므로 측근정치가 불가능하게 됩니다.

(112) 전체 국민에게 공개되는 투명한 국민정치를 하므로 밀실정치가 사라지게 됩니다.

(113) 모든 선거가 돈 없이 이루어지므로 돈 선거가 절대로 생기지 않게 됩니다.

(114) 모든 추천이 국민의 제안, 논평과 표결로 진행되므로 공천장사가 없어집니다.

(115) 완벽한 국민감독 시스템이 구축되므로 부패와 범죄가 숨겨질 수 없

게 됩니다.
(116) 국민이 제안하고 논평하여 입법을 하므로 입법의 싸움과 비리가 없어집니다.
(117) 국민의 제안이 신속히 법치화되므로 권력이 부패를 만들 틈이 없어집니다.
(118) 대통령과 공무원이 국민의 '머슴'이므로 권력으로 부패를 만들 수 없습니다.
(119) 대한민국이 세계에서 가장 청렴하고 깨끗한 국민법치국가로 탄생하게 됩니다.

이상이 박근혜의 〈국민정치세부정책119〉의 초고입니다.
모두 실천이 가능하고 충분한 실효성이 있는 세부정책들입니다.

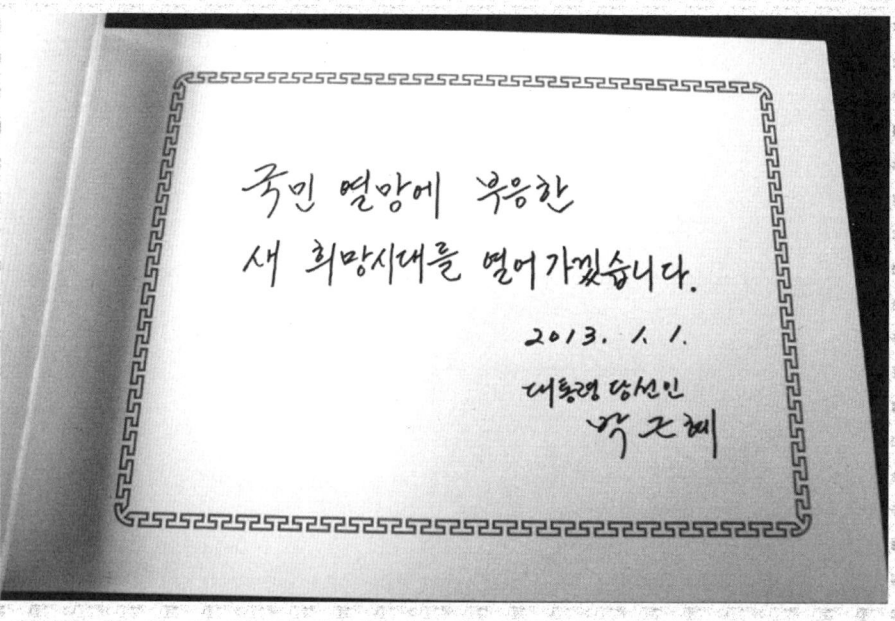

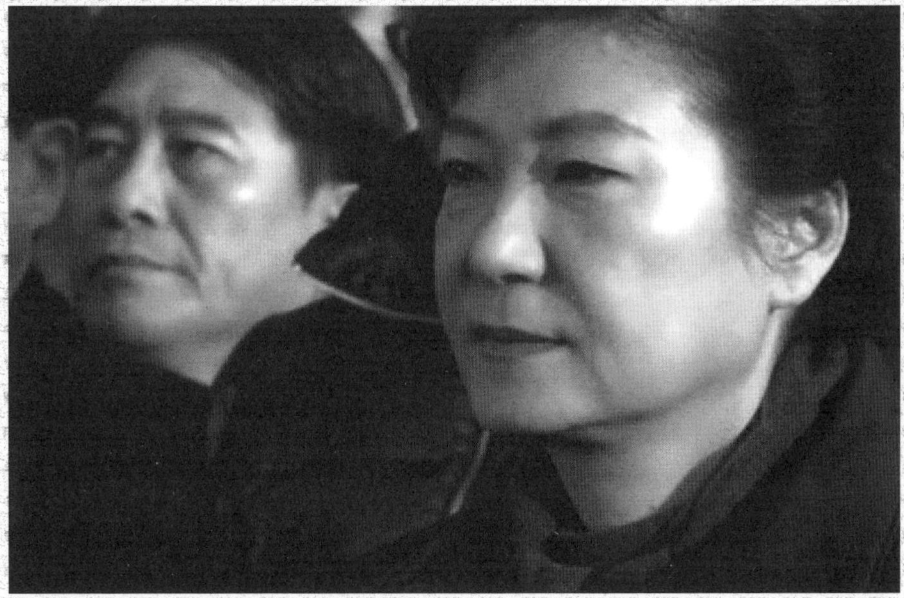

제2장 낡은 정치를 해부한다

■

제18대 대통령 선거의 결전이 막을 내렸다.
그러면 지난 대선의 초점이 무엇인가?
당연히 3류 정치에 대한 환골탈태의 철저한 쇄신과 '국민정치'의 실현이다.
'국민정치'가 실현되어야만 국가에 미래가 있고 국민에게 행복이 있으며 조국에는 통일이 있기 때문이다.
우리의 정치가 3류 정치라는 점에는 그 누구도 이의(異議)가 없을 것이다.
국민이 이렇게 평판하고 있고 언론이 이렇게 논평하고 있으며 전문가, 교수, 학자는 물론이고 국회의원과 정당인, 정치인, 대선후보들까지도 공인하고 있기 때문이다.
그러면 어째서 3류 정치라고 우리 스스로 평판해야 하는가?
역사의 사실과 현실의 진실로 3류 정치를 해부해 본다.

■

제1편
3류 정치의 현주소이다

3류 정치의 현주소는 바로 현 정권이다.
이명박 대통령의 측근·친인척 비리는 정권 초부터 터져 나왔다.

2008년 8월 3일.
이 대통령의 사촌처형 김옥희75세 씨가 구속되었다.
이명박 정권 출범 직후인 2008년 2월 한나라당 비례대표 공천을 받게 해주겠다며 국회의원 공천 대가로 30억 원을 받아 가로챈 혐의다. 징역 3년을 선고받았다.

2008년 11월 17일.
강경호66세 코레일 사장이 구속됐다.
강원랜드 레저산업본부장 자리에 유임될 수 있도록 해달라는 청탁과 함께 5천만 원을 받은 혐의다. 징역 1년 6개월에 집행유예 2년, 추징금 5

천만 원을 선고받았다. 강경호는 현대그룹 출신으로, 이명박 대통령의 서울시장 재직시절 서울지하철 사장을 지낸 측근 인물이다.

2009년 3월 23일.
추부길56세 청와대 홍보기획 비서관이 구속되었다.
태광실업 박연차 회장으로부터 세무조사 무마 청탁과 함께 2억 원을 받은 사실이 드러났다. 징역 2년에 추징금 2억 원을 선고받았다. 2007년 이명박 대통령 선거캠프에서 한나라당 한반도 대운하 특별위원회 부위원장, 전략기획특보로 활동하였고, 2008년 2월부터는 이명박 대통령 홍보기획 비서관을 맡았던 측근 인물이다.

2010년 12월 7일.
천신일 세중나모 회장이 알선수재 혐의로 구속 기소됐다.
대우조선 협력사 대표로부터 세무조사 무마 청탁 등과 함께 47억 원의 돈을 받은 것으로 드러났다. 징역 2년 6월에 추징금 32억 1,060만 원이 선고되었다. 이명박 대선 기간에는 고려대 교우회장을 맡아 고대 동문의 절대적인 지지를 이끌었고, 대선 직전에는 이명박 대통령이 낸 특별당비 30억 원을 빌려주기도 하였다.

2011년 5월 31일.
은진수51세 감사원 전 감사위원이 구속되었다.
부산저축은행그룹에서 금융당국의 검사를 무마해 달라는 청탁과 함께 현금 7천만 원과 시가 3천만 원 상당의 다이아몬드 등 억대 금품을 받은 혐의다. 징역 1년 6월과 추징금 7천만 원을 선고받았다.

2011년 9월 28일.
김두우 55세 홍보수석비서관이 구속되었다.
부산저축은행 로비스트 박태규 씨에게서 청탁과 함께 억대 금품을 받은 혐의다. 1년 6개월의 실형을 선고받았다. 이명박 정권 출범 이후 줄곧 이명박 대통령을 청와대에서 보좌했던 홍보수석비서관도 연루된 것이다.

2011년 12월 15일.
김재홍 73세 전 케이티앤지 KT&G 복지재단 이사장이 구속 수감되었다.
제일저축은행 유동천 회장으로부터 영업정지 위기에서 벗어날 수 있도록 행사해 달라는 청탁과 함께 4억여 원의 금품을 수수한 혐의다. 징역 2년의 실형을 선고받았다. 이명박 대통령 부인 김윤옥 여사의 사촌오빠이다.

2012년 4월 30일.
최시중 75세 전 방송통신위원장이 구속되었다.
지난 2007년 브로커를 통해 이정배 파이시티 전 대표로부터 인·허가 로비 청탁과 함께 8억 원대의 금품을 받은 혐의다. 돈을 받은 시점이 2007년 대선 무렵이라는 점에 비춰보면, "이번 정권은 돈을 안 받은 선거를 통해 탄생했다."는 이명박 대통령의 말을 믿을 수 없게 되었다.

2012년 5월 7일.

박영준52세 전 지식경제부 차관이 구속되었다.

2006년~2007년 사이 파이시티 대표로부터 인허가 청탁과 함께 파이시티 등 건설업체로부터 2억여 원을 받은 혐의가 드러났다. 자금의 용처가 아직 밝혀지지 않아서, 이명박 대통령 대선자금으로 쓰였을 것이라는 의심을 받고 있다.

2012년 6월 25일.

서울중앙지법 형사합의 35부는 지난 2008년 한나라당 전당대회에서 돈 봉투를 돌린 혐의로 기소된 박희태 전 국회의장에 대해, 징역 8월과 집행유예 2년을 선고했다. 재판부가 "정당법의 취지에 비춰보면 죄질이 결코 가볍지 않다."고 판단하고 유죄 선고를 한 것이다.

2012년 7월 10일.

이명박 대통령의 형, 이상득77세 한나라당 전 의원이 구속되었다.

대검찰청 저축은행비리 합동수사단이 저축은행 등에서 7억 5,750만 원의 불법자금을 받은 혐의로 이상득 전 의원을 기소했다. 정치자금법 위반 혐의가 적용됐으며, 미래저축은행 쪽 자금 수수에 대해서는 특정범죄 가중처벌법상 알선수재 혐의가 추가 적용된 것이다.

지난 2007년 이명박 후보의 대선 때 일이다. 대선 과정에서 최고 의사결정기구인 6인회가 있었다. 이명박 후보를 포함해 모두 여섯 명이었다. 그중 3인방이 이상득 선 국회의원, 최시중 전 방송통신위원장, 박희태 전 국회의장이였다. 이 3인방은 이명박 정부의 창업 공신이자 핵심 멤버였다. 이상득 전 국회의원은 모든 일은 이명박과 통한다는 '만사형통萬事兄通'으로 불리고, 심지어는 '상왕上王'이라고 불릴 정도로 사실상 권력 위의 권력을 행사했다. 최시중 전 방송통신위원장은 '방통대군'으로 불리며 종편사 선정과 방송통신 정책에 막강한 영향력을 행사했다.

박희태 전 국회의장은 18대 국회에서 집권당 대표와 국회의장을 지내며 입법부를 장악했다. 거기에다 박영준 전 차관 등 소장파 측근들까지도 줄줄이 연루되었다.

지난 2007년 12월에 「중앙일보」는 이명박 당선자를 중심으로 20여 명의 캠프 인사들을 세로시간 축과 가로접촉빈도 축으로 나누어 '시·공간에 따른 이명박의 핵심 측근들'이라는 인포그래픽을 실은 적이 있다.

이명박 당선자의 가장 측근 인사는 '이상득 국회부의장, 최시중 전 한국갤럽회장, 이재오 전 최고위원, 정두언 총괄기획팀장, 박영준 네트워크팀장' 순이었다. 그중의 절대 다수가 사법처리를 받고 있다. 이러한 비리로 얼룩진 정치가 어떻게 정치의 선진화를 이끌 수 있겠는가?

결말은 비참하다. 3류 정치인 것이다. 국민을 위한 정치가 대통령과 가족 및 측근을 위한 이권정치로 변질된 것이다.

제2편
3류 정치의 뿌리와 수치

우리 속담에 "윗물이 맑아야 아랫물이 맑다."고 하였다. 대통령 자신과 측근의 부패는 이명박 대통령뿐만이 아니다. 거의 모든 대통령들이 한 모양새였다. 3류 정치의 뿌리를 찾아보고 주요 대통령들의 비리를 파헤쳐 본다.

이승만 대통령이다.
1951년 12월, 장기 집권을 위해 자유당을 창설한다. 결국 제왕과 같은 독재 통치와 부정선거 때문에 4·19혁명을 불러일으키고 중도에 하야下野해야 했다. 개국 대통령의 수치로 역사에 남아 있다.
박정희 대통령이다.
1961년 5월 16일, 박정희 전 대통령 등 소장파 군인들이 5·16군사정변을 일으켰다. 중앙정보부를 만들고 중앙정보부가 공화당이 출범하게 하였다. 1972년 10월 헌법 효력의 일부 정지, 국회해산, 정당 활동금지 등 전국 계엄령을 선포하고 '유신헌법'을 제정하였다. 박정희 전 대통령이 이룬 경제적 발전이라는 공로는 칭송할 수 있어도, 독채 통치라는 과오는 비판해야 한다.

전두환 대통령이다.

전두환 신군부 세력도 군사정변을 일으키고 민정당을 만들었다. 일단 권력을 잡게 되자 대통령 자신과 친인척의 비리로 신속히 번져 나갔다. 친형 전기환 씨가 노량진 수산시장 운영권을 강제로 빼앗은 혐의로 구속되었다. 친동생 전경환 씨가 새마을운동본부 회장 재임 중에 공금 70억여 원을 빼돌린 혐의로 기소되었다. 전두환 전 대통령 자신도 중대한 범죄를 저질렀다.

국회 진상 조사단과 검찰·경찰 합동 수사팀이 5천억 원 이상의 비자금을 수뢰한 범죄를 확인하고, 5·18 광주 민주화운동 진압 관련문제와 12·12 군사정변 주동 혐의로 사형선고를 받기도 했다. 1996년 12월 항소심에서 무기징역과 벌금 2,205억 원 추징을 선고받았고, 1997년 4월 상고심에서 위 형량이 확정되었다. 1997년 12월 김대중 대통령의 주선으로 특별 사면되어 석방되었다. 검찰은 확정판결 이후 추징금 납부시효를 세 번이나 연장해 가며 비자금을 추적해 왔으나 2,205억 원 중 532억 원 24%만 징수된 상태다. 환수조치는 아직까지 계속되고 있다.

노태우 대통령이다.

역시 친인척 비리와 대통령 본인도 비자금 사건에 연루되었다. 처사촌 박철언 전 의원이 슬롯머신 업자에게 6억 원을 받은 혐의로 구속됐다. 딸 노소영 씨가 외화 밀반출 혐의와 인사 청탁 대가로 귀금속 등을 받은 혐의로 세 차례 검찰조사를 받았다.

1995년 10월 민주당 박계동 의원이 국회에서 신한은행 서소문 지점에 ㈜우일양행 명의로 예치된 110억 원의 예금계좌 조회표를 제시하였다. 같은 날 신한은행 측에서 이 계좌에 대해 해명하는 과정에서 전직 대통령 비자금에 대한 구체적인 단서가 드러나, 검찰이 수사에 착수하게 되었다. 이어서 경호실장이었던 이현우 씨가 검찰에 자진 출두하여 차명계좌에 입금된 돈이 노태우 대통령이 재임 중 조성해 사용하다 남은 돈이라고 밝혀, 비자금의 실체가 최초로 확인된 것이다. 1995년 11월 포괄적 의미의 뇌물죄가 적용되어 노태우 전 대통령은 특정범죄 가중처벌 등에 관한 법률위반 혐의로 구속 기소되고, 징역 15년에 2,628억 원의 추징금을 선고받았다. 그러나 노태우 전 대통령은 국민의 정부 출범을 맞아 사면을 받고 복권되었다.

김영삼 대통령이다.

집권하자마자 '친·인척 정치 금지' 원칙을 천명한다. 그러나 차남 김현철 씨가 두양그룹 회장 등으로부터 이권 청탁과 함께 금품 30억여 원을 받은 혐의로 구속된다. 현직 대통령의 아들이 구속되기는 이때가 처음이다. 친아들뿐이 아니었다. 자신이 아들처럼 여겼던 장학로 부속실장도 구속되었다. 1996년 기업인 등으로부터 27억 원을 받은 혐의로 구속돼 징역 4년을 선고받았다.

김대중 대통령이다.

대선 당시 '대통령 친·인척 부당행위 금지법'을 공약으로 내걸었고 친가는 8촌까지, 외가는 4촌까지 관리했다. 그러나 세 아들이 모두 각종 게이트에 연루돼 법정에 섰다.

장남 김홍일 씨는 이용호·진승현 게이트에 연루돼 불구속 기소되었다.

차남 김홍업 씨는 이권 청탁을 대가로 25억 원을 받아 구속되었다. 삼남 김홍걸 씨도 최규선 게이트에 연루돼 구속되었다.

노무현 대통령이다.

청와대 민정수석실 산하에 대통령 친·인척을 감시하는 특별 감찰반까지 설치하였다. 하지만 친형 노건평 씨가 세종증권 인수 청탁을 대가로 30억 원을 받은 혐의로, 2009년 대법원에서 징역 2년 6개월과 추징금 3억 원을 선고받았다. 노건평 씨의 처남 민경찬 씨가 청와대 청탁을 빙자해 금품을 수수한 혐의 등으로 구속됐다. 부인 권양숙 여사가 박연차 전 태광실업 회장에게서 600만 달러를 청와대 관저에서 받았다는 의혹이 제기되었고, 노무현 대통령 본인도 검찰의 조사를 받아야 하였다. 2009년 5월, 봉하마을 사저 뒷산의 부엉이바위에서 투신하여 자살하였다. 아직도 관련 범죄의 의혹은 사라지지 않고 있다. 딸 노정연 씨가 미국 내 부동산 구입자금 의혹과 관련해 검찰 수사를 받고 있다. 그 다음에 이어지는 비리와 범죄가 이미 위에서 언급한 이명박 대통령이다.

이렇듯 우리 근대사를 이어온 역대 대통령들의 말로末路는 권력형 비리와 부정의 굴레를 벗어나지 못한 비극의 대통령으로의 이미지를 민족의 역사에 남겼다. 그뿐만이 아니다. 역대 대통령은 전임 대통령 본인 및 친인척과 측근들을 사면해 주었다. 노태우 대통령이 전두환 대통령의 동생 전경환 씨에 대해 특별감형을 해주었다.

김영삼 대통령이 전두환, 노태우 전직 대통령의 비자금 사건에 연루된 이건희, 김우중 씨 등 7인의 재벌총수를 특별사면 해주었다.

김대중 대통령이 전두환, 노태우 전 대통령의 범죄를 사면해 주고, 장학로 전 청와대 부속실장과 한보 비리의 핵심으로 지목된 권노갑 전 국회의원을 사면해 주었다.

노무현 대통령이 김대중 전직 대통령의 두 아들을 사면해 주고, 16대 대선 당시 불법선거자금 사건에 관련된 정대철 씨 등 13명의 정치인을 사면하고 복권시켰다. 후임 대통령이 전직 대통령과 가족 및 측근의 범죄를 사면해 주는 악순환이 계속된 것이다. 이 모든 대통령 비리와 악순환의 근원은 권력에 의한 정당정치에 있다.

이쯤에서 우리의 주요 정당의 역사를 살펴본다.
'대한독립촉성국민회'이다.
1946년 2월에 창당한 이승만이 이끄는 우익 계열 정당이다. 초대 총선에서 원내 1당을 차지하고, 초대 대통령 선거에서 이승만을 후보로 선출하여 당선시켰다.
'대한국민당'이다.
1948년 11월 친이승만계 정당으로 창당되었다. 1949년 11월 이승만 대통령을 지지하는 세력이 개헌을 저지할 목적으로 다시 부활시켰다.
'자유당'이다.
1951년 12월, 이승만 대통령의 신당 조직 의사에 따라 창당하고, 1960년 이승만의 사퇴 시까지 제1공화국의 여당이었다.
'민주공화당'이다.
1963년 2월에 창당되었으며 제3공화국과 제4공화국의 여당이었다.
1963년 8월 박정희를 총재 겸 대통령 후보로 추대하고 당수직을 역임하였다.

'민주정의당'이다.

1981년 1월에 등록되었고 전두환 대통령이 총재직을 겸임하였다.

'민주자유당'이다.

1990년 2월에 등록되었고 노태우, 김영삼, 김종필이 공동대표였다.

'민주당'이다.

1987년 통일민주당, 1991년 민주당을 거쳐 2000년 1월에 김대중이 새천년민주당으로 창당하였다. 2011년 12월 민주통합당으로 새로 창당되었다. 제15대 대통령 선거에서 김대중이 당선되어 여당이 되었고, 제16대 대통령 선거에서도 노무현이 당선되어 여당이 되었다.

'한나라당'이다.

1981년 1월 창당한 민주정의당을 모태로 하여 1990년 2월 민주자유당으로 당명을 변경하였고, 1995년 12월 다시 신한국당으로 당명을 변경하였다. 1997년 11월에 한나라당을 창당하였으며, 2007년 12월 17대 대통령 선거에서는 이명박 후보가 당선되어 여당이 되었다. 2011년 12월 박근혜를 위원장으로 하는 비상대책위원회를 구성하였고, 2012년 2월 지금의 새누리당으로 명칭을 변경하였다.

이와 같이 역대 집권자들은 예외 없이 '대통령 당黨'을 만들었다.

자신들의 권력기반 강화를 위해 정당을 새로 만들거나 개편한 것이다. 박정희 전 대통령이 민주공화당을 만들고, 전두환 전 대통령이 민주정의당을 만들고 노태우 전 대통령이 민주자유당을 만들었다. 김영삼 전 대통령이 신한국당을 만들고, 김대중 전 대통령이 새천년민주당을 만들고, 노무현 전 대통령이 열린우리당을 만들었다. 이명박 대통령은 18대 총선

공천을 통하여 '이명박계'가 한나라당을 장악하게 하였고, 박근혜 위원장이 한나라당을 새누리당으로 바꾸어 놓았다. 우리의 정당사가 명백한 사실로 입증하여 주고 있다.

3류 정치의 행실은 밀실, 비리, 부패, 범죄 등의 어두운 정치이다. 3류 정치의 본질은 개인권력형 정치다. 모두가 개인의 권력을 추구하는 것이다.

3류 정치의 핵심은 무엇인가? 대치와 대결의 냉전정치이다. 3류 정치는 우리의 정당, 우리의 국회, 우리의 사법부, 우리의 지방, 우리의 대선후보…, 우리의 모든 것을 편으로 갈라놓고 대치하고 대결하게 만들어 놓았다.

심지어 언론과 방송마저도 편을 갈라놓고 대치하고 대결하고 있다. 우리의 정당인, 정치인은 물론이고 모든 언론인과 교수까지도 편이 나뉘게 된 것이다. 편을 갈라놓고 대치하고 대결하는 냉전정치가 3류 정치의 핵심이다.

무엇이 우리의 정치를 3류 정치로 만들었는가! 권력이 주인이 된 정당정치가 우리의 정치를 3류 정치로 만들어 놓았다.

절대적인 권력은 절대적인 비리, 부패와 범죄의 산실이다. 부패와 비리의 정권이 검찰이나 경찰 등의 수사기관과 법원 등의 사법기관까지 장악하게 될 경우, 국민은 그 어떤 공평 공정한 삶의 행복이 없는 재앙 속으로 추락하게 된다.

제3편
3류 정치는 국민재앙이다

정당정치가 우리의 정치를 3류 정치로 만들어 놓았다. 가장 대표적인 사례가 국민의 입법기관이라는 우리의 국회이다. 국회의 주인이 국민이 아니고, 정당이 국회의 주인으로 되어 있다. 여당과 제1야당을 중심으로 국회의원과 국회의 모든 의원과 직무를 차지하고, 정당의 이득을 위하여 정당의 당론으로 국회에서 대결하고 있기 때문이다.

「월간조선」 2012년 3월호에 실린 [이슈분석] '왜 그렇게 국회의원이 되고 싶어 할까?'에서 분석한 국회의원의 특권과 특혜들이다.

1. 국회에서 직무상 행한 발언·표결과 관련 법률상 면책免責특권
2. 불체포不逮捕특권
3. 차량유지비(월 35만 8천 원)
4. 차량유류비(월 110만 원)

5. 의원사무실 운영비(월 50만 원)

6. 의원사무실 전화요금(월 30만 원)

7. 의원사무실 우편요금(월 61만 원)

8. 의정활동 지원 매식비(신청에 따라 지급)

9. 정책홍보물 유인비(신청에 따라 지급)

10. 정책자료 발간비(신청에 따라 지급)

11. 지역구 의원에 대한 정책자료 발송료(지역별로 연 370~604만 원)

12. 비례대표 의원에 292만 원의 정책자료 발송료

13. 수도권 지역구 의원에게 162만 원 공무수행 출장비

14. 보좌진 임면권任免權

15. 4급 보좌관 2명 월급(1인당 연봉 6,400만 원)

16. 5급 비서관 2명 월급(1인당 연봉 5,500만 원)

17. 6급 비서 1명 월급(연봉 3,800만 원)

18. 7급 1명 월급(연봉 3,300만 원)

19. 9급 1명 월급(연봉 2,500만 원)

20. 인턴 2명 월급(연봉 1,440만 원)

21. 회계책임자 임명권

22. 65세 이상 되면 연금(월 120만 원)

23. 비례대표 의원 공무수행 출장비 연 135만 3천 원

24. 지역구 의원 공무수행 출장비(수도권 162만3천 원~제주 1,360만 8천 원까지)

25. 입법 및 정책개발비 지원

26. 보좌진 출장비 지원

27. 연간 1억 원이 넘는 세비(회의에 출석 한 번 안 해도, 또 지역구에 내려가 선거운동을
하는 기간에도 똑같이 지급)
28. 골프장 이용 때 VIP 대우
29. 공항 귀빈실 이용
30. 출입국 절차 대행
31. 출입국검사장을 통하지 않고 출입국할 수 있는 특권(지정된 별도의 출입국검사장 이용)
32. 출입국 시 귀빈실에서 기자회견할 수 있는 특권
33. 국회 정론관기자회견장 이용
34. 법률 제정안制定案 발의권
35. 법률 개정안改正案 발의권
36. 결의안·건의안 발의권
37. 헌법개정안 제출권
38. 탄핵소추 발의권
39. 국가 예산안 심의권
40. 본회의 안건의 찬반 토론권
41. 본회의 발의안의 표결권
42. 대법관 임명동의안 처리권
43. 헌법재판관 임명동의안 처리권
44. 국회사무총장 임명승인 안건 처리권
45. 상임위원장 선출안 처리권
46. 특별위원회 위원장 선출안 처리권

47. 국무총리, 국무위원 및 정부위원에 대한 일반 질문권·서면 질문권·긴급 질문권

48. 의제가 돼 있는 의안과 관련 상임위원장 국무위원·정부위원·발의자에 대한 질의권

49. 법안제안 설명권

50. 상임위원회 소집권

51. 국회의장 부의장 선출권

52. 임시국회 소집요구권

53. 의사규칙 제정권

54. 행정부 감시를 위한 국정감사권

55. 자료청구권

56. 의원총회 소집요구서 제출권

57. 국회의원 전용 주차장·이발소·미장원·승강기·헬스장·전용문 이용

58. 국회의원 식당 이용

59. 후원회 조직 매년 1억5천만 원까지 정치자금 모금

60. 국회도서관 평생 열람증 교부

61. 국회도서관 의원 전용 열람실 이용

62. 연 2회 해외시찰 국고지원

63. 외국출장 시 해당 공관원 영접

64. 항공출장 시 비즈니스석 배정

65. 국회 내 연구단체 구성

66. 연구단체 우수 상금

67. 광복절, 3·1절, 개천절 등 정부의 각종 기념식 때 상석 배려

68. 준공식, 포상식, 개관식, 발대식 등 입·퇴장 시 관할 경찰관서에 교통통제 협조 등

이상이 「월간조선」이 분석한 국회의원들의 대표적인 특권과 특혜이다. 아래는 다른 언론의 분석들이다. 중점을 골라서 인용한다.

지푸라기라도 잡으려는 공천경쟁이 시작됐다. 생사여탈권을 쥔 공천심사위원들의 전화번호를 따는 것은 기본이고, 인맥을 동원해 접근하려는 움직임이 빈발하다.

어째서일까? 여의도에선 국회의원이 되면 누릴 수 있는 유형무형의 특권들이 사람들을 끌어들이고 있다고 본다. 국회의원 특권이라 하면 대개 불체포특권과 면책특권만을 떠올리지만, 일상생활에서 누릴 수 있는 혜택도 적지 않다. 의원만 되면 특혜가 200가지에 달한다는 말이 나온다. 2만 5천 원짜리 의원배지가 '금배지'로 불리는 데는 이런 이유들이 있다.

일상생활에서의 편리함은 양적·질적으로 다양하다. 철도와 선박의 무료이용은 대표적인 특권이다. 국회사무처에서 의원 개개인에게 연간 450여만 원의 교통경비를 지원해 주고 있다. 공적인 목적으로 사용했는지는 확인이 불가능하다. 출국·입국 심사 때도 배지는 위력을 발휘한다. 1시간가량 소요되는 출입국 절차와 보안심사는 간소화된다. 특별출입구로 드나들며 공짜로 공항 귀빈실도 이용할 수 있다.

국회의원 한 사람에게 지급되는 연간 비용은 5억 원에 달한다. 세비월 941만 원, 의원실 경비 지원, 보좌진 월급 의원 1인당 연평균 3억 2천만 원 차량 기

름값월 110만 원도 포함돼 있다. 의원들은 의원회관 25평의 사무실을 사용한다. 여의도에서 이만한 크기의 사무실은 보증금 2천만 원에 100~130만 원의 월세를 내야 한다. 국회사무처는 '제2의원회관'을 내년까지 완공해 사무실 평수를 45평으로 늘릴 예정이다

국회 내에서의 혜택도 다양하다. 일단 의원 전용 주차장과 이발소, 미장원, 헬스장, 목욕탕 등이 갖춰져 있다. '회기 중'이라는 전제가 있지만 국회의원 전용 엘리베이터를 이용한다. 국회도서관에는 국회의원만 이용할 수 있는 전용 열람실도 있다.

의원 1인에게 들어가는 비용도 상당하다. 일반수당과 입법활동비, 상여금 등을 포함한 국회의원 1인당 연봉만 1억 4,689만 원월 평균 1,224만 원이다. 여기에 의원회관 사무실 유지비와 차량 유지비 등을 포함한 기타 지원금이 매년 5,179만 원에 이른다.

의원 1인당 4급 보좌관 2명과 인턴을 포함해 9명의 직원을 둘 수 있는데, 이들에게 연간 3억 9,513만 원의 보수도 지원된다. 3선급 의원들이 주로 맡는 상임위원장이 될 경우에는 한 달에 1천만 원의 판공비를 별도로 받는다. 전직 의원의 경우 65세 이후부터 매달 120만 원의 연금을 받는다.

1인당 국민소득이 우리나라의 2.5배가량 되는 스웨덴의 국회의원 월급은 940만 원 정도로 우리보다 적다. 면책 특권도 없고 의원직을 12년 이상 유지해야 연금도 받을 수 있다. 관용차나 운전사도 없다. 우리나라의 의원 보좌진 숫자는 미국 다음으로 많다. 선진국 중에도 국회의원에게 운전기사 역할을 하는 비서관까지 지원되는 나라는 거의 없다.

국회國會의원인가? 국해國害의원인가?

국회의원 보좌진은 4급 보좌관과 5급 비서관 각 2명, 6급·7급·9급 비서 각 1명 등 모두 7명이다. 5급 비서관은 원래 1명이었는데 의원들이 지난해 법을 고쳐 1명 더 늘렸다. 이들에게 드는 인건비는 연간 3억 8천여만 원이다. 모두 국고에서 나간다.

국회의원 300명 전체로 치면 1천억 원이 넘는 예산이다.

의원들은 월급 120만 원의 인턴도 2명씩 채용할 수 있다. 보좌진 가운데 상당수를 의정활동 보조가 아닌 지역구 관리에 투입하고 있는 의원들이 많다는 소식이다.

국민 세금이 의원들의 재당선을 돕는 데 쓰이는 셈이다. 의원들은 한 해 1억 2,439만 원의 세비歲費를 받는다. 별도의 가족수당과 자녀학비 보조수당도 신설됐다. 65세 이상의 전직 의원은 월 120만 원의 '노후보장' 연금도 받는다. 의원들은 연간 1억 5천만 원선거가 있는 해는 3억 원까지 정치후원금을 모금해 쓸 수 있다.

선거와 정치에 투입되는 국가예산도 막대하다. 선거관리 비용 등으로 17대 대선에 2,700억 원, 18대 총선에 3,100억 원이다. 작년 6·2지방선거에 8,300억 원이 지출됐다. 1년에 두 번 재·보궐선거를 할 때마다 수십억~수백억 원의 세금이 쓰인다. 정당 보조금도 연간 330억 원 규모다. 국회의원 임기 4년간 국민세금은 또 얼마나 드나? 국민은 알 필요가 있다. 이를 한번 계산해 보자. 의원 세비가 1년에 1억 4,737만 원으로 4년간 5억 8,948만 원, 보좌관직원 7명, 인턴 2명 연봉이 3억 9,311만 원으로 4년간 15억 7,244만 원, 각종 수당 및 지원금이 4년간 5억 6,752만 원, 선거비용 국가보조금 1억 9,200만 원15% 이상 득표 시, 정치후원금 연평균 7,000만 원으로 4년간 2억 8,000만 원 등 총 합해서 약 32억 144만 원에 이른다.

이에 더하여 65세 이상 전직 의원들은 매달 120만 원씩의 헌정회 수당을 지급받고 있다. 월 200만 원 노동자 연봉으로 환산하면 150년간의 임금이다.

국회의원은 세비 외에 별도로 차량유지비월 35만 8천 원, 차량유류비월 110만 원, 사무실 운영비월 50만 원, 사무실 전화와 우편요금월 91만 원, 의정활동비 및 매식비신청에 따라 지급, 정책홍보 및 정책자료 발간비용신청 시, 공무수행 출장비, 입법 및 정책개발비 등을 지원받는다. 지난해부터 가족수당, 자녀교육수당까지 지급받는다. 이 밖에도 의원용 주차장, 헬스장, 목욕탕 등도 모두 의원 전용이다.

왜 국회의원이 되어야 하는지 말하라. 신이 내린 직업 대학교수, 총장, 기업의 사외이사, 장관까지 지낸 어느 인사는 말했다. 국회의원보다 더 좋은 팔자는 없다고. 장관만 해도 제대로 일하지 않으면 버텨내지 못한다. 그러나 국회의원에게 그런 눈총을 주는 경우는 별로 없다. 국회의원의 근무 성실도를 체크하는 시스템도 기관도 아예 없다.

혜택은 어마어마하다. 항공기, KTX도 공짜고 주류비 명목으로 수천만 원을 써도 누구도 탓하지 않는다. 보좌관, 비서 합쳐서 9명이나 되니 어느 대기업 임원의 비서실도 부럽지 않다. 게다가 국회의원 한 번만 해도 죽을 때까지 연금이 나온다.

사회에 큰소리치는 직업은 흔하지 않다. 그러나 국회의원은 대통령부터 말단 공무원까지 마구잡이로 깔 수 있다. 면책특권까지 있으니 이 아니 좋을 수가. 불만이 있다면 임기가 딱 4년이라는 점이다.

국회의원 손익계산서이다. 새누리당의 경우 지역구 공천 신청자는 당비 180만 원과 심사비 100만 원을 무조건 내야 한다. 비례대표 후보는 당비 300만 원, 심사비 100만 원 등 총 400만 원이 필요하다. 정치 신인에게 더구나 당선을 기약할 수 없는 후보들에게는 피 같은 돈이다.

우선 선거관리위원회에 정식 후보로 등록하기 위해선 1,500만 원을 내야 한다. 기탁금이라 선거가 끝나면 돌려받는다. 명함 찍고, 현수막 내걸고, 유세차량 빌리고, 홍보물 찍고, 다 돈이다. 선거운동원 일당도 만만치 않다. 지역 내 읍·면·동이 10곳이라면 35명까지 운동원을 둘 수 있다. 이런 선거운동 비용은 별도로 마련해야 한다.

유권자가 많은 지역구 후보자일수록 더 많은 돈을 쓸 수 있다. 4·11 총선에서 선거비용을 가장 많이 쓸 수 있었던 곳은 지역구가 합쳐진 전남 순천 곡성이다. 읍·면·동 24곳에 인구만 27만 명인 동네다. 선거비용 한도액은 2억 6,000만 원이다.

반면 읍·면·동이 5곳에 불과한 경기 안산 단원 을은 1억 5,800만 원으로 전국에서 가장 짠물 선거를 치러야 했던 곳이다. 거액의 선거운동 비용은 정부에서 전액 보전해 준다. 단, 투표 결과 유효투표 총수의 15% 이상을 얻었을 때 얘기다. 득표율이 10~15%라면 절반만 돌려받을 수 있다. 10%도 못 얻었을 때는 한 푼도 돌려받을 수 없다.

물론 선거가 끝났을 때 얘기다. 선거를 치르기 위한 선거비용은 후보가 일단 마련해야 한다. 자기 돈이 없다면 십시일반 모아야 한다. 최근 신종 방식인 '정치인 펀드'가 인기를 끄는 것처럼 후보자는 후원금을 모을 수 있다. 연간 1억 5,000만 원까지다. 가령 민주당 후보로 전남 순천 곡성에 출마했다가 경선을 다 치른 뒤 본선에서 10%도 얻지 못하고 패했다면, 2

억 7,700만 원을 그냥 날리는 셈이다.

그래도 정치권을 맴도는 정치 낭인이 선거 때마다 득실거린다. 4전5기, 7전8기도 수두룩하다. 무엇보다 인생역전 '로또'와 다를 바 없는 신분 업그레이드 때문이다.

경제적으로도 국회의원은 상위 0.1% 직장이다. 연간 1억 6,000만여 원을 받는 억대 연봉자인 셈이다. 재작년 도입된 연금도 있다. 길든 짧든 한 번이라도 국회의원을 했다면 그만두더라도 평생 매달 120만 원을 연금으로 받는다. 이 밖에 사무실 운영비나 정책활동비, 보좌진 급여 등 기타 지원금 항목도 상상을 초월한다.

4년간 6억 원이 넘는 돈을 벌어가니 국회의원은 단순 투자수익률만 3,200%에 달하는 '고수익' 상품이다. 여기에 매년 1억 5,000만 원까지 후원금을 모아 정치자금으로 쓸 수 있다. 선거가 있는 해에는 3억 원까지다. 자기 돈 쓸 일이 없는 '신의 직장'인 셈이다. 불체포특권과 면책특권, 무엇보다 법안을 만들 수 있는 입법권은 국회의원이 아니면 누릴 수 없는, 돈으로는 살 수 없는 특권 중 특권이다.

물론 수년간 예비후보 기간을 견뎌내야 하고, 국회의원이 되더라도 지역구 관리에 드는 비용 때문에 빚을 내서 국회의원을 하는 이도 많다. 남는 장사라지만 가산을 탕진해 가며 맨손으로 부딪히기에는 당선의 문턱이 너무나 높은 '고위험 고수익' 상품인 게 사실이다. 단 6g에 불과한 금배지의 무게가 결코 가볍지 않은 이유다.

그렇다면 국회의원으로서 특권을 누리는 만큼 일은 제대로 해왔나? 최근 몇 년간 정부예산 한번 회기 내 처리한 적이 없다. 대립되는 정책에는 타협과 대화로 합의를 이뤄내기는커녕, 국회기물을 부수고 가스탄을 살포하고 시정폭력배와 같은 폭력을 행사하여 세계의 이목을 집중시키기도 했다. 또한 툭하면 의사일정을 포기하고 거리로 나와 정략적으로 유리한 단체집회에 가담하여, 국민 대의기관으로서의 입법기능을 스스로 포기하는 우를 범하기도 했다. 서민경제가 휘청거리고 민심이 사나워지는 이유가 무엇인지 진정 걱정해 보고 노력해 왔는지 되묻고 싶다.

2012년 2월 현재 18대 국회 앞에 쌓여 있는 미처리 법안의 수다. 18대 국회에서 의원 발의나 정부 제출로 접수된 전체 법률안 1만 3,765건의 47.9%에 이르는 숫자다. 의원 발의 법안만 따지면 1만 2,077건의 법률안 중 절반이 넘는 6,170건이 서랍 속에서 잠을 자고 있다. 잠자고 있는 법안 중에는 최근 논란이 된 대학 기성회비 문제를 해결할 '국립대학 재정 회계법' 같은 긴급한 것들도 있다.

경제가 어렵고 나라살림이 팍팍해지면 사회 각 부문이 허리띠를 졸라매고 효율성을 높이는 건 기본에 속한다. 정치 부문도 예외일 수 없다. 정상적인 국가라면 정치가 이런 노력을 선도해야 한다. 일본은 국회의원 세비歲費를 8% 삭감하고, 중의원 정원을 480명에서 395명으로 감축하는 것을 검토하고 있다.

한국은 국회의원 1명이 대표하는 인구가 16만 2,000명인 데 비해 미국은 70만 명, 일본은 26만 명이다. 우리 국회의원 수가 그만큼 많다는 얘기다.

선거철을 맞아 정치인들이 퍼주기 공약을 남발하고 있다. 스스로 덩치를 불리고 씀씀이마저 헤프니 나라 곳간이 남아날지 걱정이다. 민생은 쪼그라드는데 정치만 커지는 나라에선 국민이 고달프다.

이상이 「조선일보」「동아일보」와 한국 언론에서 인용한 자료들이다.
국민이 주인이 아니고 정당이 주인으로 되어 있는 우리의 국회, 이미 국민을 위한 국회가 아니라 정당을 위한 국회로 되어버렸고, 3류 정치의 본부로 되어 있으며, 국민의 재앙을 초래하고 있는 국해國害의 국회로 되어버렸다.
국민재앙의 사실과 현실들을 정리해 보자. 기획재정부가 지난해 말 기준으로 평가한 국가소유 유·무형 자산의 가치는 1천 523조 원. 반면에 국채와 차입금을 포함한 국가의 빚은 774조 원으로, 지난해 국내총생산의 63%에 해당하는 액수이다.
한국은행에 따르면 2011년 GDP의 34%로 불어난 상태다. 2030년엔 106%까지 치솟는다는 우울한 전망도 나와 있다. 처방을 미룬다면 나라가 빚더미에 올라선다는 뜻이다.

국가부채만이 아니다. 지방자치단체의 사정 또한 다급하다. 인천시 사례처럼 자체 예산으로 급여조차 감당할 수 없는 곳이 수두룩하다. 인천시뿐만 아니라 대구, 부산시도 높은 부채비율로 재정건전성이 위험수위를 넘나들고 있다는 사실이다.
전국의 재정위기 역시 최악이다. 지난 2007년 말 기준으로 249조 3,000억 원이던 공공기관 부채는, 이명박 정부 들어 불과 4년 사이에 86%로 폭증하고 214조 원이나 급증하여 국가부채보다 43조 원 이상 웃돌았다. 중앙정부와 공공기관 부채를 합치면 900조 원에 육박한다. 공기업 빚이 빠르게 늘어나면서 국제 신용평가기관도 공기업 부채가 한국 신용 등급을 올리는 데 걸림돌이 될 수 있다고 우려하기도 했다.

공기업의 부채가 정부의 부채를 추월하고 있다.

기획재정부에 따르면 2011년 말 기준으로 286개 공기업 준정부기관과 기타 공공기관을 포함한 286개 공기업의 부채는 463조 5,000억 원으로 집계됐다. 지난 2010년 401조 6,000억 원보다 15.4%, 금액으로는 61조 8,000억 원 증가한 수치다.

1년 사이 공공기관 빚이 60조 원 넘게 늘며 정부부채를 넘어섰다.

반면 자산은 54조 원 증가하는 데 그쳤다. 또 지난해만 8조 4,000억 원 정도 손실을 봤다. 자산보다 빚이 더 많이 늘어난 데다 적자까지 봐 재무상태가 더 악화되었다.

가계부채는 더 심각하다. 지난 3월 말 기준 가계부채 잔액은 911조 4,000억 원이다. 가계부채나 다를 바 없는 것으로 인식되는 자영업자 대출 잔액은 지난해 말 100조 원을 넘어섰다. 둘을 합치면 사실상의 가계부채는 1,000조 원이 넘는다. 자영업자 가구의 평균부채는 8,450만 원, 전체 가구 평균부채는 5,200만 원이다. 50세 이상 고령자의 평균부채는 6,900만 원으로 이들의 대출이 전체 대출의 46%를 차지한다.

가계부채 총규모보다 더 문제인 것은 가계대출 연체율이다. 지난 5월 기준 국내은행의 가계대출 연체율은 0.97%로 5년 7개월 만에 최고치를 기록했다.

한국은행이 분석한 '통화신용정책보고서'를 보면 2011년 우리나라 전체

가구의 56.2%가 금융부채 위에 올라 있다. 현재 1,000조 원에 달하는 가계부채는 한국경제의 최대 뇌관 중 하나로 꼽힌다. 국내경제가 침체될 경우에 가계부채 문제가 한국경제에 직격탄을 줄 수 있다. 최악의 재정위기 속에서도 이명박 정부는 토목공사와 무기수입을 계속했다.

소위 '4대강 사업'의 합계가 약 30조 원이고 무기수입이 약 24조 원이다. 이 돈이면 우리나라 경제를 살리고, 일자리 없어 절망하고 있는 실업자들을 구제할 수 있다.

국방기술품질원이 발간한 '2011 세계방산시장연감'에 따르면 한국은 2006년부터 2010년까지 74억 300만 달러한화 8조 3천억 원 규모의 무기를 국외에서 수입했다. 연도별로는 2006년 17억 4천 500만 달러, 2007년 18억 3천 900만 달러, 2008년 18억 200만 달러, 2009년 8억 8천 600만 달러, 2010년 11억 3천 100만 달러이다.

스톡홀름 국제평화연구소SIPRI의 발표에 의하면 지난 2007년에서 2011년 사이 전 세계 재래식 무기 거래시장에서 한국이 전체 물량의 6%를 수입하여, 중국을 제치고 세계 2위를 기록했다.

우리나라의 부패 정도는 세계 최고 수준이다. 홍콩 소재 기업컨설팅 연구소가 발표한 아시아 국가 부패지수를 보면 한국의 부패지수는 아시아 16개국 중 11위를 기록했다. 국가청렴도에서 태국9위이나 캄보디아10위만도 못한 나라이다. 우리나라 부패지수는 지난 6년간 꾸준히 나빠지고 있다. 지난해 국제투명성 기구가 발표한 부패인식지수에 따르면 청렴도 순위가 2010년 39위에서 지난해 43위로 추락했다. 선진국 모임이라는 경제협력개발기구OECD 34개 회원국 중에는 27위로 최하위권이다. 이러한 국민의 행복을 방치한 3류 정치가 국민의 재앙으로 번져가고 있다.

통계청이 발표한 '2010년 사망원인통계'에 따르면 2009년 자살사망률인구 10만 명당이 31.2명을 기록해, 2000년 대비 무려 130.2% 증가했다. 2010년 자살에 의한 총 사망자수는 1만 5,566명이었다. 이를 환산하면 하루 평균 42.6명의 자살자가 발생하는 셈이다. 34분마다 한 명이 스스로 목숨을 끊고 있다. 한국의 현재 자살률은 세계 2위, 경제협력개발기구OECD 국가 가운데 1위다. 그중에서도 청소년 자살률 1위라는 불명예를 기록한 국가다. 노인 자살률도 1위다. 통계청 국가통계포털KOSIS에 따르면 지난 2006년부터 2010년까지 최근 5년 사이, 65세 이상 노인의 자살자 수는 무려 37%나 증가한 것으로 집계됐다. 2010년에 4,378명의 노인이 자살로 생을 마감했다. 2011년에는 학생 자살사건이 많아졌다. 청소년들이 자살을 택하고 있는 것이다. 우리나라는 '자살강국'이라는 오명을 쓰고 있다.

노인의 빈곤도 심각한 문제다. 한국보건사회연구원이 최근 내놓은 '2011 빈곤통계연보'에 따르면 우리나라 65세 이상 노인가구 100가구 중 47가구는 상대적인 빈곤상태에 처해 있다.

반면에 우리나라의 출산율은 세계 최저이다. 유엔인구기금UNFPA이 조사한 156개 국가 가운데 홍콩의 출산율0.96명에 이어 두 번째로 낮은 수치다. 홍콩이 도시라는 점을 감안하면 사실상 꼴찌인 셈이다. 세계 최저인 출산율이다.

2009년 OECD 통계에 따르면 한국 부부의 이혼율이 가입국 중 1위다.

2010년에는 전체 결혼 중 47%가 이혼한 것으로 나타났다. 민족의 미래를 위협하고 있는 것이다. 우리의 국민이 절망 속에서 몸부림치고 있다.

　이처럼 3류 정치의 결말은 국민재앙이다. 역사의 사실과 현실의 진실이 명명백백하게 증명하여 주고 있다. 3류 정치가 우리의 국가와 국민을 재앙으로 몰아넣은 원흉元兇이다. 3류 정치가 우리의 국민이 편을 가르고 대치하고 대결하게 하였다. 3류 정치가 정당인이 국회의 주인이 되어 국회를 쥐락펴락하게 하였다. 3류 정치가 국민의 행복을 말살하고 국가의 안보가 최악이 되게 하였다. 3류 정치가 청와대에서 지속적인 비리와 범죄가 계속 터져 나오게 하였다. 우리는 반드시 3류 정치를 심도 있게 해부하고 투철하게 비판해야 한다. 우리는 반드시 3류 정치를 다음 대선에서 철저히 해결해야 할 핵심문제로 삼아야 한다. 우리는 반드시 3류 정치를 역사적으로 해결하고 정치선진화를 실현해야 한다. 우리는 반드시 정치선진화를 실현하여 3류 정치를 철저하게 제거하여야 한다.

　국가의 미래와 국민의 행복을 위하여!

제3장 새로운 정치를 기획한다

■

이 모든 3류 정치가 몰아온 국가의 재앙, 국민의 재앙은 무엇 때문인가?
권력에 의해 움직이고 있는 정당(政黨)이 국가의 주인으로 되어 있기 때문이다.
대한민국 헌법이 제1장 총강의 제1조에 "대한민국의 주권은 국민에게 있고, 모든 권력은 국민으로부터 나온다."라고 명백하게 규정하여 놓았다.
국가의 주인은 국민이다.
그 누구도 반박할 수 없는 헌법의 규정이고 현실의 진리이다.
그러나 사실상 대한민국의 주권은 권력이 주도하는 정당에게 있고, 모든 권력은 권력이 주도하는 정당으로부터 나오고 있다. 역시 반박할 수 없는 엄연한 현실이다.
그러므로 반드시 대한민국의 주권은 국민에게 있고, 모든 권력은 국민으로부터 나오는 정치선진화를 실현하여, 정당정치를 종결하고 국민정치를 실현하여야 한다.
대한민국 국민의 국민정치로 국민민주정치의 시대가 꼭 열리게 해야 한다.

■

제1편
국민이 주인이 되어야 한다

　누가 국가의 주인인가? 문제가 되지 않는 문제인 것 같다. 국민이 국가의 주인임을 가장 명백하고 확실하게 약속한 후보는 박근혜이다.

　지난 2월 16일 박근혜가 '새누리당' 현판식 연설에서 국민에게 약속한 말이다.

　"저희 새누리당은 이념, 지역, 계층, 세대를 통합하는 국민의 정당이 될 것이고, 국민들께서 주인공이 되는 그런 새 세상을, 좋은 세상을 꼭 만들어 나가겠습니다."

　국민이 주인공이 되는 좋은 세상을 꼭 만들겠다는 것이 박근혜의 핵심공약이다. 정치의 핵심은 '누가 국가의 주인인가?'이다. 국가의 권력구조가 핵심이다. 권력이 주도하는 정당이 국회의 주인이고 정부의 주인이고 국가의 주인이면, '이념, 지역, 계층, 세대를 통합'하는 '국민의 정당'이 있을 수 없다. 반드시 국가의 권력구조가 국민이 국회의 주인이 되고 정부의 주인이 되고 국가의 주인이 되어야만 '국민의 정당'이 있을 수 있고, '국민이 주인공이 되는 좋은 세상'을 만들어 낼 수 있는 것이다.

그러므로 누가 국가의 주인인가? 이 핵심문제를 확실하게 해결하는 것이 관건이며, 우선 사실과 현실로 그 누가 국가의 주인으로 되어 있는가를 확인해야 한다.

역사의 사실과 현실의 진실로 분석하여 본다. 대한민국의 5천만 국민은 자랑스러운 국민이고 지혜로운 국민이며 위대한 국민이다. 냉전으로 인한 6·25전쟁의 폐허 위에서 전 세계가 인정하고 있는 한강의 기적을 이룩하고 아시아의 네 마리 용이 되어 웅비하였으며, 최첨단 산업들과 세계적인 기업군을 키워내고 인구 5,000만 명과 국민소득 25,000달러를 실현하면서 선진국으로 도약하고 있다.

문제는 정치이다. 한국의 학자와 언론은 3류도 못 되는 정치라고 논평하고 있다. 그 근원이 바로 국민을 왕따 시키고 권력에 의하여 움직이고 있는 기존의 정당정치이다. 기존 정당정치의 본질은 완전한 권력의 정치였다. 권력을 기본으로 하여 권력에 의하여 움직여 온 정당정치로 인하여 독재정권이 생기게 되고 대통령과 측근들의 부패와 범죄가 지속적으로 터져 나오게 되었으며, 권력을 틀어잡은 정당이 정당의 이득을 중심으로 하여 국정운영을 실행하였으므로, 결국 국민의 큰 분노를 자아내게 하였다.

작년 가을에 치러진 서울시장 보궐선거에서 터져 나온 국민의 분노와 엄정한 심판에서, 기존 정당정치의 모든 문제점들이 철저히 폭로되었다. 정치인들이 정권을 잡기 위해 정당을 만들었고, 정당이 정권을 잡은 뒤에는 소속 국회의원들과 행정부와 사법기관의 요직을 차지한 관리들을 이용하여 정당의 이득을 취하는 데 총력을 기울였을 뿐이지, 국민과 겨레의 이익을 위해 헌신하지는 못하였다. 특히 국민의 행복과 나라와 겨레의 미래를 거시 전략적으로 사고하고 기획하고 마련해 나가는 역사적인 사명은 더더욱 방치되어 있었다.

 이렇기 때문에 기존 정당의 내부에서 지속적으로 계파가 생기게 되었고, 국회에서는 정당인들의 치열한 몸싸움이 계속하여 터져 나왔으며, 공천을 받거나 더 큰 권력의 자리를 차지하기 위하여 더 높은 자리에 있는 고위직 관리에게만 충성을 하고 책임을 지고 눈치를 보는, 국정운영의 악순환이 되풀이된 것이다.

 정작 책임을 지고 충성을 다하여야 할 국민과 겨레는 뒷전이었다. 그러다가 선거철만 다가오면 후보들은 국민의 마음을 사로잡아 선거에서 이기기 위하여, 너도 나도 다투어 선거공약을 난발하였다. 그리고 일단 권력을 잡게 되면, 선거 때 난발한 공약에 대해서는 책임을 지려고도 신경을 쓰려고도 하지 않았다.

 모든 것이 더 고위직에 있는 더 큰 권력에 의하여 결정되기 때문이다. 이것이 바로 권력을 중심으로 정당의 이득을 위해서, 권력에 의하여 움직여 온 기존 정당정치의 본질이다. 기존의 정당정치는 권력정치라는 진실이 명백하게 확인되었다. 이제는 반드시 그 해결책을 찾아야 한다.

 기존의 정당정치를 계속 유지할 것인가? 아니면 헌법에 준하여 진정한 국민민주정치를 실행할 것인가? 이 문제는 앞으로의 대선에서 모든 국민들이 반드시 판단해야 할 핵심과제이다.

 대한민국 3류 정치와 정당의 대치, 국회의 폭력, 정치의 대결, 지역과 국민의 분열 등등, 이 모든 문제의 근원이 기존의 정당정치에 있다는 것이 이미 확증되어 있다.

헌법의 규정으로 모든 주권이 국민에게 있고 모든 권력은 국민으로부터 나오는 진정한 국민민주정치를 실행하는 것만이 유일한 해결책이고 유일한 돌파구이다.

무엇이 민주정치인가? '민民'은 국민이고 '주主'는 주인이다. 국민이 국가의 주인이 되어 국가 국정운영의 모든 국가주권을 장악하고 모든 권력을 확실하게 행사할 수 있는 정치이어야만 진정한 국민민주정치이다.
그러나 지금까지의 정치는 이러한 진정한 국민민주정치가 아니었다.
사실상 정당들이 후보와 정책을 모두 정당의 의사와 이익에 준해 만들어 놓고 국민들보고 찍으라고 하는 선택형選擇型 민주정치였고, 선거 때에만 국민들이 투표로 당선자를 결정하는 권력을 행사할 수 있는 일시형一時型 민주정치였으며, 일단 정당인들이 선거에서 당선만 되면 즉시 권력을 이용하여 밀실정치密室政治를 하게 되어 국민은 알 권리마저도 잃게 되는 실효형失效型 민주정치였다. 이제는 반드시 이 같은 선택형, 일시형, 실효형 민주정치를 철저히 개혁해야 한다.
선거 때뿐만이 아니라 선거 후의 그 어느 때에도 "대한민국의 주권은 국민에게 있고, 모든 권력은 국민으로부터 나온다."라는 헌법의 규정대로, 국민이 국가의 모든 주권을 가지고 국정운영의 모든 권력을 행사할 수 있는 확실한 방침과 조치가 있어야 한다.
이를 위하여 반드시 정당정치를 철저하게 종결하고 국민정치를 제도와 시스템으로 법치화하여, 서민이 중심이 되고 국민이 주인이 되어 국정운영을 하는 새로운 국가권력 구조가 반드시 구축되어야 한다.
대통령과 국회, 행정부, 사법부의 고위직을 포함한 모든 공무원과 공직자가 국민의 추천과 논평 및 표결로 국민들 속에서 선발되어 국가의 고위직을 맡게 하고, 국민의 논평과 감독 하에서 매우 공평하고 투명하게 권력을 행사하게 하며, 국민이 직접 승직, 퇴직, 표창表彰, 처분 등의 모든 결정을 하게 해야 한다.

국가의 입법, 기획, 인사, 예산, 투자, 복지, 국방, 외교, 안보, 부패 방지 등 국정운영의 모든 사항들을 국민들이 직접 제안하고 논평하고 표결하는 방법으로, 국민이 국정운영의 주인이 되어 모든 결정을 내리게 해야 한다.

모든 정당은 법에 의하여 국민의 마음과 뜻으로 평등하고 공정하게 정치활동을 하는 참정당參政黨이 될 것이며, 다시는 집권당이 없을 것이다. 국민이 직접 집권하기 때문이다.

대통령을 비롯한 모든 공무원과 공직자는 당선과 동시에 정당인의 자격을 상실하게 되고, 그 어느 하나의 정당을 위해서가 아니라 국민과 겨레를 위하여, 나라와 민족의 이익을 위하여 헌신하면서 봉사하게 될 것이다.

다시는 여야대결, 국회싸움, 당파와 계파의 갈등과 대치, 행정부와 사법부의 부실과 부정부패 등이 생길 수 없거나 생기기가 어렵게 될 것이다. 국민이 진정한 국가의 주인이 되어 직접 집권을 하기 때문이다.

국민정치의 가장 큰 생명력은 국민과 겨레 전체의 지혜와 힘을 합쳐 한마음 한뜻으로, 나라와 민족의 발전을 기획하고 결단하여 추진할 수 있다는 데 있다.

이후에는 우리의 정치가 3류 정치라는 언론의 평가가 나오지 않게 하고, 인류 최초의 모든 국민과 겨레가 직접 집권하는 국민민주의 정치로,

가장 맑고 깨끗하고 효율성이 있는 국민민주의 정부와 국민민주의 사회를 만들어 내게 될 것이다.

이제는 기존의 정당정치를 철저히 종결하고 국민정치를 실행하여야만, 대한민국의 정치선진화를 실현하고 3류 정치의 위기탈출과 국가의 새 도약을 이룩할 수 있다. 이 점이 모든 대선후보들이 반드시 해결해야 할 문제의 관건이고 핵심이다.

국민민주는 이전의 자유민주주의보다 더 선진화된 정치제도이고 국민정치 제도이다. 전 세계가 인정하는 세계 최초와 초일류의 정치선진화가 탄생하게 된다. 인류의 역사상 전례가 없는 국민정치의 새 기원이 세계 최초로 열리게 된다. 국민정치로 정당정치를 완전히 대체하는 국민민주정치의 새 시대가 열리게 된다.

박근혜가 약속한 '국민이 주인공이 되는 좋은 세상'이 찾아오게 된다. 인류 역사와 우리 민족 역사 최초로 국민이 국가의 주인이 된 국민정치의 시대이다. 미래의 인류와 우리의 먼 후손들이 위대한 혁명이었다고 높이 평가할 것이다. 3류 정치가 사라지고 국민정치의 시스템이 구축된다.

제2편
국민정치 시스템 구축이다

　그러면 어떻게 국민정치로 정당정치를 대체하고 박근혜 후보가 주장한 '이념, 지역, 계층, 세대를 통합'하는 '국민의 정당'이 생기게 하고, '국민이 주인공이 되는 좋은 세상'을 만들어 낼 것인가? 어떻게 국가의 주권이 국민에게 있고 모든 권력이 국민으로부터 나오는 국민민주정치를 실현할 것인가?

　유일한 방법과 해결책은 국민정치 시스템 구축이다. 국민민주 시스템 구축, 국민두뇌 시스템 구축, 국민법치 시스템 구축으로 국민정치의 시스템을 구축하는 것이다. 인류의 역사상 전례가 없는 진정한 국민정치의 시스템을 만들어 내고 국민과 겨레가 확실한 국가권력의 주인이 되게 해야 한다.

　땜질하는 식의 개량이나 개혁이 아니고 본질을 파악하고 엄정한 역사적 개혁으로, 실천성과 실효성이 있는 핵심방안과 구체조치들을 반드시 마련해야 한다.

국민민주정치는 기존의 정당정치와 근본적으로 구별이 되는 진정한 국민정치이다. 새로운 국민정치에서는 모든 부패정치의 병폐가 철저하게 제거될 것이다. 모든 정당과 정당인들의 특권과 특혜가 모두 신속하게 사라질 것이다.

모든 지방의원과 국회의원의 특권과 특혜가 모두 신속하게 사라질 것이다. 모든 정치세력의 대결과 대치가 모두 신속하게 사라질 것이다. 모든 청탁과 돈 봉투, 비리와 부정부패가 모두 신속하게 사라질 것이다. 국민이 국가의 주인이 되어 직접 국정운영을 하기 때문이다. 다시는 그 어느 정당도 선거에서 이겼다 하여 국민을 대표해 집권한다는 집권당의 명의로 권력을 주도하고 권력을 분배하고 권력을 장악하고 권력을 누릴 수 있는 명분을 가질 수 없게 되므로, 더 이상 집권당이라는 자리를 지킬 수 없게 될 것이다. 그리고 모든 고위직, 모든 의원, 모든 공직자들의 모든 특권과 특혜가 사라질 것이다. 그 어떤 고위직, 의원, 공직자든지 반드시 국민을 향해 책임지고 국민을 위해 봉사하여야만 취직이 되고 승진이 가능하며 평가를 받을 수 있으므로, 다시는 고위직의 눈치만 보고 고위직에만 책임을 지는 관습이 지속 불가능할 것이다. 국가 국정운영의 주인이 정당으로부터 국민으로 철저하게 바뀌기 때문이다.

이제 대한민국의 정치는 반드시 위기탈출의 출구를 찾아야 한다. 유일한 해결책과 돌파구가 바로 국민정치이다. 제18대 대선은 물론이고 앞으로 19대, 20대 대선의 그 어느 후보도 정당정치를 계속 고집하고 밀고 나갈 것인지, 아니면 국민이 주권을 잡고 국가의 모든 권리를 행사하는 국민정치를 실행하고 모든 정당과 정당인, 정치인이 국민만을 위하여 봉사하는 국민의 '머슴'이 될 것인지를, 반드시 명백하고 투철하게 밝혀야 될 것이다.

국민정치로 정당정치를 대체한 국민민주사회를 전망하여 본다. 18대 대통령의 취임식 후이다. 18대 대통령은 여야를 막론하고 국민이 인정하는 우수한 인재의 도덕과 능력에 준하여, 국무총리 및 국가전략원 원장과 행정부 각 부서의 장·차관을 임명하였다. 대한민국의 인사정책이 정당 중심에서 인재와 능력 중심으로, 국민의 마음과 뜻으로 임명되고 승진하고 퇴직할 수 있는 인사제도로 바꾸어진 것이다. 국민이 뽑은 우수한 인재들이 한마음 한뜻으로 국민을 위해 봉사하게 되었다. 대통령 직속 청와대 고문실顧問室에는 국민들과 해외동포들로부터 초빙 임명한 우리 민족의 가장 걸출한 인재들이 대통령의 특임고문으로 임명되어 일하고 있다.

전체 국민과 겨레들 속에서 가장 우수한 인재들이 모두 모여서 국정운영을 하고 있다. 18대 정부는 '국민의 행복만을 위하여'를 국가의 최고 핵심정책으로 정하였다.

각 정당들이다. 대한민국의 모든 정당들은 거의 모두가 국민정치에 대한 각 정당의 입장을 밝히게 되었다. 모두 대찬성이다. 국가의 헌법에 "대한민국의 주권은 국민에게 있고, 모든 권력은 국민으로부터 나온다."고 명시되어 있는 한, 국민이 직접 집권하여 국정운영을 한다는 것은 헌법정신에 부합되는 정확한 개혁이라는 것이 공통된 인식이다.

특히 우리나라의 경우 인터넷 속도가 세계 최고이고, 디지털 정보통신 수준이 세계 최고이고, 국민의 지식화가 세계 최고이고, 대학교 입학률이 세계 최고이므로, 전체 국민이 '4대 센터'를 이용하여 직접 집권하는 국민정치는 시대의 흐름에 따르는 필수단계라는 공감대가 신속하게 형성되고 있다.

그 다음의 절차는 각 정당의 개혁이다. 대통령은 물론이고 모든 고위직과 공무원, 공직자에 당선되는 모든 정당인들이 반드시 당직을 포기하고 취임해야 하므로 정당의 개혁은 필수적이다. 일부 언론에서는 아예 정당을 해체해 버리자는 목소리도 있다. 그러나 정말로 해체하는 정당은 없었다. 다만 정당의 규모가 급속히 축소되었을 뿐이다. 자체 당비로 운영해 나가야 하므로 중앙당과 지방당이 모두 근검운영에 돌입한다. 정당의 모든 정치활동이 거의 대부분 '4대 센터'에서 진행되는 것으로 전환되었다.

정당인들이 국회에 나가서 대치하고 대결하면서 싸울 필요도 없고 거리에 나가서 유세를 펼칠 필요도 없으니, 정당 활동의 기본 내용인 콘텐트가 완전히 바뀐 것이다. 정당인들이 당론을 지키려고 최선을 다할 필요도 없고 고위직의 눈치를 보려고 신경을 쓸 필요도 없게 되었다. 각 정당마다 큰 변화이고 대개혁이다. 모두 다 정당의 이익을 떠나 국민의 이익을 연구하고 분석하고 사고한다. 국민만을 위하여 일하기 위하여서이다.

새누리당이다.

국민민주정치의 새 시대에 국민의 신뢰와 사랑을 받는 정당으로 다시 도약하기 위하여 최선을 다하기로 결정하였다.

민주통합당이다.

남북의 화합과 협력의 새 시대에 국토통일 사업을 본격적으로 추진하기 위하여 모든 힘을 모아 노력한다는 결의를 만장일치로 선택하였다.

여러 정당들이 다투어 중앙당이나 전당대회를 열고 새로운 시작을 선포한다.

청년당, 미래당, 행복당, 통일당 등 여러 새 정당들도 창당되었다.
KBS이다.
정당 초청 토론회가 열렸다. 정당의 대표와 최고위원들이 모두 참석하였다. 대결도 없고 입씨름도 없다. 화기애애한 분위기 속에서 정당대표와 최고위원들이 나라와 미래에 대한 질 높고 깊이 있는 발언들을 쏟아내고 있다. 핵심과제는 국토통일, 동북아 통합, 세계 5강 도약과 국가발전이다. 모든 정당들이 드디어 초당적으로 협력하는 새 장을 열었다.
국민이 환호한다. 언론도 호평한다. 국민과 언론이 한마음으로 대장정이 시작되었다고 논평하고 있다. 새로 창당한 미래당의 제안으로 '대한민국정당인연합회', 약칭 '전정련'이 설립되었다. 경제 분야에는 전경련이 있고 정치 분야에는 전정련이 있게 된 것이다.
정당인들은 신속하게 국민들 속으로 찾아 들어가기 시작하였다. 국민의 행복과 민족의 미래를 위한 아이디어와 제안서들이 지속적으로 쏟아진다. 여러 '제안센터'의 매월 금상, 은상, 동상 경쟁에서 정당인들이 앞장서고 있다.
각 정당들이 정치 분야의 싱크탱크로 급전환하고 있다. 인류의 정치문화와 민주 시스템에 대한 학술문장들이 연이어 세계적인 사회정치 분야 학술지에 발표되고 있고, 각국의 정당들로부터 주목을 받고 있다.
본격적인 정당외교이다.
새누리당, 민주통합당 등 정당들이 대표단을 파견하여 정당외교를 펼치고 있다. 대한민국에서 국민만을 위한 정당문화가 형성되고 있다고 세계 언론이 평하고 있다.
국회의 의원회관이다.

한강이 한눈에 보이는 이 국회의원 회관도 화기애애한 분위기다. 의원들 얼굴마다 밝은 표정과 희망찬 표정으로 가득하다. 정당을 위하여 국회에서 최루탄까지 터뜨리면서 싸움할 필요도 없고, 당론을 지키기 위하여 신경 쓸 필요도 없으니, 의원들마다 홀가분한 기분이다. 모든 상근의원들은 국민만을 위하여 라는 기분으로 신나게 일하고 있다.

국회가 공전하거나 '식물국회'가 되어버리던 일들이 다시는 있을 수 없는 역사의 추억이 되어 버리고, 일편단심 국민만을 위하는 고효율 국회가 움직이고 있다.

국가의 법률제정, 예산심의와 중요 정책결정에 최선을 다하고 있다. 국회의장과 국회부의장 2인, 그리고 상임위원회, 특별위원회 등의 위원장도 정당이 합의하여 갈라 가지는 것이 아니라 모두 국민의 표결로 결정되었다.

국회의 국회운영위원회, 정무위원회, 정보위원회, 법제사법위원회, 기획재정위원회, 외교통상통일위원회, 국방위원회, 행정안전위원회, 교육과학기술위원회, 문화체육관광방송통신위원회, 농림수산식품위원회, 지식경제위원회, 보건복지위원회, 환경노동위원회, 국토해양위원회, 여성가족위원회, 예산결산특별위원회, 윤리특별위원회 등 상임위원회와 특별위원회가 입법, 예산, 정책 등 세 부분을 중심으로 하여 대폭 축소 개편되었다.

국회사무처도 최소 규모, 최소 인원, 효율 최고의 원칙으로 개편되었다. 국회의 상임위원회, 특별위원회, 국회사무처에 직능이나 업무가 겹쳐진 기구를 모두 통합하고, 국민들의 밥그릇으로 여겨지던 기구와 인원은 모두 취소되었다. 국회의 상근의원은 100명 정도이다. 국회사무처의 공무원 규모도 1,000명 정도이다.

　국회의 모든 상임위원회와 특별위원회는 국가법률법치위원회, 국가예산재정위원회, 국가정책기획위원회와 통일외교국방위원회로 개편되고, 국민행복과 미래기획을 전담하는 국민행복위원회와 국가 거시전략위원회를 신설하였다. 그리고 각 상임위원회에 업무별로 전문 팀을 두어 관련 업무를 전담하게 하였다.

　특별위원회는 필요시에 비상설기구로 임시설치하기로 하였다. 국회가 6가지 법률, 재정, 정책, 통일, 국민, 전략을 중심으로 새 출발을 하였다.

　모든 직무와 공무원도 전부 국민의 추천과 표결로 결정되었다. 국회의 중심이 분명하고 각 상임위원회와 국회사무처의 역할이 명확하니 국회의 운영이 과학적이고 효율적이다.

　대한민국의 새 국회, 세계 최고의 선진국회로 도약하고 있다. 국민이 국회의 주인이 되고 국민이 주권을 잡은 국민의 국회로 되었다. 다시는 정당이 국회에서 의장, 부의장, 상임위원장을 나누어 갖고 정당의원들의 대결과 싸움을 거쳐 소위 입법을 하는 비도덕적 행태 등도 없게 되었다.

　다시는 국회가 정당합의가 이루어지지 않아 한 달씩이나 공백상태가 되고, 대법원까지도 공백을 면치 못하는 행태 역시 사라져 버렸다. 다시는 정당의 당수가 정당의원들을 조직 동원하여 국회를 자기의 이득과 정당의 이익을 위하여 쥐락펴락하는 행태도 생기지 못하게 되었다. 다시는 국회의원을 특권과 특혜를 누리고 재산과 권력의 탐욕을 챙기는 직위로 삼아, 사고팔고 하는 공천장사와 공천부패가 있을 수 없게 되었다. 대한민국이 국민정치의 시스템 구축으로 정치선진화를 실현한 것이다.

제3편
평화발전 모델의 창조이다

　정치의 핵심이 평화발전이다. 평화발전 모델의 창조는 정치선진화의 필수적인 조치다. 또한 우리의 분단된 조국이 평화통일을 이룰 수 있는 유일한 출구이고, 국민의 복지와 행복을 철저히 해결하고 항구적으로 보장할 수 있는 유일한 해결책이다.

　역사와 현실을 돌이켜 보고 분석해 보자. 원자탄을 터뜨려 몇 십만 명을 희생시키며 일본을 완전히 장악하고 우리 반도까지 장악하려는 미국이 주도하여 대한민국을 만들었다. 소련도 당시 일본이 세운 중국의 '만주국'에 진출하여 일본군에 전승하고 우리 반도까지 장악하려고 조선민주주의인민공화국을 세웠다. 누구라도 인정한다. 남북분단 자체가 냉전의 산물이라는 역사의 진실을.

　6·25전쟁은 미국과 소련이 그 여건을 만들었고, 소련이 전쟁을 일으켰다. 6·25전쟁은 미국과 소련이 주도한 냉전의 승리를 위한 전쟁이었다. 이 냉전의 두 진영은 냉전에서 이기기 위하여 6·25전쟁을 치르게 되

었다. 그럼, 냉전의 본질은 또 무엇인가? 냉전의 본질은 미국과 소련의 패권 이득을 위한 전쟁이다. 냉전은 우리의 국민들을 전쟁의 재앙 속으로 몰아넣고서 잔혹하게 강간하였다. 우리의 보금자리와 삶터를 초토화하고 백만 천만의 동포들이 목숨을 잃게 하고 실향민과 이산가족이 되게 하면서 우리 민족을 무자비하게 해쳤다. 그 누가 우리의 부모 형제와 자매들이 마구잡이로 죽거나 불구자가 되게 하고, 우리나라가 전쟁의 포화 속에서 불타버리게 하였는가? 미국이다. 소련이다. 미국과 소련이 주도한 냉전이다.

냉전의 세력이 6·25전쟁을 치르게 하였다. 냉전은 6·25전쟁의 원흉原兇이다! 6·25전쟁이 '정전협정'으로 한 단락 지어진 후 중국의 군대는 모두 귀국하고 하나의 부대, 하나의 군사기지도 남겨놓지 않았다. 이어서 소련이 해체되고 사회주의 진영이 무너지면서 냉전의 한 진영이 완전히 사라졌다. 소련이 주도한 냉전의 한 축이 철저하게 없어진 것이다. 그러나 미군은 떠나지 않았다. 수만 명의 미군과 수많은 미군기지가 그대로 남아 있다.

동구의 발칸반도를 보라. 이라크, 리비아와 전쟁의 포화 속에서 아우성치고 있는 중동을 보라. 전쟁의 불길이 무자비하게 타 번지고 있는 세계 방방곡곡을 보라. 모두 미국이 주도하거나 참여하고 있는 전쟁이다.

다시 우리의 반도를 보라. 황해를 보라, 동해를 보라. 한미군사훈련, 한일군사훈련 등의 모든 군사훈련이 미국의 주도 하에 감행되고 있다. 냉전의 한 축을 담당했던 소련은 냉전에서 멀어졌는데, 미국만이 아직도 냉전을 고수하고 있는 것이다. 그러나 미국도 변하고 있다. 군비를 대폭으로 축소하고 핵탄두도 감축하고 있다. 오마바 대통령의 새로운 정책이다.

그럼에도 불구하고 북핵의 개발이 현실화되어 있다. 두 차례의 북핵실험이 완전히 성공했다고 미국이 인정하고 있고, 북핵이 있기 때문에 반드시 한국의 안보를 지켜야 한다며 전략적 핵무기의 재배치 법안까지 마련하고 있다. 미국은 북핵을 한국에서 계속 냉전을 고수하는 절호의 구실로 삼고 있다. 그러면 북핵의 개발이 한국을 침략하기 위해서라는 미국의 주장에 일리가 있는가? 그 어떤 사실적 근거도, 군사학적 이론의 근거도 없다. '냉전사상'의 억지 주장이라는 점을 여기서 밝혀 본다.

첫째, 현재의 핵무기는 침략을 위한 무기가 아니고 방어를 위한 무기다. 나라가 침략을 받을 경우 핵무기의 반격으로 국가를 방위하는 무기다. 침략을 위하여 핵무기를 쓴다는 주장은 그러므로 아무런 근거가 없다. 중국, 인도, 파키스탄의 핵무기 모두 국가방어의 무기이지, 침략의 무기가 아니다. 그런데 어째서 북핵만이 침략의 무기가 되어야 하는가?

둘째, 북핵의 개발이 먼저였는가, 아니면 미국의 전쟁위협이 먼저였는가? 미국의 전쟁위협이 먼저였고 북핵의 개발이 훨씬 뒤였다. 북핵은 자기의 국토와 국민과 나라를 전쟁의 위협 속에서 방위하기 위하여 북조선이 개발한 것이지, 남한을 침략하기 위한 것이 아니다.

셋째, 북핵이 이미 침략의 무기로 되어 있는가, 아니면 아직도 멀었는가? 북핵은 아직도 무기화되지 못했으며 핵무기로 되기까지는 갈 길이 멀었다. 북핵의 개발은 너무도 초급수준이고 소규모이며 이제 고작 실험단계에 속해 있다.

넷째, 북핵이 있다고 북조선이 남한을 침략할 수 있는가? 불가능하다. 전쟁은 반드시 막강한 경제실력과 군력이 완벽하게 구비되어 있어야만 가능하다. 또한 러시아와 중국이 북핵의 개발과 전쟁을 반대하고 있다. 북조선이 남한을 침략할 경우, 그 전쟁에 중국과 러시아가 동참할 일도 없고 지원도 없다. 북조선의 국가경제가 심각한 식량부족과 에너지부족 등으로 위기에 처해 있다는 것은 누구나 다 아는 사실이다.

다섯째, 북조선이 북핵을 포기하려고 하지 않는단 말인가? 아니다. 6자 회담이 진행되고 북미대화가 진행되고 있는 와중에, 북조선이 북핵을 절대로 포기하지 않을 것이고 절대로 포기하지 않는다고만 몰아붙이면 도대체 어쩌자는 것인지 물어보지 않을 수가 없다. 북핵의 포기는 이미 결정되어 있다. 6자 회담에서 이미 합의가 되었다. 관건은 여건의 조성이다. 여건이 조성되어야만 북핵 포기가 가능하다. 미국이 주도하고 있는 전쟁의 위협이 사라져야만 가능할 것이다.

우리의 선량한 겨레들께 묻고 싶다. 우리의 반도에서, 우리의 극동에서, 중동에서와 같은 전쟁을 받아들일 수 있는가를? 답안은 명백하다. 절대로 안 된다, 절대로 받아들일 수 없다. 우리 모두 반드시 철저한 경각심을 가져야 한다. 만약 전쟁이 오면 어떻게 될 것인가?

제2차 6·25전쟁이 될 것이다. 더 참혹한 전쟁일 것임은 틀림이 없다.

누구를 위해서인가? 미국 패권의 이익을 위해서이다. 그러면 북핵을 압박으로 제거할 수 있는가? 북핵문제가 지난 1994년에 제기됐는데 이미 18년이 지났건만 더 악화되고 있지 않는가? 미국이 모든 압박의 방법을 다 써보았지만 북핵은 제거되지 못했다. 아니면 북핵을 전쟁으로 제거할 수 있는가?

절대로 불가능하다. 미군의 북조선에 대한 전쟁은 러시아도, 중국도,

우리도 절대로 용납할 수 없다. 더 큰 전쟁으로 번질 것이 너무나도 당연하며, 전쟁의 유일한 피해자는 남과 북에 있는 우리의 국토와 산업과 모든 국민들이다.

　반도의 비핵화, 반드시 실현되어야 한다. 그리고 실현될 수 있다. 유일한 출구는 대화와 협상이고 북핵 제거에 필요한 여건을 마련하는 것이다. 우리의 반도에서 외국의 주둔군대가 없어지고 전쟁을 위한 군사기지가 없어지고 전쟁을 하겠다는 무기수입과 전쟁위협이 없어진다면 북핵은 제거될 것이다.

　이명박 대통령은 "경제를 살리겠다."라고 장담하면서 경제대통령으로 등장하였다. 그러나 대통령 취임 후의 첫 단추가 대규모의 군사훈련이었다. 경제대통령을 던져버리고 소위 '안보대통령'으로 달려간 것이다. 2008년 2월 25일에 취임한 이명박 대통령은 일주일도 안 되는 3월 2일에 한미 간 '키 리졸브' 군사연습에 돌입하였다. 새로운 남북전쟁 시에 미군을 수용 대기시키고 전방으로 이동시켜 한국군과 통합하는 절차를 훈련하는 '키 리졸브' 군사연습. 태평양과 본토에서 미군 6천 명, 그리고 주한미군 1만 2천 명의 대규모로 단행되었다. 승승장구로 잘나가던 경제협력이 급랭하고 남북관계가 급속히 악화되었다.

　2008년 7월 11일 금강산 총격사건이 일어났다. 새벽 4시 50분경, 남측의 관광객 박왕자 여사는 동 트기 전 어두운 새벽에 금강산 해변을 산책하고 있었다. 바닷가의 백사장을 걷다가 민간인통제구역 울타리를 넘어가, 북측 초병의 총격에 맞아 숨졌다. 다음날 12일부터 이명박 대통령은 금강산 관광을 전면 중단한다. 이유가 '충분'하다. '국민의 생명을 위하여'서이다.

　남북관계는 더더욱 악화일로를 걷게 되었다. 우리의 반도에 전쟁의 불씨가 번지고 있다고 언론이 논평한다. 한미 군사동맹이 더욱 강화되고 반도의 통일은 좌절되었다. 현재 우리의 남북관계는 최악이고 우리의 안보 역시 최악이다. 이런 점에서 이명박 대통령은 냉전의 대통령이고 '냉전사상'의 대표자라 할 수 있다. 냉전은 우리가 당면한 모든 '악의 근원'이다. 만악萬惡의 냉전은 우리의 정치인들을 냉전의 정신이상 환자로 만들어 버렸다. 그 결과가 무엇인가? 놀랍고도 무섭다. 냉전화冷戰化가 되었다! 모두가 대결이고, 전 사회가 편이 갈린 대치이며, 냉전이다.

　정당을 보자. 보수와 진보, 여당과 야당, 당파와 계파, 정당대회의 폭력.
　국회를 보자. 몸싸움, 최루탄, 국회폭력, 돈 봉투, 날치기 입법, 식물국회.
　사회를 보자. 좌파와 우파, 빨갱이와 검둥이, '종북'과 '종미'.
　학교를 보자. 폭력, 일진회, 왕따, 등록금 폭등, 학생들의 지속적 자살.
　국민을 보자. 청년실업 최악, 비정규직 최다, 여성자살과 독거노인 급증.
　경제를 보자. 국가부채 사실상 1천억 돌파, 가계부채 사상 최악, 취업무망.
　언론을 보자. 보수언론, 진보언론 등 매체의 대치와 언론의 대결심각.
　통일을 보자. 경제협력 전면 중단, 금강산 관광 완전 중지, 남북관계 최악.
　군대를 보자. 군사훈련과 무기수입 사상 최대, 명실상부한 냉전의 군대.
　안보를 보자. 금강산 총격, 천안함 침몰, 연평도 포격, 전쟁 일촉즉발.
　부패를 보자. 대통령 측근 부패, 국회의장 징역형, 고위직의 지속적 부패.
　이 모든 악의 근원이 무엇인가? 정답은 냉전이다.

　냉전의 이념과 개념, 냉전의 사상과 관습이 이 모든 악을 만들어 내었다. 지금의 가장 시급한 문제는 철저한 '탈냉전'이다. 그러나 기존의 정당정치로는 절대로 '탈냉전'을 실현할 수 없다. 그러면 해결책은 또 무엇인가? 우리는 반드시 각성해야 한다.

냉전사상이 반드시 비판되고 제거되어야만 대한민국의 위기탈출이 있고, 남북의 화해와 통일을 향한 희망찬 재도약이 가능하다. 철저한 '탈냉전'의 새 시대를 개척하여 우리의 반도를 통합하고 겨레를 화합하고, 반도와 겨레의 장점을 융합하여 지구촌 초일류 행복국가를 창설하여야 한다.

우리는 냉전으로 인하여 국토가 남과 북으로 분단되었고 참혹한 6·25전쟁을 겪어야 했다. 거기에 냉전의 연장선 속에서 군사기지를 설치하고 군사훈련을 강화하고 핵무기를 개발하면서까지 서로 대결해 왔다.

남과 북은 하나의 국토이고 하나의 형제자매이며 친혈육이다. 우리는 반드시 남과 북의 합의를 이룩하여, 군사기지를 철거하고 군사대결을 종결하고 반도의 비핵화를 실현하고 평화통일로 향하는 길을 열어야 한다. 이제 다시는 이념으로 정치로 역사의 문제로 갈등과 대치 속에서 대결하지 않고, 과감하고도 철저한 거시 전략적인 조치를 취하여 탈냉전을 이룩해야 한다. 반드시 냉전의 굴레에서 철저하게 탈퇴脫退해야 한다.

미국의 오바마 대통령은 노벨 평화상을 받고 핵무기 없는 세계를 추진하여 세계인들의 존경을 받고 있다. 우리의 18대 대통령은 오바마 대통령과 합의하여 무기수입, 군사기지, 군사훈련, 군사동맹 등 전쟁을 위한 모든 프로젝트를 취소하고, 정전협정을 평화협정으로 전환하여 북미수교를 하는 등 포괄적 방법으로 북핵문제가 철저히 해결되도록 해야 한다. 한미관계는 군사동맹을 떠나 더 높고 더 밀접한 전략적인 협력관계로 격상시켜야 한다. 한미 간의 더 희망차고 더 힘있는 전략적 협력의 새 시대를 열어야 한다. 최첨단 과학기술 분야를 중점으로 하여 거시 전략적인 협력을 추진해야 한다.

국민행복의 관건은 무엇인가? 두말할 것 없이 전쟁의 위험이 없어져야 한다. 전쟁이 터지면 우리도 이라크가 되고 리비아가 되어버리기 때문이다. 우리는 이 전쟁의 위험을 뿌리부터 송두리째 뽑아 던져야 한다. 우리는 전쟁이 아닌, 평화 발전의 길을 찾아내야 한다. 우리의 인류는 이미 지구를 폭발시켜 버릴 수 있는 핵무기를 보유하고 있으며, 현재 더 위험한 최첨단 전쟁무기 개발이 가속화되고 있다.

무기의 개발과 전쟁의 철저한 종결, 이제는 검토해야 할 때가 되었다. 지난 3월 26일, '2012년 핵안보정상회의'가 서울에서 열렸다. '핵 테러 없는 세상'을 만들겠다는 실천방안을 논의하였다.

우리의 새 대통령은 인류 평화발전 모델의 연구를 전 세계에 호소해야 한다. '전쟁이 없는 세상'을 만들어 내기 위해서이다. 우리의 제주도에 '세계평화발전센터'를 건설하고 전 세계에서 평화를 사랑하고 지향하는 관련국들의 정상들과 함께 '세계평화발전포럼'을 개최하도록 해야 한다.

전 국민과 온 겨레의 지혜를 융합하여 이 인류 최초의 평화발전모델을 기획하고 '세계평화발전포럼'에서 세계 각국의 정상들께 공식으로 제안하도록 해야 한다. 우리의 반도에서, 우리의 극동에서, 우리의 아시아와 전 세계에서 전쟁이 없는 인류 평화발전의 시대를 본격 연구하고 개발하고 기획하여 제안해야 한다.

사람을 죽이기 위한 무기의 개발과 전쟁이 없이 평화로운 지구촌에서 우리의 인류가 행복을 누리는 그 세상이, 그 좋은 세상이 반드시 찾아오게 해야 한다.

구체적인 방침과 조치에 대한 설명이다.

(1) 반드시 냉전의 굴레에서 전격 탈퇴해야 한다. 역사가 엄준한 사실로 말하고 있다. 남과 북은 모두 냉전 때문에 생겨났다. 일제가 망한 1945년 외세의 개입이 없었더라면, 냉전의 두 축이 관섭關涉하지 않았더라면, 우리는 하나의 민주국가로 태어났을 것이며 통일의 민주공화국이 되었을 것이다. 그러나 냉전의 두 축은 우리의 반도, 우리의 국민을 잔인하게 갈라놓았다.

6·25전쟁의 동기가 무엇이고 본질이 무엇이며 결말은 또 무엇인가를, 이제는 냉철하게 따져보아야 한다. 냉전의 패주霸主를 위한 전쟁이었다. 우리나라, 우리 민족을 위한 전쟁이 아니었다. 우리는 더 이상 냉전의 굴레 속에 머물러 있을 수 없다. 냉전으로 인하여 생겨난 모든 것을 반드시 말끔하게 청소해야 한다. 냉전의 사상, 냉전의 주장, 냉전의 이념, 냉전의 관습 등은 물론이고 모든 냉전의 군사기지, 냉전의 군사동맹 등을 깨끗하게 정리하여야 한다.

오바마 대통령은 야당의 반대를 무릅쓰고 최근 1,000개 이상의 핵탄두 해소를 추진하고 있다. 우리는 미국의 이러한 탈냉전 조치에서 우리의 출로를 찾아야 한다. 반드시 냉전의 굴레 속에서 전격 탈퇴하여 국민의 행복을 확실하게 보장하여야 한다.

(2) 모든 전쟁의 위험을 완전히 제거해야 한다. 우리는 지금 미국의 군사기지 국가가 되어 있다. 몇 만 명의 미군이 주둔하고 있고 해군기지, 공군기지, 육군기지와 최첨단 무기를 모두 보유하고 있다. 북핵을 구

실로 한 지속적인 군사훈련이고 대규모의 무기수입이다. 전쟁의 불씨는 우리의 옆에서 툭툭 튀면서 타 번지고 있고 전쟁의 위험은 시시각각 우리를 위협하고 있다.

전쟁이 일어나면 어떻게 되겠는가? 지금의 전쟁은 모든 것이 즉각 초토화되는 최첨단 무기의 공격이다. 우리의 반도, 우리의 국토가 순식간에 전쟁터로 변하는 것이다. 전쟁이 터져 최소형의 핵탄두 하나만 우리 국토에 떨어진다 해도, 그 결과는 멸망적인 재앙이다. 우리는 그 어떤 이유로도, 그 어떤 구실로도, 우리의 국토에서 또 한 번의 전쟁이 절대로 일어나지 못하게 해야 한다. 국토와 민족이 회멸로 가는 지옥의 길이기 때문이다.

우리는 반드시 이 전쟁의 게임에서 과감하게 빠져나와야 한다. 우리의 국토가 그 어떤 외국의 군사기지도 되지 않도록 철저한 조치를 취해야 한다.

(3) 협력과 경쟁으로 상생발전 해야 한다. 다음 대통령은 반드시 전략적인 판단을 내려야 한다. 북조선의 새로운 남한 침략전쟁은 절대로 발생할 수 없으며 미국도 중국도 러시아도 일본도 그 어느 국가도 대한민국에 전쟁을 감행할 가능성이 절대로 없다.

우리는 우리의 반도에서 그 어떤 전쟁도 발생할 수 없다는 판단을 내려야 한다. 우리가 주동적으로 전쟁의 게임 속에 끼어들지만 않는다면, 우리는 우리의 지혜와 거시전략으로 우리나라에서 그 어떤 전쟁도 일어나지 못하게 할 수 있다는 판단이다. 우리는 우리의 반도에서 그 어떤 이유의 전쟁도 절대로 받아들여서는 안 되며, 그 어떤 전쟁도 발생하지 못하게 조치를 취해야 한다. 이를 위해 우리의 국토에서 그 어떤 전쟁의 위험도 없게 하는 평화발전모델을 반드시 창조해야 한다. 미국과 합의하여 더 희망차고 더 힘 있는 전략적 협력의 새 시대를 열어야 한다. 최첨단 과학기술 분야를 중점으로 하여 거시 전략적인 협력을 추진해야 한다.

제4편
역사적 국가개혁 가동이다

　정치선진화를 실현하고 국민이 주인인 행복한 세상을 만들어 내려면, 반드시 역사적인 국가개혁을 실행하여야 한다. 중국도 국가개혁에서 출로를 찾았다. 대한민국 건국 이래 행정부, 입법부, 사법부는 거대한 관료기구로 팽창되어 있고, 아직도 국민의 행복을 최고로 하는 국가제도가 확립되지 못하였으며, 국군의 건설은 기본상 냉전의 틀에서 진행되고 있다.

　다음 대통령은 반드시 행정부, 입법부, 사법부의 역사적인 개혁을 실행하여 국민의 행복을 최고로 하는 국가제도와 시스템을 구축하고 전문군인 제도의 도입과 정예의 국방군 창설로 국민의 행복을 최고로 하는 국가개혁을 본격적으로 추진해야 한다.

　역사적인 국가개혁에 대한 거시 전략적인 기획이다. 중앙정부의 부서설치는 국민들의 삶의 질과 행복지수 최고화, 부서의 축소와 공직자의 감소로 국민부담 최소화, 관련 분야의 직무와 직능의 통합으로 정부의 효율 최대화 등 3대 기본원칙을 기준으로 하여야 한다.

대한민국 행정부서 개혁 역시 국가직능의 단일화와 전문화를 실현하여, 위의 3대 기본원칙을 기준으로 해야 한다.

첫 번째 부분은 신설新設부서이다.

1. 청년사업부를 새로 설치하여 18세에서 40대에 이르는 모든 청년들의 대학 공부, 취직, 연애, 결혼, 출산, 창업, 행복 등 모든 분야를 전담하게 한다. 청년은 조국의 미래이다. 청년들의 모든 분야의 문제들을 과감하고 전략적인 조치로 철저하게 해결해야 한다.
2. 남과 북이 합의하여 공동으로 조국통일위원회를 새로 설치하고 통일에 관한 모든 사항들을 연구하고 기획하여 해결해야 한다.
3. 항공·우주부를 신설하여 항공우주 분야 최첨단 산업의 기획과 육성을 전담하게 한다. 항공과 우주를 향한 새로운 도약을 펼치기 위해서이다.

두 번째 부분은 개설改設부서이다.

1. 대통령실과 국무총리실을 대통령 봉사실과 국무총리 봉사실로 개설하여, 명실상부한 국민봉사형 중앙정부를 만들게 한다.
   대통령 봉사실은 대통령실장, 총무비서관, 의전비서관, 대변인, 경호처장 등 직무만 두고 사회정책·정무·민정·경제·외교안보·교육과학문화·국정기획·공보 등의 분야와 수석비서관을 모두 취소시킨다. 대통령 봉사실은 행정업무를 직접 관할하지 않고 정부의 행정부서로 집중시켜 모든 연구, 기획, 자문 등은 '4대 센터'를 통하여 직접 국민들로부터 받는다.

대통령 직속으로 청와대 고문실顧問室 설치하여 국민, 해외동포, 외국인 전문가, 대통령 등을 초빙招聘하여 관련 분야에서 거시 전략적인 연구와 기획과 조언을 받도록 한다.

대통령 특임고문은 맡은 분야에 따라 상근, 혹은 비상근으로 고문의 역할을 하고 청와대로부터 연봉이나 월급 등 보수와 전문자금의 지원을 받게 된다.

2. 국가정보원을 국가전략원으로 개설하여 우리나라와 우리 민족 발전의 거시적인 전략을 전문으로 연구하고 개발하고 기획한다.

세 번째 부분은 통폐합統廢合부서이다.

1. 여성가족부 등을 노인·여성·어린이부로 통폐합하여 노인독거·빈곤·노숙과 여성 결혼·출산·취직·복지, 어린이 양육·보건·교육 등을 전담하고 노인, 여성, 어린이들의 행복지수 최고화를 실현한다.
2. 고용노동부 등을 인력·인재·인사부로 통폐합하여 인력양성, 인재육성과 중앙과 지방의 공직자 인사관리 등을 총괄적으로 전담한다. 국민정치의 시대에 국민이 직접 인력양성, 인재육성과 공직자의 인사관리를 하도록 보장하기 위해서이다.
3. 문화체육관광부와 문화재청, 방송통신위원회 등을 문화·교육·체육부로 통폐합하여 문화, 예술, 방송 등의 분야와 학교교육, 사회교육, 평생교육과 국민체육, 체육산업 등을 전담한다.
4. 보건복지부, 환경부와 기상청, 식품의약품안전청 등을 통폐합하여 의료·의약·보건부를 설치하고 국민의 건강과 생활에 관련된 국민위생과 환경, 병원의료와 보건, 의약제조와 유통, 기상과 식품관리 등

을 전담한다.

5. 교육과학기술부와 방위사업청, 국가과학기술위원회, 원자력안전위원회 등을 과학·기술·첨단산업부로 통폐합하여 모든 최첨단 과학과 기술의 연구개발과 직접적인 첨단산업화의 실현을 전담한다. 모든 과학과 기술의 연구개발이 통합적으로 진행되고 산업화가 신속하게 이루어질 수 있을 것이다.

6. 지식경제부와 중소기업청 등을 산업·기업부로 통폐합하여 최첨단 산업과 조선 등 특정 산업 이외의 모든 산업과 기업의 관리를 전담한다. 다만 최첨단 산업 등은 과학·기술·첨단산업부와 관련 부서에서 담당할 것이다.

7. 국토해양부 등을 해양산업부로 통폐합하여 해양산업을 거시 전략적으로 육성한다. 조선, 플랜트, 해양에너지, 담수산업, 심해 자원개발, 항구건설, 근해양식, 원양어업, 해양운수 등 모든 해양 관련 사업들을 통합하여 기획하고 전략적으로 육성하여 태평양·북극해 시대의 해양강국을 건설한다.

8. 외교통상부, 문화체육관광부 등의 일부 직능을 대륙물류·관광·통상부로 통폐합하여 물류와 관광과 통상무역을 하나의 융합산업으로 육성하고 관리한다. 향후 대륙경제의 시대에 고속철도, 고속도로를 이용한 물류, 관광과 통상무역의 네트워크를 전략적으로 구축하고 항공과 해운을 이용한 물류, 관광과 통상무역을 종합적으로 연구하고 기획하고 육성한다.

7. 통일부와 외교통상부 등을 통일·외교부로 통폐합하여 국토통일을 최고의 사명으로 한 통일외교 시스템을 구축한다. 남과 북의 통일이

실현되면 동북아의 통합을 위한 통일외교를 핵심으로 하고, '극동경제공동체/FEC'가 설립되면 하나의 지구촌 대통합을 핵심으로 하는 통일외교를 추진한다. 그리고 통일·외교부에 해외동포청을 설립하여 해외동포 관련 업무를 전담하게 한다.

8. 국방부, 행정안전부, 병무청, 국가보훈처 등을 행정·국방·안전부로 통폐합하여 행정, 국방, 병무, 국가보훈, 국가안전 등을 통괄한다. 특히 향후의 국정운영이 전쟁을 염두에 둔 냉전의 상태에서 협상과 협력의 평화발전모델 상태로 전환될 것이므로 국토방위, 국가안전과 행정관리의 융합이 가능하게 된다.

9. 기획재정부와 국세청, 관세청, 조달청, 통계청 등을 재정부로 통폐합하여 예산, 기획, 국세, 관세, 조달, 통계 등 국가재정과 관련된 모든 업무를 수직계열화하여 전담하게 한다. 디지털 정보화시대에서는 이러한 통합이 가능하다.

10. 농림수산식품부와 농촌진흥청, 산림청 등을 농림·식품부로 통폐합하여 농업, 산림업과 식품업을 전담하게 한다. 수산업은 해양산업부에 넘긴다.

11. 법무부와 법제처를 법무·법제부로 통폐합한다.

12. 경찰청, 소방방재청, 해양경찰청 등을 경찰청으로 통폐합한다.

네 번째 부분은 완전 보류부서이다.

감사원, 검찰청, 특허청, 공정거래위원회, 금융위원회 등은 완전 보류한다. 국민권익위원회와 중앙선거관리위원회는 법률상 독립기관으로 둔다.

다섯 번째는 완전 취소부서이다.

특임장관실, 행정중심복합도시건설청, 방송통신위원회, 국가안전보장회의, 민주평화통일자문회의, 국민경제자문회의, 국가교육과학기술자문회의, 경제사회발전 노사정위원회, 미래기획위원회, 국가경쟁력강화위원회, 국가브랜드위원회, 녹색성장위원회, 사회통합위원회, 국가지식재산위원회, 규제개혁위원회, 일제강점기 강제동원 피해진상규명위원회 등을 완전 취소한다. 기존 각 부서의 모든 행정직능은 새로 설치되는 행정부서로 통합하고, 모든 자문과 싱크탱크 직능은 '4대 센터'가 맡도록 한다.

한국무역협회 등 이미 민간법인이 있는 부분은 한국무역진흥회 등 국민의 세금으로 자금을 담당하는 모든 단체나 사단법인, 기업법인들을 취소하고, 국민들의 부담을 최소로 줄이고 정부의 부서와 공직자의 규모도 최소로 축소한다. 그리고 실효성과 필요가 없는 정부의 모든 밥그릇들을 찾아내어 말끔히 철거하고, 가장 작고도 효율성이 있는 강력한 정부를 만들어 낸다.

현재의 3실 2원 15부 2처 18청 4위원회 등 중앙정부의 방대한 규모를 2실 2원 15부 3청 3위원회로 개혁하는 것이다. 다음과 같다

2실
1. 대통령 봉사실
2. 국무총리 봉사실

2원

1. 국가전략원 약칭 국정원
2. 감사원

15부

1. 청년사업부
2. 노인·여성·어린이부 약칭 노여어부
3. 인력·인재·인사부 약칭 인재부
4. 문화·교육·체육부 약칭 문교체부
5. 의료·의약·보건부 약칭 의료보건부

이상 5개 부서는 국민의 삶을 위한 부서들이다.

6. 대륙물류·관광·통상부 약칭 대륙부
7. 해양산업부 약칭 해양부
8. 항공·우주부 약칭 우주부
9. 과학·기술·첨단산업부 약칭 과기산업부
10. 산업·기업부 약칭 산기부
11. 농림·식품부 약칭 농식부

이상 6개 부서는 핵심 산업 육성을 위한 부서들이다.

12. 통일·외교부 약칭 통외부
13. 행정·국방·안전부 약칭 행국안부
14. 재정부

15. 법무·법제부^{약칭 법무부}

이상 4개 부서는 국가의 관리를 위한 부서들이다.

3청

1. 검찰청
2. 경찰청
3. 특허청

3위원회

1. 조국통일위원회^{약칭 조통위}
2. 공정거래위원회^{약칭 공정위}
3. 금융위원회^{약칭 금융위}

이상이 중앙정부 행정부서 개혁의 기획이다.

이 모든 국가개혁의 목적은 단 하나이다. 국민행복이다!

역사적인 국가개혁 후의 새 기상氣像을 전망해 본다.

국가전략원이다.

원래의 국가정보원國家情報院이 국가전략원國家戰略院으로 바뀌었다.

국외정보 및 국내보안정보의 수집·작성 및 배포, 국가기밀에 속하는 문서·자재·시설 및 지역에 대한 보안업무, 형법 중 내란죄·외환죄, 군형법 중 반란죄·암호부정사용죄, 군사기밀 보호법·국가 보안법에 규정된 죄에 대한 수사, 정보 및 보안업무의 기획·조정, 이상 원래의 국가정보원에 속하던 업무는 신설 행정·국방·안전부로 이전했다.

국가의 안전보장에 관련되는 정보·보안·범죄수사에 관한 사무를 담당하기 위한 국가기관으로부터 거시 전략적으로 국가의 항구적인 안전보장과 국민의 항구적인 행복을 연구하고 기획하는 국가의 두뇌기관인 싱크탱크로 격상된 것이다.

전 세계 비약적인 발전의 최신 정보들을 가장 정확하고 전면적으로 즉시 수집하고, 대한민국과 세계 각국의 장단점과 협력 및 경쟁의 가능성과 필요한 전략을 연구한다.

우리나라가 전쟁에 휩쓸릴 가능성 여부와 필요한 방지대책을 연구하고, 나라의 미래와 국민과 민족의 행복을 거시 전략적으로 기획하는 국가 싱크탱크가 되었다.

국가를 대표하는 세계적인 싱크탱크를 목표로 하여 급변하고 있다. 그 어느 정치세력에도 종속되지 않고 국민만을 위하여 근무하고 있다.

사법부이다.

모든 판사와 대법관이 국민의 논평을 거쳐 국민의 표결로 임명되고, 국민이 임명한 대법관들과 판사가 대법원과 군사법원 및 민사·형사·행정사건 등의 고등법원과 지방법원, 가정법원을 포괄한 일반법원을 구성하고 있다.

모두 국민만을 위한 국민민주의 사법체제로 전환되고 있다. 국민만을 위하는 대법원과 모든 법원에서 국민만을 위하는 판사, 법관, 대법관들이 국민만의 준엄한 권익을 위하여 최선을 다하고 있다.

헌법재판소이다.

헌법재판소의 모든 재판관을 국민의 논평을 거쳐 국민의 표결로 국회가 임명하고 헌법재판소장은 전국국민민주대회에서 표결하여 임명한다.

헌법재판소의 심판에 대하여 일단 국민이 제안하여 논평하고 표결하여, 심판을 부정할 경우에는 반드시 심판을 취소하고 국민의 결정을 따라야 한다.

법령의 합헌성 여부를 판정하기 위한 특별재판권을 국민이 가지게 된다.

헌법재판소 사무처의 사무처장, 차장, 처장, 공보관, 비상계획담당관과 기획조정실·총무과·심판사무국·심판자료국 및 헌법재판소법규심의위원회, 자문위원회, 도서 및 판례심의위원회 등에 대하여 모두 국민의 논평과 표결을 거쳐 철저한 개혁을 한다.

국민만을 위한 효율 높은 헌법재판소로 일신하게 된다.

행정부이다.

국무총리 봉사실과 모든 부서들이 모두 국민만을 위해 봉사하는 체제로 전환되었다.

대검찰청·고등검찰청·지방검찰청과 경찰청도 국민만을 위해 봉사하는 체제로 전환되었다.

청년사업부이다. 약칭은 청년부.

18대 정부는 유엔 등의 청년에 대한 규정의 추세에 따라 18세에서 40대를 청년계층으로 분류하고, 청년들의 애로 해결을 최선의 과제로 해결하기로 결정하였다.

청년부의 장관, 차관 등 고위직들에 거의 대부분 청년들이 임명되었다. 청년부의 출범 자체가 대한민국 청년들의 젊은 피를 들끓게 하였다. 청년들이 봉착하고 있는 모든 문제가 해결될 수 있다는 기대감과 청년들도 국가의 중앙정부에 진출하여 큰 사명을 맡을 수 있다는 희망에서이다. 청년부 '4대 센터'에서 열리는 '전국청년국민대회'이다.

KBS 등 방송사가 생방송하고 언론매체가 모두 동원되었다. 전 세계에서 최초로 20대 청년들이 장차관이 되어 운영하는 중앙정부의 청년부가 탄생되었기 때문이다.

청년부 장관의 격정적인 모두冒頭 말이다.

"청년 여러분, 안녕하세요. 청년사업부의 초대 장관입니다. 장관이라기보다는 청년의 봉사자라는 각오로 임하고 있습니다. 18대 정부는 국민의 마음과 뜻을 받들어 정부 출범 후의 첫 핵심 과제로, 청년들의 모든 애로를 중점적으로 철저하게 해결하기로 결정하였습니다.

청년부는 오늘 이 '전국청년국민대회'를 개최하고, 모든 청년들의 의사와 뜻으로 청년에 관련된 모든 사항들을 정리하여 국회에 제안하겠습니다.

청년 국민이 주인공이 되어 청년의 현실과 미래를 결정하는 것입니다.

각 지역과 각 분야의 청년 대표들이 발언하는 과정에서는 '제안센터'에 새로운 제안을 올리거나 '논평센터'에서 논평하여 주시기를 부탁드립니다.

여러분들의 지지표에 준하여 결정이 내려질 것입니다. 청년들의 권리를 행사하여 주십시오."

청년부 장관의 모두 말이 있은 후 청년 대표들의 발언이 이어졌다. '제안센터'의 새 제안과 '논평센터'의 논평도 정말로 뜨겁다.

전국 청년 국민의 표결로 7대 제안이 확정되고 국회의 신속 표결로 가결되었다.

1. 본인이 신청한 대학생에 한해 등록금의 절반을 정부가 무이자로 지원한다.

본인의 경제형편을 보아 신청하지 않은 대학생은 자체로 등록금을 해결한다. 정부에서 지원받은 등록금은 여건이 구비되면 자발적으로 환급하면 된다.

2. 청년들의 연애, 결혼, 출산을 본격적으로 지원한다.

결혼 지원자금을 신청한 청년에 대하여 정부가 무이자 지원금을 제공하고, 일단 여건이 구비되면 자발적으로 환급하면 된다.

모든 임산 여성청년의 출산자금 신청에 대하여 정부가 필요한 모든 자금을 무상으로 지원하며, 이는 환급하지 않아도 된다.

3. 대학생의 부채와 신용불량을 철저히 해결한다.

대학생들이 자체로 해결할 수 없는 빚과 신용불량에 대하여 본인의 신청에 따라 정부가 필요한 자금을 무이자로 지원하여 주고 본인이 일단 여건이 구비되면 자발적으로 환급하면 된다.

4. 청년들의 창업을 전격 지원한다.

모든 청년은 자기의 창업 아이디어와 사업계획서만으로도 정부의 창업자금을 무이자로 지원받을 수 있고 일단 여건이 구비되면 자발적으로 환급하면 된다.

청년 학생의 3차의 창업까지도 정부의 지원이 가능하다.

5. 기업에 의존하여 청년의 취직을 보장하려던 기존의 정책을 정부가 주도하여 청년의 취직 경쟁력을 높여주는 거시 전략적인 정책으로 전환한다.

정부가 기존의 관련 대학교를 인수하여 맞춤형으로, 국내 전문 인력 인재와 국제 전문 인력 인재를 본격 육성하는 국가직업대학과 국제직업대학을 운영한다. 등록금 등의 비용이 없고 재학 중인 대학생들이 이전해 올 수도 있으며, 국가에서 졸업 후의 국내취직과 해외취업을 보장해 주도록 한다.

6. 정부가 모든 기업의 신규 취업에 취업 장려금을 지불한다.

기업에 먼저 자금을 주고 기업이 알아서 하는 식이 아니라, 기업에서 실제로 취업되는 실적에 준하여 자금을 장려한다. 일단 기업에서 해직을 하면 기업이 환급해야 한다.

7. 청년의 비정규직을 취소한다.

모든 비정규직은 반드시 정규직으로 취직하게 해야 한다. 이에 따른 기업의 자금부담은 기업과 정부가 협상하여 정부로부터 필요한 자금지원을 받는다.

민간 기업은 정부와 합의한 기한 내에 다시는 비정규직을 채용하지 않고, 완전히 자체적으로 취소해야 한다. 정부와 공기업의 비정규직은 즉시로 최소해야 한다.

이상의 청년 관련 7대 과제는 국회의 가결 즉시, 청년사업부가 주관하고 관련 부서들이 협조하여 신속하게 해결되었거나 해결되고 있다. 그리고 모든 자금의 출처와 용도가 청년부의 '논평센터'에 정확하게 발표되어, 전체 국민의 논평을 받고 있다. 국민들이 크게 만족하고 있다. 정부가 미래의 기둥인 청년을 위하여 큰일을 해내었다고 칭찬하고 있다.

자금지원을 받은 청년과 대학생의 신원은 공개되지 않는다. 다만 정부와의 약속을 지키지 않을 경우, 관련 내용을 공개하기로 하였다.

모든 청년들이 신용을 생명으로 여기는 사회풍토가 형성되고 있다. 더 큰 변화이다. 청년들이 희망을 찾고 자신을 가지고 도약하기 시작하였다. 청년부의 청년들이 활기차게 맹활약이다. 청년부 장관에 대한 칭찬이 자자하다. 창업열기, 결혼열기, 출산열기, 모두 다 뜨겁다. 급등이다. 누가 말했던가, 아프니까 청춘이다? 지금은 아니다. 행복하니 청춘이다. 저출산 문제가 해결되고, 연애·결혼·출산을 포기했던 '삼포세대'가 없어진다. 우리나라에서 청춘의 힘찬 대도약이 일어나고 있다

노인·여성·어린이부이다.

전국의 독거노인, 노숙노인, 병환노인에 대한 철저한 조사이다. 한 분의 노인도 빠짐없이 조사하여 정부가 대책을 세운다. 도시마다, 지역마다, 마을마다, 모두 다 노인행복센터가 세워진다. 독거노인, 노숙노인을 모셔오고 병환노인을 치료받게 한다. 국민후보가 대통령이 되니 효도를 하는구나 하면서, 노인들이 감탄하고 있다. 그리고 전국적인 효도운동이 펼쳐진다.

전국과 지방에 효자상이 설치된다. 달마다 지역별로 도시별로 정부가 금상효자, 은상효자, 동상효자를 표창하고 연말이면 전국의 효자대상과

함께 효자금상, 효자은상, 효자동상을 성대하게 표창한다. 우리 민족의 효도문화가 살아나고 있다면서 노인들이 기뻐한다. 행복하게 오손도손 모여 사는 가족문화가 복원되고 있다.

어머니들의 애로점에 대한 철저한 해결이다.

출산 상금이 설치되었다. 첫아이, 둘째아이, 셋째아이…. 모두 다 상금이 지불된다. 출산 아이가 많아질수록 상금도 높아진다. 아이의 출산 날부터 시작하여 초등학교 입학까지의 필수자금을 정부가 상금으로 장려한다. 저 출산 해결을 위한 정부의 전략적 조치이다.

모든 어린이에 대한 배려이다. 신생아에서 초등학교 입학까지 모든 의료비용을 정부가 지불한다. 모든 유치원 어린이의 기본비용을 정부가 지불한다. 모든 초등학생, 중등학생, 고등학생의 학비를 정부가 지불한다. 어머니와 어린이가 행복한 나라가 대한민국에서 탄생하고 있다.

인력·인재·인사부이다.

나라의 미래와 겨레의 운명을 책임지게 될 숙련 인력, 전문 인재, 최첨단 인재들을 거시 전략적으로 육성하기 위한 체제, 제도와 시스템이 구축된다.

모든 지방에 전문 직업 고등학교가 설립되어 국가 핵심 산업에 반드시 필요한 숙련된 기능 인력과 전문 인재를 키워낸다. 정부가 모든 학비를 면제해 주고 졸업 후의 취업도 100%이다. 모든 중소기업의 구인난이 해소되고, 대기업에게도 숙련공이 지속적으로 제공되고 있다.

지구촌, 세계인, 글로벌 시대의 국제인재 본격 양성이다.

영어, 중국어, 러시아를 중점으로 하여, 2~3개의 외국어가 능숙한 글로벌 인재들이 전략적으로 육성된다. 외국인과 말이 통하고 업무에 숙련된다.

우리의 해외진출 기업들이 비서, 회계, 통역 등 핵심인재의 우려가 없고, 한국투자 외국기업들도 현지인재 걱정이 없다.

전국과 지방의 모든 인사를 질서 있게 과학적으로 관리한다.

정치인, 과학인, 지식인, 언론인, 기업인, 전문군인 등으로 세분화하여 전국과 지방의 인사를 체계적으로 장악하고 준비하고 조달한다.

국민을 위하여 나라의 인력, 인재, 인사를 통합하여 책임진다.

문화·교육·체육부이다.

국민의 전통문화, 대중문화, 예술문화, 민속문화, 오락문화 등 민족문화가 활성화되고, 아동교육, 학교교육, 가정교육, 전문교육, 특수교육, 통신교육, 평생교육 등 국민의 교육사업 체계가 세계 최고의 선진화를 이룩한다.

전국에 독서운동이 펼쳐지고, 모든 도서관이 무료다.

정부의 지원으로 국민의 책 읽기 열풍이 지속적으로 고조되고 있다.

지방의 독서대왕, 전국의 독서대왕이 해마다 선출되고 큰상을 받는다.

대한민국이 전 세계 최고의 독서대국으로 손꼽히게 된다.

국민 체육사업의 새로운 도약이다.

국민의 체질 향상이 정부의 목표이다. 마을마다 동네마다 아파트 단지마다 국민 체육시설이 설치되고, 전 국민이 체육운동에서 삶을 즐긴다.

체육경기의 비약적인 발전이다. 세계의 체육경기에서 승승장구로 기록을 달성한다.

의료·의약·보건부이다.

전체 국민의 평생건강과 평생행복이 18대 정부의 핵심목표이다.

국민의 평생건강과 평생행복을 위한 위생과 환경, 병원의료와 보건, 의약제조와 유통, 기상관리와 식품관리 등 모든 사업이 융합을 이루어 발전하고 있다.

국민들이 피부로 느끼게 된다. 진심진의로 국민만을 위하는 국민의 정부가 드디어 탄생되었다고 느끼게 된다. 국민행복 시대의 막이 열린다!

새로 개편된 재정부이다.

군사기지, 무기수입, 군사훈련 등 모든 전쟁준비를 위한 군사비용을 집중하여, 국민복지의 철저한 해결에 쏟아붓고 있다. 우리의 반도에 다시는 전쟁이 없을 것이며, 또 그 어떤 전쟁도 있어서는 절대로 안 된다는 18대 정부의 기본 판단에 따른 것이다.

행정·국방·안전부 등의 군사비용 축소와 청년사업부, 노인·여성·어린이부 등의 국민복지 지출을 계산한 결과, 군비축소로 인한 절감자금의 절반이 넘는 금액이 아직도 남아 있는 상황이다. 재정부는 국가의 모든 수입과 모든 지출을 통괄하게 되어 국가발전과 국민복지, 국민행복에 필요한 자금을 더 효율적으로 기획하여 조달할 수 있게 되었다.

이렇게 역사적인 국가개혁으로 대한민국의 대도약이 일어났다.

국민이 국가의 주인이 되었고 국민행복이 국가의 의지가 되었다.

본격적인 거시전략 기획이고 민족의 힘찬 도약이다.

제5편
국가의 거시전략 기획이다

 어느 나라 어느 민족이든 반드시 나라와 민족 발전의 거시적인 전략기획이 있어야 한다. 거시적인 전략기획이 없는 나라와 민족은 미래가 없는 것과 같다. 정치선진화를 실현하려면 반드시 국가의 거시전략 기획이 앞장서야 한다.

 우리의 대한민국은 현재 세계의 229개 국가 중 영토규모 102위, 인구규모 59위이나 이미 국가별로 조선 산업 세계 1위, 첨단 철강제조 산업 세계 1위, IT 산업 세계 1위, 초고속 통신망 보급률 세계 1위, 세계 디지털 기회지수 1위, 반도체 생산율 세계 1위, 단일 원자력 발전소 이용률 세계 1위, 스마트폰 산업 세계 1위, 온라인게임 제작기술 세계 1위, LCD 생산 산업 세계 2위, 건설 산업 규모 세계 3위, 자동차 산업 세계 5위, 특허시장 점유율 세계 7위, 세계 9위 무역대국, 스포츠 경쟁력 세계 10대국, 고속철 산업 세계 5대국, 인천공항 규모 세계 3위 총체적 경쟁력 1위, 국민

문맹률 세계 최저 등을 기록하고 있다.

지난 4월 23일 국제통화기금IMF은 한국의 1인당 GDP가 오는 2016년이면 3만 897달러에 달할 것으로 예측하였다. 이렇게 경제 분야는 세계 일류이나 정치와 안보 분야는 세계 하류에 속해 있다. 반드시 국방안보 분야에서 세계 일류로 도약하는 거시적 전략기획이 세워져야 한다.

가장 우선적인 핵심과제가 우리나라와 겨레의 발전모델을 확정하는 것이다. 서방의 발전모델을 택하느냐, 아니면 동방의 발전모델을 선택하느냐이다. 세계가 공업문명의 시대에 들어서면서부터 경쟁과 전쟁으로 국력을 키우고 시장을 개척하고 국토를 넓히는 서방의 발전모델은, 이미 몇백 년이 넘게 인류사회를 지배하였다. 즉 대결을 통하여 경쟁과 전쟁으로 발전하는 모델이다. 이러한 서방모델로 인하여 서구에서 제1차, 제2차 세계대전이 일어나게 되고, 미주와 세계 곳곳에서 식민지 전쟁이 불타 번지고, 서방모델을 도입한 일본이 조선을 침략하고 중국을 침공하고 태평양전쟁까지 일으키게 되었으며, 지금도 자원과 시장의 확보와 확장을 위한 크고 작은 전쟁이 지속적으로 진행되고 있다. 그러나 이미 부상하고 있는 동방의 발전모델은 정반대이다. 군력의 발전은 국가의 주권을 지키는 데만 사용하고 절대로 침략전쟁을 발동하지 않으며, 협상과 협력을 통하여 상생과 공동발전으로 국가와 민족의 발전을 실현하는 것이다. 이제는 서방모델과 동방모델 중 어느 모델을 선택할 것인가를 결정해야 한다.

우리는 세계에서 비교적 규모가 작은 나라이고 작은 민족이다. 군력확대와 전쟁을 주요수단으로 발전한다는 것은 멸망으로 가는 길을 택하는 것과 다를 것이 없다. 미국과 같은 세계 최강의 군사강국과 굳건한 군사동맹만 지키고 있으면 만사대길이란 생각은 틀린 생각이다.

가설의 예를 들어 말한다. 우리나라는 이미 미국의 군사동맹국이 되어 있다. 우리의 국토에 아직도 수많은 미군기지가 존재하고 있고 수만 명의 미군이 주둔하고 있다. 우리의 반도에 이어져 러시아가 있고 중국이 있다. 일단 전쟁이 일어날 경우, 우리의 국토는 즉시로 최전방이 되어버린다. 적국의 전초기지가 되어버린 우리나라가 가장 먼저 회멸적인 타격을 받을 것은 당연하다. 그것도 최강의 첨단무기로 순식간에 이루어지는 타격이다. 지난 50년대 초반에 일어난 6·25전쟁이 아니다. 회멸적인 새로운 6·25전쟁이다. 국토가 또다시 폐허로 변하고, 국민이 또 한 번 전쟁의 지옥으로 추락하게 된다. 우리는 반드시 냉전의 사고에서 깨어나고 냉전의 굴레에서 뛰쳐나와 우리나라와 민족의 발전모델을 검토하고 논평하고 확인하고 선택하여야 한다.

서방의 발전모델을 포기하고 동방의 발전모델을 택하는 것이다. 우리는 단군조선으로부터 시작하여 동방민족이었지 서방민족이 아니었다. 군력으로 국가를 지키고, 협상과 협력으로 상생과 공동의 발전으로 나라와 민족의 발전을 실현하는 동방모델을 택하는 것이 유일한 선택이다. 쇠락하는 서방과 부상하는 동방, 그 어디에 합류할 것인가? 이 역시 우리의 미래에 대한 거시적 전략기획에서 반드시 선택하여야 할 핵심과제 중 하나이다. 모든 국민과 겨레의 지혜를 모아 기획해야 할 가장 중요한 핵심과제이다.

인류의 역사를 원시인류의 유적지와 유골 발견으로부터 시작하여 계산하여도 이제 불과 몇 백만 년의 역사이다. 지난 역사에서 가장 중요한 역할을 한 반도는 이탈리아 반도이다. 인류의 미래는 적어도 50억 년에서 70억 년이라고 전문가들이 예측하고 있다. 이 미래인류의 역사에서 더욱 큰 역할을 하게 될 반도는 우리의 반도이다.

우리의 반도를 어떻게 거시 전략적으로 기획해야 하는가?
우리는 금년에 1인당 소득 2만 달러, 인구 5,000만 명에 달하여 '20-50클럽'에 가입하게 되었다. 전 세계에서 '20-50 클럽'에 가입한 국가는 1987년의 일본, 1988년의 미국, 1990년의 프랑스와 이탈리아, 1991년의 독일, 1996년의 영국 등 세계의 6개 선진국뿐이다. 제2차 세계대전 이후 독립국가 중 우리나라가 유일하게 가입한 것이다.
우리나라는 지난 2011년 한 해의 수출액이 3천 8백억 달러로 세계 수출 7위이고, 이미 무역규모 1조 달러를 넘긴 세계 8대 무역대국이다. 우리는 IT·자동차·철강·조선·해운·건설 등의 분야에서 세계 최고의 경쟁력을 갖추고 있으며, 한류를 중심으로 한 대중문화까지도 세계를 사로잡고 있다. 우리나라는 아시아 국가로서는 처음으로 G20 정상회의를 개최하였다. 단군 이래 처음으로 세계적 대국들이 모두 모이는 국제회의를 개최한 것이다.
세계 최초로 바다에서 열리는 여수 세계박람회도 개최하였다. 최근 세계에서는 '전략경영'이라는 용어가 유행되고 있다.

다음 대통령은 '전략정치'라는 용어가 필요할 것이다. 모든 정치가들은 반드시 전략가의 기획, 철학가의 사고, 사상가의 분석으로 국정운영을 거시 전략적으로 펼쳐가는 전략정치를 해야 한다. 향후 몇천 년, 몇만 년, 몇십만 년 이상의 나라와 민족의 미래와 운명을 내다보면서 국정운영을 하는 것이다.

세계 5강의 통일반도국가 창설은 우리의 비전이고 우리의 거시 전략적인 목표이다. 세계의 최대 강국과 5대 강국으로의 진입을 위한 중국, 미국, 러시아, 인도, 일본, 독일, 프랑스 등의 국가들과 치열한 경쟁을 하게 될 것이다. 우리는 남과 북의 통일로, 남과 북의 국민과 국토의 강점을 모두 융합하는 방법으로, 세계 변방의 우리 반도를 세계의 5대 강국으로 도약하게 해야 한다.

이로써 우리는 지구촌 초일류 행복나라로 세계 5강 통일국가를 탄생시키게 될 것이다. 이 희망찬 미래를 위하여 남과 북이 하나로 화합하여 협력해야 한다. 남과 북이 지혜와 힘을 합치면 이 모든 비전과 목표의 실현은 완전히 가능하다. 미래학자 자크 아탈리는 한국이 향후 50년 이내에 세계를 이끌 국가가 될 것이라고 예언하였고, 미래학자 허만 칸은 한국이 태평양 시대의 주역인 동시에 세계의 중심국가가 될 것이라고 예언하였다.

다음 대통령들은 반드시 우리의 통일반도에서 세계 5강 국가창설의 기반을 마련하는 거시전략으로, 국정운영을 기획하여 추진하여야 한다.

아래의 거시전략 핵심사업들을 기획하였다.

거시전략사업1. '대륙사업'이다

남과 북이 함께 서해안 고속철도 고속도로와 동부선 고속철도 고속도로를 건설하고, 우리나라가 이미 가지고 있는 세계 최고의 디지털 지능 스마튼 기술과 융합하여 세계 최고의 최첨단 디지털 지능고속철도가 중국대륙과 러시아대륙을 거쳐 유라시아대륙으로 뻗어나가고 베링 해저터널을 거쳐 북미주대륙으로 달려가게 하여, 미래의 세계대륙 디지털 지능고속철도 네트워크를 거시 전략적으로 구축해야 한다.

중국에서는 중국기업과 협력하여 디지털 지능고속철도와 거점 물류센터를 건설하여 운영하고, 러시아·몽골·중부아시아·동남아시아·서부아시아·동구라파 등의 지역에서는 한국기업 단독의 독자기업이나 현지기업과의 합자기업으로 건설하여 운영하는 방법으로, 유라시아의 디지털 지능고속철도 네트워크와 거점 물류망을 구축하고, 거시 전략적으로 또 다른 대륙으로 진출해 나가야 한다.

우리나라의 기술과 모델이 세계 디지털 지능고속철도와 디지털 지능고속철도 거점 물류센터의 국제표준이 되게 해야 한다. 매우 거시적인 전략이다.

우리나라의 국제물류, 국제무역, 국제관광과 국제산업협력이 지속적으로 대폭 상승하게 될 것이며 우리의 기관차, 철도레일, 철도차량 등의 제조와 철강산업, 전자산업 등 관련 산업의 발전과 수출, 일자리 창출에도 크게 기여할 것이며, 남북의 협력과 국토통일 추진에도 독특한 기여를 하게 될 것이다.

더욱 중요한 것은 우리가 세계 디지털 지능고속철도와 지능물류 네트워크 산업을 주도하게 되며, 세계경제의 발전과 하나의 지구촌 탄생에 크게 기여하는 것이다.

대륙산업은 본 정부의 거시 전략적인 핵심사업이며 새로 설립하는 대륙 물류·관광·통상부, 약칭 대륙부가 주관하고 관련 부서들이 협조할 것이다.

우리는 이러한 대륙사업으로 거대한 유라시아대륙에 힘차게 합류하게 될 것이다.

거시전략사업2. '극동최첨단산업벨트' 사업이다

남과 북이 함께 '서해안최첨단산업벨트' 창설로 남과 북의 서해안과 항구지역에 조선, 플랜트, 해양에너지, 해양담수, 자동차, 지능로봇, 첨단철강, 전자, 반도체, 정보통신, 소프트웨어, 온라인게임개발, 4D영화, 애니메이션, 원자력발전, 태양광발전, 풍력발전, 해조발전, 지열방전, 우주항공산업, 바이오제약, 신소재와 연구개발센터 등 최첨단 산업을 육성하고 중국과 일본의 동해안 최첨단 산업과 합류하여 '극동최첨단산업벨트遠東高新科技産業帶'를 창설하는 것이다.

미국의 실리콘밸리보다, 독일의 루르보다 더 거대한 최첨단산업벨트가 생기게 될 것이며, 일본의 동해안에서 우리의 서해안을 거쳐 중국 동해안을 질주하고 비행하는 디지털 지능고속철도와 지능항공버스를 이용하여 모든 물류와 사람의 이동이 신속히 이루어지므로, 사상 최강의 경쟁력을 구비한 최첨단 과학과 기술의 연구개발과 제품생산, 그리고 물류, 매출과 수출의 핵심지역이 탄생하게 될 것이다.

세계의 최첨단 산업을 '극동최첨단산업벨트'가 이끌어 나가게 될 것이다. 이 '극동최첨단산업벨트'의 핵심위치에 우리의 '서해안최첨단산업벨트'

가 자리매김함으로써, 우리의 최첨단 과학기술 연구개발과 제품의 생산과 수출은 물론이고 대학 졸업생들의 질 높은 취업과 청년 취직에도 크게 기여할 것이다. 대한민국의 청년들이 꼭 거대한 국제무대에서 희망찬 창업을 하게 해야 한다. 우리의 통일반도가 우리의 겨레가 세계의 최첨단 산업을 선도하게 될 것이다.

거시전략사업3. '해양산업'이다

인류가 공감하고 있다. 다가오는 21세기 후반의 세계는 태평양·북극해 시대이다. 북극해의 빙산이 녹아서 사라지면서 북극해 항해와 자원개발의 시대가 우리에게 성큼 다가오고 있다. 이 태평양·북극해 시대에 우리는 반드시 거시 전략적으로 우리의 해양산업을 매우 중요한 특별 거시전략 산업으로 기획하고 육성하고 발전시켜야 한다. 구체적인 기획은 아래의 '해양강국 도약이 가능하다' 편에서 밝힌다.

거시전략사업4. '항공우주산업'이다

인류는 항공우주산업의 발전으로 국가의 핵심경쟁력을 경쟁하게 될 것이다. 항공우주 분야에서 우리는 지금 뒤떨어져 있다. 그러므로 더욱 더 거시 전략적으로 기획하여 핵심산업으로 육성하여야 한다. 이러한 거시전략적인 목표로 항공·우주부를 새로 설립해야 한다. 미국, 러시아, 중국 등 선진국과 전략적으로 협력하면서 항공우주산업의 비약발전을 실현해야 한다. 일단 통일이 되면 남과 북의 과학인재들의 지혜와 능력을 끌어모아 남반도의 인공위성 기술과 북반도의 로켓기술의 장점을 융합하여, 항공우주산업의 더 신속한 발전을 이룰 수 있을 것이다. 우리는 반드시 세계적인 항공우주 강국으로 도약해야 한다.

거시전략사업5. '차세대 원자력산업'이다

화석에너지 자원이 고갈枯渴되고 있다. 조만간 완전히 없어질 것이다. 가장 미래전망적인 신생의 녹색에너지가 원자력인 것이다. 우리는 이미 세계 최고의 원자력발전 기술을 가지고 있으며, 원자력 발전으로 인한 유해물질의 완전 제거기술도 조만간 보유하게 될 것이다. 그리고 북반도에는 원자력 발전에 필요한 매우 풍부한 원료자원이 있다. 우리의 원자력 발전기술과 풍부한 자원을 최대의 강점과 경쟁력으로 하여, 전 세계의 원자력 발전시장을 석권할 수 있을 것이다. 차세대 친환경 원자력산업을 세계의 최강으로 키워내게 될 것이다.

거시전략사업6. '소프트웨어와 문화산업'이다

미래세계 최첨단 기술의 돌파구는 하드웨어가 아니라 소프트웨어다. 우리나라의 하드웨어산업은 이미 세계 최고를 자랑하고 있으나 소프트웨어와 문화산업은 아직도 뒤떨어져 있다. 소프트웨어와 문화산업을 거시 전략적으로 본격 육성해야 한다. 소프트웨어와 문화산업은 모두 인간의 사상과 지혜를 핵심요소로 하여 고부가가치를 창출해 내는 두뇌산업이고 지혜산업이며 사상산업思想産業이다.

책의 출판과 소설을 중심으로 한 『이야기산업』의 예를 들어본다. 지난 2011년 6월부터 2012년 5월까지 1년간, 미국 작가 제임스 패터슨이 책 출판으로 9,400만 달러약 1,060억 원를 벌어들여 '세계 최고의 부자작가'가 되었다.

지난 1997년에서부터 2006년까지 10년간 『해리포터』는 책 순수 판매액 3조 원과 영화 4편 및 관련 캐릭터 수입 등을 합쳐 308조 원의 매출을 올렸다.

우리나라의 반도체 수출총액 231조 원과 비교해 보면 놀라운 숫자이다. 미국의 소프트웨어와 영화산업, 일본의 애니메이션산업도 거액의 국부를 창출하고 있으며, 나라의 최첨단 기술산업을 새로운 고지로 이끌고 있다.

우리의 온라인 게임산업 역시 세계시장을 주도하고 있다. 소프트웨어산업과 문화산업의 유일한 자원이 인재이다. 원료가 필요하지 않고 기계와 장비도 소용없는 완전한 두뇌산업이다.

우리 민족은 세계 최고의 교육률과 세계 최고의 대학교 입학률을 자랑하고 있다. 우리의 대학생, 우리의 대학교와 대학원, 절대로 많지 않다. 더 많아져야 하고, 더 높은 수준으로 발전시켜야 한다. 전국이 대학교가 되고 전 국민이 모두 다 대학생이 되어야 한다. 우리의 세계 최고 인재자원으로 세계 최고의 소프트웨어와 문화산업을 키워내야 한다.

특히 출판사와 소프트웨어 개발 등 회사들에 대한 지원을 대폭으로 강화해야 한다. 소프트웨어와 문화산업의 세계 최강 대국을 만들어 내어야 한다.

거시전략사업7. '세계 최강기업 육성사업'이다

우리의 글로벌 기업, 지금 세계의 시장에서 큰 도약을 하고 있다.

최첨단 조선 산업 세계 1위.

최첨단 스마트 산업 세계 1위.

최첨단 TV 산업 세계 1위.

최첨단 철강 산업 세계 1위.

최첨단 해양담수 산업 세계 1위.

우리의 삼성전자, LG전자.

우리의 현대중공업, 삼성중공업.

우리의 포스코, 두산중공업.

그리고 현대자동차, SK텔레콤.

모두 다 세계적인 글로벌 대기업이다. 나라의 자랑이고 민족의 자부심이다. 우리는 반드시 더 많은 세계 최고의 글로벌 기업을 키워내야 한다. 반드시 국민의 사랑과 존경을 받는 세계 최고의 글로벌 기업을 키워내야 한다. 국민의 사랑과 성원으로, 기업들의 분발과 노력으로!

거시전략사업8. '최첨단의 국방산업'을 키워내야 한다

국방산업은 국민의 생명과 행복을 지키는 핵심산업이다. 과거의 병역제도를 폐지하여 우리의 청년인재들이 청춘을 병영兵營에 바치는 것이 아니라, 최첨단 창업의 장으로 뛰어들게 하고 청춘의 행복을 누리게 해야 한다.

사람을 중심으로 전쟁을 준비하던 우리의 국군에 전문 군인제도를 도입하고, 전문군인들이 첨단기술의 개발을 중심으로 최첨단 국방기술을 연구하고 개발하고, 최첨단 기술과 제품으로 나라의 국방을 지키는 최첨단의 국방산업을 키워내야 한다.

사이버 국방력과 스마트 무인비행기와 무인잠수정을 중점으로 연구 개발하여, 최첨단 디지털 사이버 국방력과 무인 스마트 지능무기로 국가와 국민의 안보를 지켜야 한다. 그 어느 외국에도 기대지 않고 우리의 인재, 우리의 지혜로 이루어질 것이다.

인류의 역사를 되돌아보자. 그리고 전 세계를 살펴보자. 우리의 반도처럼 살기 좋고, 위치 좋고, 기후 좋고, 아름답고, 가치 있고, 잠재력 높은 국토는 둘도 없다. 단 하나뿐이다. 이 황금보다 더 귀중하고 보석과 같은 우리의 반도, 우리의 삼천리금수강산.

우리는 우리의 지혜와 힘으로 지구촌 초일류의 행복국가로 발전시킬 수 있다. 거시 전략적으로 기획을 하여 인류 최초로 국민민주정치를 실현하고, 탈냉전을 실현하고, '극동경제공동체/FEC'를 추진하고, 이상의 9대 핵심전략 사업을 육성하여 세계 5강의 통일반도와 지구촌 초일류의 행복국가를 만들어 내야 한다.

우리의 반도와 겨레의 미래는 매우 밝고 또 찬란하다.

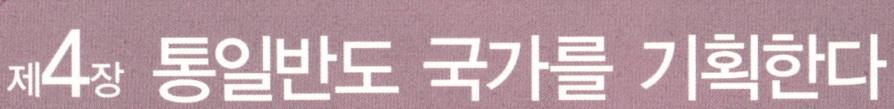

제4장 통일반도 국가를 기획한다

■

이 책의 다음 대통령들은 대한민국의 제18대, 19대, 20대 대통령을 말한다.
제18대, 19대, 20대 대통령을 거쳐 완벽한 국민민주정치가 실현되고, 평화발전모델이 창조되고, '통일반도국가'가 탄생하고, 동북아 '극동경제공동체/FEC'가 세계경제의 발전을 힘차게 견인하는 새로운 성장동력과 핵심지역으로 자리매김할 것이다.

■

제1편
남북 전략협력이 관건이다

다음 대통령들이 어떠한 대북정책을 택해야 하는가? 역대 대통령들의 가장 중요했던 핵심과제를 살펴본다.

지난 1972년 7월 4일.

박정희 대통령의 결단과 지시로, 당시 남한의 중앙정보부장 이후락이 평양에 파견되어 북조선의 김일성 주석과 통일 관련 합의를 하고 '7·4 공동성명'을 발표하였다.

첫째, 통일은 외세에 의존하거나 외세의 간섭을 받음이 없이 자주적으로 해결하여야 한다.

둘째, 통일은 서로 상대방을 반대하는 무력행사에 의거하지 않고 평화적 방법으로 실현해야 한다.

셋째, 사상과 이념, 제도의 차이를 초월하여 우선 하나의 민족으로서 민족적 대단결을 도모하여야 한다.

이상으로 '자주, 평화, 민족 대단결'의 3대 통일원칙이 제정되었다.

지난 1991년 12월 13일.
 노태우 대통령의 결단과 지시로 당시 남한의 정원식 총리와 북조선의 연형묵 총리가 '남북기본합의서'에 서명하고, 이듬해인 1992년 2월에 발효되었다. 1장은 남북화해, 상호체제 인정, 내정 불간섭, 비방 중지, 정전상태의 평화상태 전환 등이다. 2장은 남북불가침, 무력침략 금지, 분쟁의 평화적 해결, 군사분계선과 관할구역 인정, 남북군사공동위원회 설치를 명문화했다. 3장은 교류협력, 경제·문화·과학기술 분야의 교류와 협력, 이산가족과 같은 인도적 문제 해결, 철도와 도로 연결, 국제무대에서의 협력 등이 명시됐다. 남북관계에서 필요한 모든 내용은 물론이고 구체적인 실천방안까지 모두 담고 있다.

지난 2000년 6월 15일.
 남한의 김대중 대통령과 북조선의 김정일 위원장이 합의하여 자주적 통일 추진과 인도적 문제 해결, 교류 활성화를 골자로 한 '6·15공동선언문'을 발표했다. 6·15공동선언이 실행에 옮겨지면서 본격적인 변화가 시작되었다. 남북분단 이후 처음으로 대규모의 이산가족 상봉행사가 이루어지고, 경제·사회 분야의 교류도 확대되었다.

지난 2007년 10월 4일.
 남북의 정상이 평양에서 두 번째로 만나, 남한의 노무현 대통령과 북조선의 김정일 위원장이 '10·4공동선언'을 발표했다. '6·15공동선언'을 재확인하고, 실천하기 위한 세부지침을 담고 있다. 개성공단이 생겨나고 경의선과 동해선이 개통되었다. 남북경협이 전면적으로 활성화되고 남과 북이 통일로 가는 길이 서서히 열리기 시작하였다. 그러나 지금의 남북관계는 완전히 얼어붙어 버렸으며 경제협력도 최악의 상태이다. 북핵문제는 그 실마리조차 찾지 못하고 있다. 다음 대통령들은 박정희 대통령, 노태우 대통령, 김대중 대통령, 노무현 대통령이 추진해 온 대북정책이 방향상으로 정확했다는 판단을 내려야 할 것이다. 이제는 더 이상 끝이 없는 분쟁의 함정에 빠져서 허둥지둥하지 말고, 전직 대통령들의 결단과 남북이 이미 이룩한 합의를 실천에 옮겨야 할 단계이다. 다음 대통령들은 전직 대통령들의 남북합의를 실천에 옮기는 대통령이 되어야 한다.

북핵은 냉전의 산물이지, 절대로 남북화해와 협력의 산물이 아니다. 북핵이 절대로 남북화해와 통일로 가는 길을 가로막는 '전봇대'가 되게 해서는 안 된다. 대한민국이 현재 당면하고 있는 모든 문제를 신속하게 해결할 수 있는 관건이, 남과 북의 전략적 협력의 본격적인 가동이다. 북핵의 미해결과 남과 북의 정치적·군사적 대치가 완전히 해소되지 않은 상황에서의 유일한 방법은, 정경분리와 기업 위주의 남북경협이다.

김대중 정부와 노무현 정부는 통일사업을 위하여 노력해 왔으며 많은 성과를 거두었다. 2000년 6월 15일 남과 북은 '남북정상공동성명서'를 발표하고 통일은 우리 민족 자체의 힘으로, 통일의 방식은 공통점을 활용하여, 실향민의 상봉은 인도적인 차원에서, 남북의 협력은 가능한 모든 분야에로 등의 합의를 이끌어 내고 남과 북 통일사업의 새 장을 열었다. 특히 '민족경제의 균형적인 발전'이라는 탁월한 선택은, 남과 북이 마음과 힘을 합쳐 민족경제의 새로운 도약을 실현하고 해외동포들도 협력하여 우리 민족경제 발전의 새 기적을 창조할 수 있게 하였다.

그 후 2000년 8월 15일 제1차 이산가족의 상봉이 이루어졌고, 2000년 9월 12일 남북의 통합생방송 '백두에서 한라까지'가 사상 최초로 이루어졌다. 2003년 6월 30일 개성공단 1단계 건설이 착공되고, 2003년 9월 금강산 육로관광이 개시되고, 2004년 12월 15일 개성공단의 첫 제품이 생산되고, 2005년 8월 10일 '남북해운합의서'가 채택되고, 2006년 11월 개성공단의 북측 근로자가 1만 명을 돌파하고, 2007년 5월 17일 경의선과 동해선 열차가 군사분계선MDL 뚫고 남북의 철도를 다시 이었다. 경의선은 1951년 이후 56년 만이었고, 동해선은 1950년 이후 57년 만이었다.

이어서 2007년 10월 4일 노무현 대통령은 김정일 국방위원장과 함께 '남북관계 발전과 평화번영을 위한 선언'을 발표하면서 6·15공동선언을 고수하며 적극 구현해 나갈 것, 사상과 제도의 차이를 초월하여 남북관계를 상호존중과 신뢰의 관계로 확고히 전환시켜 나갈 것, 군사적 적대관계를 종식시키고 긴장완화와 평화보장을 위하여 긴밀히 협력할 것, 정전체제를 종식시키고 항구적인 평화체제를 구축해 나갈 것 등의 내용을 온 겨레와 전 세계에 선언하였다.

남과 북의 역사적인 화해협력은 국제사회의 열렬한 호응을 받았고, 2007년 10월 31일 제62차 유엔총회에서 만장일치로 남북대화와 평화통일을 지지하는 총회 결의안을 채택하였다.

이로 하여 남북경협의 물꼬가 터지기 시작하였다. 남측의 대기업들이 거대한 프로젝트의 가동을 위하여 평양으로 들어가고 현장을 돌아보고 사업협상을 펼치던 그 기상만천氣象萬千하고 격동적인 장면이 생생하게 기억난다.

그러나 2008년 2월에 출범한 이명박 정부는 3월 2일에 대규모 한미 군사 합동훈련을 시작하고, 3월 3일 '유엔인권이사회'에 북측의 '인권상황 개선조치 촉구안'을 제출하고, 3월 19일 김하중 통일부 장관이 "개성공단 확대 어렵다"고 선포하고, 3월 26일 김태영 합참의장이 북측의 "핵 장소 타격"을 공언하면서 남북관계가 급속히 냉각되었다. 결국 남북경협이 취소되었고, 2008년 7월 금강산에서 박왕자 여사가 북측 초병의 총격에 목숨을 잃는 비극적 사건이 터지고 말았다.

이명박 정부는 7월 12일부터 금강산 관광 사업을 전면 중단하고, 2010년 5월 24일부터 개성공단 이외의 남북교류협력 사업을 모두 차단하였다. 이로 인해 남과 북은 최악의 상태에서 대결하고 있다. 이러한 악순환의 남북대결 구조는 반드시 개변되어야 한다.

개성공단을 보라. 이처럼 최악의 대북정책 속에서도 개성공단에 입주한 남측 기업들은 현지경영을 고수하고 있다. 개성공단의 입주기업은 현재 123곳, 북측 근로자는 5만 2천여 명에 이르고, 생산액도 2009년의 2억 5,600만 달러에서 2010년엔 3억 2,300만 달러, 2011년엔 4억 180만 달러를 생산하였고, 누적 생산액은 2012년 3월 현재 통계로 13억 4,500만 달러를 기록하고 있다.

남과 북은 반드시 거시 전략적인 차원에서 나라의 통합과 겨레의 화합을 조속히 이룩하고 국토와 민족, 산업과 문화 및 과학기술 등 전 분야의 장점들을 모두 융합하여 통일의 길로 힘차게 전진해 나가야 한다.

1. 통일을 위한 '통일세'는 절대로 없다

지난 2010년 8월 15일, 이명박 대통령은 광복절 경축사를 통하여 "통일은 반드시 온다. 통일세 등의 현실적인 방안을 준비할 때가 됐다. 사회 각계에서 이 문제를 폭넓게 논의해 주기를 제안한다."고 말하면서 '통일세'를 제안하였다.

통일을 하려면 국민들이 거액의 통일비용을 부담해야 한다는 이론이다. 그러나 통일을 위한 '통일세'는 절대로 없을 것이다. 그 이유에 대해 살펴보자.

중국의 예를 들겠다. 지금부터 34년 전의 중국 정부는 그야말로 정말로 가난하였다. 그러다가 홍콩과 동남아의 화교자본을 기본으로 한 해외동포 기업의 투자진출이 이루어지면서, 거액의 현금을 신속하게 모으게 되었다. 토지 사용료이다. 이미 백억, 천억 달러의 거액 현금이 중국 정부에 입수된 것이다. 연방제 통일의 단계에서 남과 북은 자연스럽게, 남반도와 북반도로 나뉘어 관리를 하게 될 것이다.

북반도의 가장 큰 장점은 핵심적인 위치에서 핵심적인 사업을 선점하여 확장할 수 있는 부동산의 투자로만도, 매우 큰 이윤을 취득할 수 있는 토지를 소유하고 있다는 점이다. 압록강, 두만강과 한강의 해변지역은 중국, 러시아와 남반도와 인접한 지역이어서 부동산 투자경영의 최적지이다. 일단 남측의 정부가 정경분리의 원칙으로 기업의 북반도 진출을 풀어 놓기만 하면, 북측의 정부는 신속하게 백억, 천억 달러가 넘는 현금을 확보하여 강성국가 건설의 속도전과 총력전을 실현할 수 있다. $1m^2$당의 토지임대료를 몇 십 달러만 받아도, $100km^2$이면 거액의 현금이고 $1,000km^2$이면 천문학적인 현금이 들어올 수 있다.

북반도에는 몇 천 km² 이상의 토지가 있다. 그러므로 통일을 위한 '통일세'는 절대로 필요 없을 것이고, 남한 기업의 북조선 투자진출만 원활히 이루어지면 그것으로 충분할 것이다. 북조선에 대한 모든 제재와 봉쇄가 조속히 해제되도록 노력하여, 우리의 기업들이 중국의 화교 그룹처럼 대규모의 투자진출을 지속적으로 할 수 있는 여건을 마련해 주는 것이 급선무이다.

통일의 선봉장은 기업이다. 정부가 아니다. 정부가 기업의 발목만 잡지 않으면 된다. 다만 '통일기금'만은 별도로 설치하여, 정부와 기업과 민간에서 동포애를 구현하기 위한 자금과 물자를 모아 북반도에 지원할 수는 있다. 그러나 전체 국민들이 법에 준하여 반드시 내야 하는 '통일세'는 필요하지 않다.

앞으로 두고 보면 확인되겠지만, 남측 기업들이 북반도 투자에서 얻게 되는 이윤은 말 그대로 대박일 것이며 동시에 통일에도 크게 기여할 것이다. 통일비용에 대하여 짤막하게 언급하겠다. 지금의 통일비용 계산은 모두 추측에 근거한 것이다. 상상 밖으로 거액의 통일비용을 계산해 내고 있다.

일단 남한에서 모두 다 떠맡는다면 거액의 비용이 들 수도 있다. 북조선은 거대한 이윤창출의 가치가 있는 토지자원 외에도 풍부한 광산자원을 가지고 있다. 그러므로 남한 국민들의 '통일세'는 필요하지 않다. 더 핵심적인 문제는 북반도 국민들에 대한 관리이다.

남한이 통일 후에 북반도 국민들을 관리한다는 것은 절대로 불가능하며, 해결할 수 없는 큰 문제들에 봉착하게 될 것이고, 거액자금의 투입을 피할 수 없을 것이다. 남한의 흡수통일 방법은 실현의 가능성이 없는 냉전의 사고이다. 반드시 정경분리의 원칙으로 기업을 위주로 한 남북경협이 추진되어야 한다. 이 길만이 남과 북의 평화통일을 실현할 수 있는 유일한 출로이다.

2. 남한이 북조선을 도와준다는 주장을 버려야 한다

이명박 대통령은 취임하면서 차별화된 대북정책을 내놓았다. 북조선이 우선 비핵을 하면 남북관계에서 개방, 그리고 북조선의 일인당 국민소득을 3,000달러로 만들어 주겠다는 것이다. 한마디로 비핵을 하면 도와준다는 것이다. 이러한 사고와 주장으로는 남과 북의 화해와 협력이 불가능하다는 것을, 이명박 정부의 5년이 사실로 입증해 주고 있다.

우리는 도와준다는 개념이 아니라, 남과 북의 장점을 살려 평등하게 서로 도우면서 협력하고 공동발전 한다는 가장 기본적인 자세를 갖추어야 한다. 지리적으로나 지정학적으로나 북조선은 남한보다 더 핵심적인 전략적 위치에 자리 잡고 있다. 중국, 러시아와 남한의 중심에 북조선이 있다. 북측이 협력하지 않으면 남한은 섬이 아닌 섬나라로 되어버리고, 비약적으로 다가오는 대륙경제 시대에서 뒤처지고 말 것이다.

3. 남과 북은 하나의 나라이고 형제와 자매이다

관건은 북반도의 정권과 국민에 대한 정의定義이다. 남과 북은 하나의 나라이고 형제와 자매라는 공동의 인식이 반드시 형성되어야 한다. 단군조선으로부터 시작하여 반도는 그 언제나 우리의 나라였고, 모든 백성은 형제와 자매였다. 일제강점기에도 조선 역시 하나의 국토였고 국민 역시 하나의 형제자매였다. 두 쪽으로 갈라진 것은 냉전으로 인한 남북의 정권설립과 6·25전쟁 때문이었다. 계속해서 냉전의 이념과 틀에서만 사고한다면 남북의 화해와 통일의 실현은 절대로 불가능할 것이다.

남북의 정권설립과 6·25전쟁을 긍정적으로 보고 그 정당성과 합리성을 고수해 나간다면, 그 것이 바로 '냉전사상'인 것이다. 남북의 정권설립과 6·25전쟁이 냉전의 결과물이라는 점을 반드시 인식하여야 한다. 그러므로 남과 북의 군인들과 국민들은 모두 다 냉전의 피해자들인 것이다.

남과 북은 하나의 나라이고 하나의 형제자매임을 잊지 말아야 한다.

4. 남한 정부의 사명은 여건을 만들어 주는 것이다

미국과 남한의 군사기지, 군사훈련 등의 전쟁 위협이 해소되고 북미 간의 국교정상화가 실현되고 정전협정이 평화협정으로 전환되어야만, 북조선이 마음 놓고 핵무기 개발을 포기하고 경제발전에 전념할 수 있는 환경과 여건이 조성되는 것이다. 이상으로 기업이 주도하는 남북경협이 정상화되고 평등한 상생협력이 이루어지고, 남과 북의 국민들이 하나의 나라 하나의 형제자매가 되어 전쟁의 위협이 없는 환경과 여건 속에서 지혜와 힘을 모아 노력한다면 통일이 성큼 다가올 것이다.

북반도 자체가 가지고 있는 토지와 지하의 광산자원만으로도 통일에 필요한 자금을 마련할 수 있고 경제, 산업, 기초시설 등 북반도의 모든 건설을 충분히 맡을 수 있다.

남한의 국민들은 단 한 푼의 '통일세'도 낼 필요가 없는 것이다. 이상이 통일세 없이 기업의 주도로 남북협력을 추진하는 핵심기획이다. 지금까지의 모든 통일관련 주장과 이론을 정리하고 북반도의 가치를 분석하고 파악하는 방법론으로 통일의 필수성, 필연성, 중요성을 충분히 확인하고 남북경제공동체, 통일연방공화국 등의 단계를 거쳐 통일을 조속히 실현함으로써 세계 5강 도약의 가장 필요한 여건을 구비하는 것이다. 북조선을 위해서만이 아니고 대한민국의 국익과 전체 국민의 거시 전략적인 이익을 위하여서도, 반드시 통일을 실현해야 한다는 공감대가 형성되어야 한다.

1단계 경제·문화 분야 전면협력, 2단계 경제·문화·과학기술 분야 남북공동체 구축, 3단계 통일연방공화국 설립, 4단계 완전한 국토통일 실현 등 구체적인 계획을 세우고 최고 국익사업으로 정하여 전략적으로 추진해야 한다. 정부가 필요한 정책과 여건만 마련해 주고 기업이 주도하여 추진하는 것이다. 기업이 주도하는 정격분리의 대북사업으로 조국통일의 새 장을 열어낼 수 있다.

현대자동차 그룹의 북반도 서해안 사업을 기획하여 전망해 본다. 기획도면을 참고하기 바란다. 북조선의 개풍군에 '개풍국제도시'를 건설하고 압록강의 고속철도 고속도로 대교와 함께, '개풍국제도시'에서 '신도국제도시'를 잇는 고속철도 고속도로를 건설하여, 한국의 고속철도와 고속도로가 중국과 유라시아 대륙에 합류하게 하는 것이다. 그리고 압록강 출해구出海口의 강변과 해변지역에 자유무역 특구형 기업도시의 건설이다. 서해안 사업으로 약칭한다. 매우 도약적인 거시 전략적 초대형 사업이다. 큰 도전과 큰 수익이 동시에 존재하고 있기 때문이다. 핵심기획의 주요내용이다.

1. 거대한 전략적 가치에 대하여

　　가) 앞으로 다가올 통일의 시대에 통일반도 고속철도 고속도로 대동맥을 구축한다.

　　나) 중국을 거쳐 거대한 유라시아 대륙으로 뻗어나가는 고속철도 대통로를 구축한다.

　　다) 이어서 북반도의 동부선 고속철도 고속도로 사업을 확보할 수 있다.

　　라) 러시아를 거쳐 서유럽으로 뻗어나가는 고속철도 대통로를 구축할 수 있다.

　　마) 앞으로 베링 해저터널을 거쳐 북미주와 남미주를 관통하는 고속철도를 구축한다.

　　바) 동북아 '극동경제공동체/FEC' 시대의 가장 전략적인 핵심거점을 선점한다.

　　사) 다가오는 유라시아 대륙 대통합 시대의 가장 중요한 거점기지들을 운영하게 된다.

2. 현대자동차 그룹의 장점에 대하여

　　가) 정주영 명예회장이 북조선에서 이미 마련해 놓은 북조선 중앙정부와 인민들의 확고한 신뢰이다. 현대자동차 그룹 서해안 사업의 가장 큰 장점이다. 북조선 정부와 인민의 배려와 사랑을 받으면서 서해안 사업을 가동하고, 이어서 일련의 대형 사업을 단계별로 가동하여 북반도 최고의 민간그룹으로 자리매김할 것이다.

　　나) 현대자동차 그룹은 고속철도 기관차, 차량과 부품의 제조와 차량

용 반도체, 스마튼 지능 전자제어, 소프트웨어 개발 등의 업체들을 모두 보유하고 있다.

현대자동차 그룹만이 가지고 있는 특유의 매우 큰 장점이다.

북조선의 가장 유리한 위치에 '조선현대고속철도산업단지'를 창설하고 선택과 집중의 전략으로 단지 내에서 고속철도 관련 사업의 수직계열화를 실현하고, 고속철도 산업연구원과 고속철도산업대학도 설립하여 세계 최고의 고속철도산업기지를 만들어 낼 수 있다. 향후 유라시아 대륙과 모든 대륙시장 진출의 전략적인 거점이 될 것이다.

다) 현대자동차 그룹은 철도레일 등 고속철도 산업용 철강제조를 비롯한 최첨단 철강기업들을 모두 보유하고 있고, 북반도는 매우 풍부한 철광석 자원을 확보하고 있다.

이상의 장점을 융합하여 북조선의 가장 좋은 위치에 '조선현대첨단철강산업단지'를 창설하고, 선택과 집중의 전략으로 단지 내에서 현대자동차 그룹의 최첨단 철강 관련 모든 사업의 수직계열화를 실현하여, 세계 최고의 첨단철강산업기지를 창설할 수 있다. 향후 유라시아 대륙, 북미주 대륙, 남미주 대륙 등 모든 대륙의 고속철도 레일시장과 첨단 철강시장을 개척하는 데 매우 중요한 교두보와 거점기지가 될 것이다.

라) 현대자동차 그룹은 현대자동차, 기아자동차 등 세계적인 완성차 업체와 자동차 생산에 필요한 모든 부품업체 및 연구 개발업체

들을 보유하고 있고, 거대한 중소기업 협력업체들이 있다. 그러나 여기저기에 분산되어 있다.

북조선에는 넓은 토지자원이 있다. 현대자동차 그룹과 북조선의 장점을 융합하여 가장 좋은 위치에 충분한 면적의 부지를 확보하고, 모든 자동차 관련 계열사와 협력업체들이 동반 진출하는 '조선현대첨단자동차산업단지'를 건설할 수 있다.

기존의 자동차 생산은 원래의 공장에서 계속하여 운영하고, 새로 개발 생산하는 차세대 녹색에너지 디지털 지능자동차를 생산하는 최첨단 미래형 자동차 산업단지이다.

해변에 대형 자동차 부두를 건설하여 자동차의 조립이 완료되면 직접 부두로 운행할 수 있게 하고 모든 부품업체, 연구 개발업체, 협력업체가 수직계열화를 이루게 하며 아파트 주거단지, 국제학교, 국제병원, 국제상가, 레저공원 등도 지어 전 세계 최대 최고의 최첨단 자동차 기업도시를 건설한다. 상상 밖으로 거대한 차세대 최첨단 자동차 산업의 경쟁력을 갖추게 될 것이다.

마) 현대자동차 그룹은 완벽한 금융업체들을 가지고 있다. 또 하나의 큰 장점이다. 북조선 중앙정부의 비준을 받아 '조선현대개발은행'을 창설할 수 있다.

현대자동차 그룹이 서해안 사업을 비롯한 거시 전략적인 핵심 사업들을 건설하고 있어 거액의 수익과 이윤이 확보되어 있으므로, 현대개발은행의 재원에는 아무 문제도 없다.

그러므로 현대자동차 그룹은 조선현대개발은행의 자금으로 서해안 사업을 본격적으로 가동하여 계획적으로 추진할 수 있고, 중국과 러시아 및 관련 유라시아 국가에서의 프로젝트에도 투자할 수 있으므로 세계적인 글로벌 현대개발은행이 탄생되게 할 것이다.

바) 현대자동차 그룹의 현대건설은 세계 최고의 글로벌 종합건설회사로 명성을 떨치고 있고, 역시 완벽한 건설 관련 업체들을 가지고 있다. 이는 매우 중요한 장점이다.
서해안 사업을 설계에서부터 시작하여 예산, 시공, 관리, 운영, 마케팅 등의 모든 과정을 세계 최고의 수준으로 담당할 수 있으며, 서해안 사업을 전 세계 모두가 인정하는 개발건설 사업으로 추진하여 중국, 러시아와 유라시아 시장에 진출할 수 있다.

사) 현대자동차 그룹은 이미 종합 물류업체인 현대글로비스를 가지고 있으며 미국, 체코, 터키, 러시아, 캐나다 등에 해외법인, 지사, 사무소 등의 해외물류 거점기지와 전 세계 40여 개국에 해외영업망을 구축하고 있고 물류운영의 계획과 물류네트워크의 설계, 물류정보시스템 등 다양한 물류 컨설팅을 수행하고 있으며, 정보와 시스템을 통합한 최적의 SCM IT 솔루션으로 평가받고 있다. 이 역시 큰 장점이다.
현대자동차 그룹은 유라시아 대륙의 초고속 지능고속철도 네트워크의 구축과 함께 중국, 러시아, 인도, 폴란드 등의 핵심지역 국가에 거점기지를 건설하여 고속철도, 고속도로와 지능물류 산업을 융합하고 고속철도 물류 전용차량과 고속도로 물류 전용자동차를 개발하여 유라시아 대륙의 최첨단 초고속 지능물류의 종합 네트워크를 구축할 수 있다.

초고속 지능고속철도의 기타 대륙 진출과 동반하여 물류 네트워크를 구축할 수 있으며, 현대글로비스가 월마트를 초과하는 세계 최대 글로벌 물류기업으로 도약하게 될 것이다.

아) 현대자동차 그룹 외에 현대중공업그룹, 현대그룹, 현대산업개발, 현대백화점그룹, KCC, 현대해상화재보험, 현대기업금융 등 고 정주영 명예회장의 자손들이 지금 운영하고 있는 기업들이 있으므로, 힘을 합쳐 사업추진을 할 수 있는 장점이 있다.

자) 현대자동차 그룹의 모든 장점을 융합하여 선택과 집중의 전략과 수직계열화의 과학적 조치로, 정주영 명예회장의 창업에 이어 제2차 창업을 실현하게 된다.

통일반도의 선도先導 그룹으로, 세계 5강 통일반도 국가의 핵심 그룹으로, 미래 지구촌의 최고 경쟁력을 갖춘 글로벌 그룹으로 힘차게 웅비하는 제2차 창업이다.

현대자동차 그룹이 첨단산업과 지능물류산업의 융합으로 세계 최고의 그룹이 될 것이다.

3. 서해안 사업의 수익성 예측에 대하여

가) 서해안 사업은 사실상 가장 가치 있고 확실한 잠재력이 있는 부동산 투자이다. 부동산 투자로 인한 부동산 경영에서의 거대한 이

윤이 확보되어 있다.

현대자동차 그룹이 보유하게 되는 모든 토지의 임대료가 몇 년 안으로 배 이상 오를 것이 확실하며, 이어서 몇 배 이상으로 크게 급등할 것은 그 누구도 예측할 수 있으므로 북조선 부동산경영의 거대한 이윤만으로도 모든 투자의 수익을 충분히 확보할 수 있다. 현대자동차 그룹은 모든 토지와 건물을 매각하지 않고 임대만 하는 방법으로 주가와 금융산업 등 자산운영에서 지속적인 이윤을 창출하고, 토지와 건물의 가치를 극대화하여 최종적으로 어마어마한 부동산 자산을 보유하고 엄청난 이윤을 만들어 낼 수 있다.

나) 일단 통일이 되면 남한과 북조선은 북반도와 남반도로 관리하게 될 것이다. 현대자동차 그룹의 서해안 사업은 남반도가 북반도를 거쳐 거대한 중국 시장과 러시아 시장에 합류하는 고속철도 고속도로를 운영하게 되므로, 남반도 시장과 중국 및 러시아 시장 간의 고속철도와 고속도로 직행수출입무역, 직행국제물류, 직행국제관광 등 큰 이윤이 지속적으로 생기는 사업들을 사실상 장기적으로 독점하여 경영하게 된다.

이로 인한 지속적인 거대 수익창출이 장기적으로 확보되어 있다.

다) 북조선에서 세계 최대와 최고의 규모와 수준으로 현대자동차 그룹의 고속철도, 첨단철강, 차세대자동차 등의 산업단지와 신도 국제도시에 국제무역센터를 건설할 수 있으며, 이상의 산업단지와 국제무역 센터의 경영으로 높은 수익을 창출할 수 있다.

라) 현대자동차 그룹의 고속철도 기관차와 고속철도 차량과 부품, 고속철도 레일 등 고속철도용 철강, 고속철도 운영에 필요한 통신, 전기 등 시설의 제조 관련 기업의 경영활성화를 강력하게 추진하여 모든 기업의 높은 매출과 수익을 확보하게 된다.

마) 현대자동차 그룹 고속철도 기관차와 차량 등 고속철도 관련 사업의 유라시아 대륙진출을 전략적으로 추진하여 큰 수익을 확보할 수 있고, 앞으로 베링 해저터널을 통하여 북미주와 남미주 대륙진출을 전략적으로 추진하여 큰 수익을 확보할 수 있다.

바) 디지털 지능고속철도, 지능자동차 융합물류시스템을 연구 개발하여 유라시아 대륙의 지능물류 네트워크를 구축하고 핵심지역에 지능물류 거점기지를 건설하여 운영하고 북미주, 남미주 등의 기타 대륙으로 진출하여 거대 수익을 확보할 수 있다.

사) 이상의 사업과 거대 수익을 현대자동차 그룹의 새 성장 동력으로 하여 전 세계에서 가장 경쟁력이 있는 글로벌 그룹으로 도약할 수 있으며, 더 큰 수익을 지속적으로 확보할 수 있고 통일반도의 세계 5강 도약에 막대한 기여를 하게 될 것이다.

4. 구체적 사업추진 방안에 대하여

가) 현대자동차 그룹 산하 계열사들이 단독으로 건설하여 운영한다. 이 방안의 장점은 모든 사업과 수익을 독점할 수 있다는 데 있다.

나) 중국의 대기업과 함께 투자하고 건설하여 운영한다. 이 방안은 중국 중앙정부 산하 대기업과의 협력으로 북조선 서해안 사업을 함께 투자하여 추진하고, 이어서 중국시장 협력을 추진할 수 있다는 장점이 있다.

다) 화교기업 및 북조선과 합작기업을 설립하여 건설하고 운영한다. 화교기업의 자금력을 이용하여 북조선 서해안 사업과 중국대륙 시장개척을 함께 추진하고, 유라시아 대륙 시장개척을 폭넓게 추진할 수 있다는 장점이 있다.

5. 언론이 주장하는 위험성에 대하여

가) 개성공단 사업이 이명박 정부의 강경한 대북정책 하에서도 아무런 피해 없이 성공적으로 추진되었다. 현대자동차 그룹 서해안 사업이 피해 받을 이유가 없다.

나) 18대 정부 출범 후 이미 협상과 협력의 새로운 대북정책을 발표하고, 남과 북이 조국통일추진위원회를 창설하여 국가적 차원에서 움직이고 있다.

다) 서해안 사업이 북조선에 거액의 현금수입 등의 거대한 이득을 가져다준다. 그러므로 일부의 한국 언론과 외국 매체에서 주장하고 있는 북조선 서해안 사업의 위험에 대하여 결론적으로 말하면 그 아무런 위험성도 없다.

현대자동차 그룹의 북조선 서해안 사업진출이 가동되었다. 정주영 명예회장이 소떼를 몰고 3·8선을 넘어 시작한 대북사업이, 자손이 이끄는 현대자동차 그룹의 서해안 사업 가동으로 대를 이어 진행되고 있다. 남북경협의 새 장이 열리고 있는 것이다.

압록강의 출해구出海口이다. 우리 민족의 성산聖山 백두산의 천지에서 흘러나와 여러 하천과 합류하여, 산을 넘고 들을 넘어 흘러내려온 압록강. 여기에서 서해로 흘러나가고, 황해로 흘러나가고, 거대한 태평양으로 흘러나가고 있다. 바로 이 압록강이 바다로 흘러나가는 출구에 큰 섬이 하나 있다.

원래의 신도新島와 비단섬이 하나로 합쳐진 압록강 최대의 섬이다. 북조선의 행정구인 신도군이 자리 잡고 있다. 신도라고 약칭한다. 신도의 면적은 60㎢ 정도이고 인근의 섬들을 합치면 80㎢가 넘는다. 큰 산이 없이 평지로 이루어진 이 섬은 처녀지이다. 마치 역사의 기회만 오게 되면 큰 개발이 이루어지겠지 하고 기다리고 있는 것 같다. 신도의 개발적 가치, 전략적 가치, 역사적 가치는 아무리 과장하여도 지나치지 않다. 우리의 영토이지만 이미 거대한 중국 대륙에, 유라시아 대륙에 붙어 있기 때문이다. 이 섬이 통일반도가 희망찬 유라시아 대륙에 진출하는 교두보가 아니라면, 이 세상에서 교두보라고 불릴 만한 곳이 거의 없으리라. 이 섬에서 기적과 같이 일어설 신도 국제도시, 전 세계에 큰 명성을 떨칠 것이다.

현대자동차 그룹의 서해안 사업은 신도 국제도시 건설로 가동이 되어 산하 계열사들이 단독으로 건설하여 운영하기로 하였다.

제18대 정부의 통일·외교부이다. 중국의 외교부, 상무부 등의 부서들과 신속한 협상을 한다. 현대자동차 그룹의 신도 국제도시 개발건설에 대한 중국의 모든 지원조치들이 속속히 합의되고 있다. 한국, 북조선, 중국 삼국의 정상들이 이미 합의를 본 상황이니 신속히 추진된다.

중국에서 구입하는 모든 개발건설 물자가 수출입 관세 없이, 동항시東港市 해관의 간단한 통관절차로 신도 국제도시로 운송되게 한다. 중국에서 채용하는 모든 인력과 차량들이 출입국 절차 없이, 동항시 출입국 관리국에서 발급한 통행증으로 신도국제도시로 자유롭게 드나들게 한다. 중국의 전력, 전화, 무선통신과 수돗물 공급을 중국인과 같이 이용할 수 있다.

한국과 외국에서 수입하는 모든 기계, 장비, 차량과 물자들이 수출입 관세 없이, 동항시 해관의 간단한 통관절차로 신도국제도시로 운송되게 한다. 한마디로 중국인과 중국 기업의 모든 혜택을 빠짐없이 마련해 준 것이다. 중국 정부의 지원이 대단하다. 현대자동차 그룹 조선서해안사업 신도 국제도시의 첫 단계 개발건설 지휘부가 중국의 동항시에 설치되었다.

동항시이다.

바로 압록강 출해구 옆에 자리 잡고 있는 불과 인구 몇 십만 명의 도시. 육지로는 유라시아 대륙을 끼고 있고 강으로는 압록강을 끼고 있으며 바다로는 태평양을 끼고 있다. 그리고 신도 국제도시를 끼고 있다. 역시 두 말할 나위 없이 중요한 전략적 요충지이고, 전 세계의 주목을 받으면서 비약 발전하게 될 기회의 땅이며, 황금과 같은 보지寶地이다. 현대자동차 그룹 조선서해안사업 개발건설 가동식이다. 전력, 전화, 이동통신 등을 모두 중국에서 들여와 신도에서 가동식이 열렸다. 신도와 동항시 사이에는 조그마한 냇물이 흐르고 있다. 냇물 위에 넓은 철다리가 생기고 버스, 트럭, 승용차가 달린다. 신도 국제도시 개발건설 가동식에 큰 인파가 몰려오고 있다. 남한과 북조선, 중국과 러시아 중앙정부의 고위직들이 속속 도착하고, 세계 각국의 기자들의 대거 출동이다. 동항시는 물론이고 인근 도시의 시민들도 많이 모여들었다.

현대자동차 그룹 정몽구 회장의 가동식 발언의 마무리이다.
"저는 현대자동차 그룹과 정주영 명예 회장님의 후손들을 대표하여 선포합니다. 북조선 김정일 위원장님과 저의 아비지 정주영 명예 회장님께서 친히 개척하신 남북경협 사업이 새 막을 열게 되었으며, 오늘 서해안 사업이 본격적으로 가동되었습니다. 신도 국제도시 건설과 서해안고속철도 고속도로 건설의 속도전으로, 힘차게 다가오고 있는 통일반도 시대와 유라시아 시대의 거점기지와 대동맥을 구축하겠습니다."
정몽구 회장의 목소리는 봄우뢰처럼 삼천리금수강산의 창공에서 울려 퍼진다.

신도 국제도시 개발건설이다.
완전한 처녀지여서 장애물이 없기에 설계에도 지장이 없다. 섬의 중축 위치에 통일로를 건설하고 병행하여 친선로를 건설한다. 조국의 통일과 중국과의 영원한 친선을 뜻하는 것이다. 그리고 신도 1가에서 신도 6가를 건설하여 13개의 구역을 만든다.

〈신도국제도시도면〉을 보라. 1호 구역이다. 압록강 고속철도 고속도로 대교가 건설되고 고속철도 압록강역이 건설된다. 중국 땅과 조그마한 냇물 하나 사이므로 출입국과 수출입이 즉시로 가능하다.

2호 구역이다. 고속도로 압록강 터미널과 압록강 국경시장이 건설된다. 동북아 최대 규모의 국경시장이다. 인근의 섬들까지 포괄하여 동대문과 남대문 시장을 합친 것보다 규모가 더 크다. 시장의 교역과 거주를 융합시켜 건설되어 소상공인 입주에도 매우 적합하다. 중국 측의 행정구역은 동항시의 전양진前陽鎭이다. 앞으로 새로 세워질 전양해관前陽海關이 현재 중국의 최대 육지해관인 홍콩에 인접한 나호해관羅湖海關의 규모를 훨씬 뛰어넘게 될 것이다. 앞으로 홍콩보다도 훨씬 더 큰 통일반도 시장과 일본 시장의 물류 수출입과 객류客流의 출입국이 모두, 이 동항시의 전양해관에서 이루어지기 때문이다.

3호 구역에서 12호 구역은 산업별·기업별로 전문화되어 경영하는 국제 전문시장과 서비스단지 지역이고 13호 구역은 거주와 레저단지 지역이다. 한국의 대기업들과 다국적 기업들의 세계적인 전문시장들과 은행, 통신, 수출입, 통관, 관광, 레저 등의 전문서비스를 담당하는 고층건물들이 우후죽순 일어선다. 대한민국 최고의 인터넷 속도와 스마트 기술, 그리고 친환경 녹색에너지 기술을 자랑하는 생태형 아파트와 오피스텔, 국제호텔이 섬과 바다와 강 위에 건설된다.

신도에는 자기부상 열차가 달리고 관광항구도 건설되어 효율적인 국제무역 및 국제물류와 함께 압록강과 태평양의 강과 바다 관광을 동시에 경험해 볼 수 있다. 고속철도 압록강역과 고속철도 고속도로 압록강 대교가 신화와 같이 건설된다. 압록강에 고속철도 고속도로 대교가 건설되었다. 아래층은 고속철도 운행이고 위층은 고속도로 전용이다. 자동차 통행도로 양측에 사람들이 자유롭게 걷거나 자전거를 타고서 달리거나 관광을 할 수 있는 인도와 자전거 도로도 건설하였다.

한강변이다. 북조선의 개평군에 자리 잡은 한강을 끼고 개풍 국제도시가 본격 건설되고 있다. 고속철도 한강역과 고속도로 한강터미널이 우선 먼저 건설된다. 서해안 고속철도, 서해안 고속도로이다. 개풍 국제도시에서 신도 국제도시에 이르는 400여km^2 구간을 5개의 시공구역으로 나누어 동시에 건설한다. 고속철도는 왕복 4차선이고 고속도로는 왕복 10차선이다. 조만간 다가올 통일반도 대동맥 시대와 일본과 중국 및 유라시아 대륙 간에 필연적으로 생겨날 거대한 물자와 인간의 흐름을 감안하여 첫 시작에 큰 규모로 건설하였다. 고속철도와 고속도로가 병행하고 양측에 소나무와 백양나무를 심어 앞으로 숲이 이루어지게 한다. 그리고 양쪽에 철조망을 설치하여 고속철도 운행에 외부의 개입으로 인한 사고가 생기지 않도록 하였다.

평양과 남포항 사이의 대동강변에 고속철도 대동강역이 건설되었다. 한강역에서 출발한 고속철도 기관차와 차량이 압록강역으로 직행하고, 운행을 멈추지 않고도 대동강역에서 물자와 고객이 열차에서 내리거나 열차에 오르게 한다. 고속도로는 일정한 거리마다 출구와 입구를 만들어 화물트럭이나 관광버스와 승용차들이 수시로 빠져나가거나 들어올 수 있도록 하였다. 완벽한 고속철도 고속도로 대통로가 건설된 것이다. 서해안 고속철도 고속도로 개통식이 열렸다. 가동 1년 만에 모든 시공을 마치고 운행에 들어간 것이다. 부산에서 신의주를 달리게 되는 우리 반도의 고속철도 대동맥이 구축되었다.

현대자동차 그룹의 신도 국제도시, 개풍 국제도시, 서해안 고속철도와 고속도로를 모두 포괄한 서해안 사업의 토지 임대료와 독점 사업권 사용료가 30억 달러다. 토지 임대는 매㎡당 30달러 미만이다. 현대자동차 그룹은 서해안 사업 모든 토지의 80년 임대 및 고속철도 고속도로 직행 물류, 관광과 현대개발은행, 현대이동통신, 현대전력 등이 독점 사업권을 가지게 되었다.

지난 2012년 5월 서울시 명동지역의 땅값이다. 공시지가가 3.3㎡당 2억 1천만 원, 1㎡당 기준으로는 6천 500만 원이지만 실제 시세는 7, 8억 원대로 알려져 있다. 신도 국제도시의 땅값이 서울의 명동을 뛰어넘는 것은 시간문제다. 현대자동차 그룹 서해안 사업 모든 토지의 땅값이 얼마나 폭등할 것인가는 얼마든지 계산해 볼 수 있다. 매우 중요한 요충지에 거대한 가치가 있는 땅이기 때문이다. 현대자동차 그룹의 주가 급등이다. 현대로템이 세계 최고의 경쟁력을 가진 고속철도 기업으로 부상하고 있다. 현대로템이 생산한 차세대 초고속 지능기관차와 차량들이, 중국 대륙으로 유라시아 대륙으로 쏜살같이 달려간다. 현대자동차, 기아자동차에서 생산한 지능물류트럭과 지능관광버스들이 서해안을 질주하고, 중국 대륙으로 유라시아 대륙으로 줄을 지어 달려간다.

북조선 중앙정부는 이 현대자동차 그룹 서해안 사업의 30억 달러 임대료를 몽땅 쏟아부어 조선인민의 생활을 철저히 개변시켰다. 북조선의 전국에서 쌀, 고기, 과일, 채소, 생활용품 등 모든 배급이 충족하게 회복

되었고, 모든 가정에 모두 자기들이 살 집이 있게 하였다. 전쟁의 위협이 말끔하게 사라지니 북반도의 군인들이 무기를 내려놓고 건설의 현장으로 뛰어들어 조국건설에 기여하고 있다. 남한의 국민들과 북조선의 인민들이 냉전의 굴레를 철저히 벗어던지고, 동족의 협력으로 북반도 천리마 대행진의 기적을 만들어 내고 있다. 압록강 자유무역특구 사업의 본격 가동이다. 북조선 중앙정부의 거시 전략적인 기획이다. 중국의 홍콩을 뛰어 넘는 자유무역 특구형 국제 대도시를 건설하는 것이다.

지금의 홍콩보다 더 자유로운 자유항自由港 제도를 실시하여 무관세 수출입이 이루어지게 하고, 더 낮은 법인세 등으로 가장 기업하기 좋은 도시를 건설하게 된다.

모두 세 단계로 나누어 개발건설하기로 하였다.

첫 단계가 신도 국제도시 개발건설과 서해안 고속철도 고속도로 개통이다. 현대자동차 그룹이 이미 개발건설에 뛰어들었다.

두 번째 단계가 9대 기업도시와 극동박람회관의 개발건설이다. 1번 신도 국제도시는 현대자동차 그룹이 이미 개발건설 중이고, 그 외의 2번 용천 기업도시, 3번 철산 기업도시, 4번 선천 기업도시, 5번 정주 기업도시, 6번 신미도 해상도시, 7번 의주 기업도시, 8번 청성 기업도시, 9번 수풍호 관광도시 등의 기업도시와 10번 극동박람회관의 본격적인 개발건설이다.

세 번째 단계가 나머지 지역의 전격 개발건설이다. 북조선 중앙정부는 남한의 대기업들에게 우선 진출의 기회를 주기로 하였다.통일반도 시대의 우리 민족 기업의 경쟁력을 중점적으로 육성하기 위해서이다. 한국의 모든 대기업들이 사업진출 검토에 들어갔다. 수익성이 확실하고 절대로 놓쳐서는 안 될 거시전략 사업이기 때문이다.

  한국의 거의 모든 대기업들은 이미 중국의 우리 동포 민간 싱크탱크에서 보내온 사업제안과 기획도면을 받아서 검토 중이다. 모두 다 필요한 자료와 사업기획을 제안 받고서, 심도 있는 논의가 되어 있으므로 신속하게 추진되었다.

  현대자동차 그룹이다. 2번 용천 기업도시를 건설하고 차세대 최첨단 녹색에너지 지능자동차 산업단지와 차세대 최첨단 철강 산업단지를 창설하기로 하였다. 고속철도를 이용한 자동차의 대륙수출과 항구를 이용한 해운수출의 매우 좋은 여건을 동시에 구비하면서, 북조선 철광석 산지를 관통하는 철도를 건설하고 철도와 해운으로 운송해 오는 철광석 자원을 운활하게 이용하기 위해 고속철도를 끼고 있는 해변지역을 택한 것이다. 신도 국제도시가 구비하게 되는 국제무역센터의 기능도 충분히 활용할 수 있다.

  현대중공업 그룹이다. 3번 철산 기업도시와 6번 신미 해상도시를 건설하고 현대중공업, 현대미포조선, 현대삼호중공업 등 여러 곳에 분산되어 있던 조선소들을 철산반도와 인근의 신미도, 단도, 탄도, 대화도 등의 섬에 수직계열화 시켜 조선산업단지로 창설하기로 하였다. 그리고 철산반도와 인근의 섬에서 현대종합상사, 태백풍력발전, 현대자원개발, 현대기술투자, 현대오일뱅크, 하이투자증권, 하이자산운용, 현대기업금융, 현대선물, KHOROL ZERNO LLC 등의 계열사들과 중소기업 협력사들이 동반 진출하게 되었다.

현대 그룹이다. 현대중공업과 합의하여 철산반도의 기봉리 지역을 임대해 압록강 해운항구를 건설하여 현대상사의 거점항구로 이용한다.

그리고 범현대그룹의 기타기업들과 함께 4번 선천 기업도시와 5번 정주 기업도시를 건설하여 현대산업개발, 현대백화점, KCC, 금강종합건설, 현대해상화재, 현대기업금융, 성우시멘트, 호텔현대 등이 사업을 펼치게 된다. 삼성, LG와 한화도 동반 진출이다. 전경련도 출동하였다.

삼성 그룹이다. 중국 단동시丹東市 중심도시의 바로 맞은편에 7번 의주 기업도시를 건설하여 그룹 산하 삼성전자, 삼성SDI, 삼성전기, 삼성코닝, 삼성SDS, 삼성디스플레이, 삼성모바일디스플레이, 삼성테크윈, 제일모직 등의 전자, 반도체, 로봇, 신소재 관련 업체들과 중소기업 협력업체들을 수직계열화 시켜 세계 최고의 삼성전자 기업도시를 건설한다. 전자, 반도체와 지능로봇 등이 융합하여 세계 최고의 전자산업 도시로 도약하고 전자, 로봇 관련 신소재 산업도 세계 최고의 경쟁력을 갖추게 되었다.

LG 그룹이다. 8번 청성 기업도시를 건설하여 삼성전자와 나란히 압록강변에 그룹 산하 LG전자, LG디스플레이, 이미지앤머터리얼스, LG이노텍, 하이프라자, 하이로지스틱스, 하이엠솔루텍, 하이텔레서비스, LG실트론, 루셈과 LG U+, 씨에스리더, 아인텔레서비스, 데이콤크로싱, 미디어로그, 씨에스원파트너, LG CNS, V-ENS, LG엔시스, 비즈테크앤액티브, 유세스파트너스, 코리아일레콤, 서브원, LG도요, 엔지니어링, LG솔라에너지, 지투알, HS Ad, Lbest, LG상사, LG경제연구원, LG경영개발원 등의 전자, 통신업체들과 서비스 관련 업체들이 중소기업 협력업체들과 함께 수직계열화하여 세계 최고의 LG전자 기업도시를 건설한다.

한화 그룹이다. 9번 수풍 기업도시를 건설하여 생태형 관광레저 단지와 한화 그룹 계열사의 산업단지를 건설한다. 압록강과 수풍호의 관광레저 자원을 이용하여 직영 리조트 체인 및 골프장과 특급 호텔 서비스 노하우를 기반으로 다양한 식음, 문화산업에 이르는 양적 질적 성장을 거듭하고 있는 레저서비스 종합단지가 건설된다.

전경련이다. 10번 극동박람회관을 건설하여 전경련의 서비스로 세계적인 상설 극동박람회관을 운영한다. 세계 최초로 정부가 아니고 기업의 연합체가 건설하여 운영하는 국제박람회이다. 전경련의 회원사와 협력사들이 기업별로 산업별로 박람회관을 건설하여 운영하고, 세계의 글로벌 기업들이 다투어 진출하여 상설 박람회관을 설치하고 운영한다. 세계 일류의 글로벌 기업들이 모두다 모여 협력하고 교역한다.

압록강 자유무역특구이다. 신화와 같은 비약 발전을 이룬다. 압록강변에 세계 최고의 전자, 반도체, 이동통신 단지로 삼성전자와 LG전자의 기업도시가 들어서고 해변의 용천평야, 철산반도, 신미도와 선천, 의주지역에 정주영의 후손들이 세계 최고의 최첨단 조선, 자동차, 고속철도 기관차, 차량과 산업용 지능로봇, 서비스전용 지능로봇 등의 제조업 기업도시와 압록강 항구와 압록강 관광공항이 건설된다. 고속철도, 고속도로와 항공, 해운이 산업과 함께 집결하여 새로운 홍콩으로 일어선다.

수풍호에 관광레저 단지가 들어서고, 신미도에 해저수족관과 해양호텔이 건설되고, 해변·강변·호변湖邊을 따라 자기부상 관광열차가 달린다,

관광요트가 달린다. 남반도 최고의 글로벌 기업들이 모두 모인 압록강 자유무역특구에서 세계 최첨단의 기술과 제품들이 지속적으로 개발 생산되어, 중국 대륙으로 유라시아 대륙으로 직수출되고 있고 해운과 항공운행으로 전 세계에 수출된다.

동북아 최고 인기의 국제 대도시가 압록강의 양안에서 신화와 같이 일어선다. 삼성 그룹의 북반도 거대사업의 본격 진출이다. 북조선 한강자유무역특구 개발건설 본격 가동이다. 한강특구로 약칭한다. 삼성 그룹 한강특구 사업의 거시 전략적인 의의와 가치에 대한 분석이다.

가) 한강의 남쪽에는 이미 서울시, 인천시와 경기도 북부의 도시들로 거대한 국제 대도시 지역이 건설되어 있다. 그러나 삼성 그룹이 주도적 역할은 하지 못하고 있다.
삼성 그룹이 북조선의 한강특구를 개발 건설하여 운영할 경우에는, 완전히 주도하여 운영하는 세계 최고의 최첨단 기업도시를 건설할 수 있다.
나) 삼성 그룹의 전자, 반도체, 디지털 정보통신 기업들은 이미 압록강변에 자유무역 특구형 기업도시를 개발 건설하여 운영하고 있다. 그러나 다른 분야의 산업과 기업은 아직 수직계열화의 집결을 이루지 못하고 있다. 한강특구에서 실현될 수 있다.
삼성 그룹이 북조선에서 모든 산업의 융합과 복합을 실현하고, 세계 최고의 글로벌 대그룹으로 도약할 수 있는 거시 전략적인 거점 기지를 마련하게 되는 것이다.

다) 한강특구는 한강하류의 가장 가치 있는 모든 처녀지와 항구 등의 지역을 포괄하고 있다.

앞으로 통일반도국가 시대에서 통일의 수도 한강시가 탄생하게 되는 가장 핵심 위치에 자리 잡고 있다. 그러므로 엄청나게 큰 부동산 투자경영의 거대이윤이 확보되어 있으며, 삼성 그룹의 모든 산업의 경쟁력을 세계 최강으로 육성할 수 있다.

이상의 전략적 의의와 거대한 가치가 확실하게 보장되어 있으므로 반드시 기회선점의 전략과 선택과 집중의 전략으로, 본격적 개발건설이 이루어지게 하여야 한다는 판단이다.

특히 현대자동차 그룹이 북조선 서해안 사업과 압록강 자유무역특구의 개발건설을 주도하면서 특별히 중요한 거점지역과 핵심사업을 선점하고 독점하여 거대한 이득을 창출하고 있는 상황이므로, 삼성 그룹은 반드시 한강특구의 개발운영권을 확보해야 한다.

삼성 그룹의 한강자유무역특구 개발건설 가동식이다. 개풍군의 한강변에서 성대하게 열리었다. 삼성물산이 개발 건설하고 삼성중공업, 삼성엔지니어링, 삼성바이오직스, 삼성바이오에피스, 삼성토탈, 삼성석유화학, 삼성정밀화학, 삼성BP화학, 삼성에버랜드, 신라호텔, 에스원, 제일기획, 삼성경제연구소, 삼성의료원, 삼성화재, 삼성카드, 삼성증권, 삼성자산운용, 삼성벤처투자 등이 모두 진출하여, 삼성 그룹이 건설하고 운영하는 기업도시가 세계적인 국제 대도시로 일어선다.

포스코 그룹과 SK 그룹의 본격 진출이다. 철광석과 희유금속 광산에 인접하여 포스코 그룹이 조선광물특구를 건설하고, SK 그룹이 두만강 자유무역특구에 석유화학단지를 건설한다. 러시아의 자원을 확보하고 북조선의 자유무역특구 정책을 이용하여, 유라시아 대륙진출의 거점 기지를 확보한다. 모든 대기업과 중소기업의 동반 진출이다.

정경분리의 기업투자, 개발건설과 기업도시 경영으로 명실상부한 기적이 일어난다.

기적1. 기업의 거대창업 시대가 열린다

한강의 기적 때이다. 정주영, 이병철, 박태준 등 위대한 창업주들은 모두 거대한 창업을 가동하여 세계적인 조선소, 반도체 회사, 철강소 등을 만들어 내고 중동 건설의 신화를 일으켰다.

북반도에서 새로운 기적이 일어나고 있다. 현대자동차 그룹과 범현대 가족기업이 주도하는 압록강 자유무역특구와 삼성전자, LG전자가 압록강변에 건설하는 세계적인 전자, 반도체, 정보통신 기업도시, 그리고 삼성물산이 건설하고 삼성 그룹 계열사들이 협력사들과 동반 진출하는 한강자유무역특구, 포스코 그룹과 SK 그룹이 건설하는 동해안과 두만강변의 광물개발특구와 석유화학단지 등이 모두 세계 일류의 최첨단 기업도시와 국제 대도시로 일어선다.

한강의 기적 이후에 보기 드문 대기업 거대창업의 시대가 열린 것이다. 두바이의 기적이 우리의 땅, 우리의 반도, 우리의 국토에서 일어난다.

기적2. 유라시아 대륙 전략진출의 새 장이 열린다

우리의 기업들이 압록강 자유무역특구, 한강 자유무역특구, 두만강 자유무역특구를 거대한 유라시아 대륙진출의 거시전략 거점기지로 하여 대륙사업을 힘차게 가동한다. 유라시아 대륙 고속철도 고속도로 최첨단 지능물류 네트워크와 지능물류 거점기지 구축을 기반사업으로 한 거시 전략적인 유라시아 대륙시장 공략이다. 우리 기업의 대륙진출의 새 장이 열리게 될 것이다. 그 전략적 기업적 가치는 지금은 상상도 하지 못할 정도로 거대할 것이다.

기적3. 남반도 대진흥大振興의 계기가 되었다

한국의 위기는 무엇 때문인가? 우리의 국민, 우리의 청년, 우리의 여성, 우리의 기업인들이 희망을 보지 못하고 절망에 사로잡히게 되었기 때문이다. 그러나 북반도 투자개발이 본격적으로 활성화되어 남과 북이 희망찬 화해협력의 새 시대에 매진하고 있고, 거대한 유라시아 대륙으로 융합하는 고속물류 대통로가 구축되어 우리의 기업과 산업이 생기발랄하게 고속성장을 하여 많은 사업이 생기고 창업이 일어나고 취업이 활성화되니 전국의 면모일신이고 기상만천이다. 기업의 북반도 투자진출이 남반도 대진흥의 거시 전략적인 역사의 계기가 된 것이다.

기적4. 북반도의 천리마 대행진이 일어난다

우리의 민족은 근로하고 견인堅忍하며 슬기롭고 희망차고 흥나게 사는 동방의 민족이다. 남한의 국민도 북조선의 인민도 모두 다 위대한 하나의 민족이다. 북반도에 몇 십억 몇 백억 달러의 물자와 현금이 지속적으로 수입되고, 전력과 석유 등의 에너지가 남한과 중국과 러시아에서 대량으로 들어오니 대도약이 일어난다. 전국의 철도와 도로가 신속하게 현대화되고 마을과 도시가 빠르게 현대화를 실현한다. 북반도 정부의 조직력과 전체 인민의 창조력이 거대한 원동력으로 뭉쳐진다. 평양에서 남포에 이르는 대동강변과 서해안에 대동강 과학문화특구가 본격 건설된다.

평양의 청년들이 최첨단 전자산업, 소프트웨어산업, 문화산업을 중심으로 하여 세계적인 첨단기업들을 만들어 내고 동북아의 실리콘밸리와 할리우드를 탄생시킨다. 서울의 청년들이 대동강 과학문화특구에 합류하여 창업의 길을 열고 있다. 우리의 북반도에서 천리마 대행진이 일어나고 강성국가 건설의 속도전에 불이 붙는다. 이상이 초보적으로 정리한 대북사업으로 인하여 일어나는 기적들이다.

지난 4월 11일이다.
평양의 중대한 발표이다. 북조선 중앙당의 김정은 제1비서가 탄생하였다.

지난 8월 13일이다.
북조선 국방위원회 장성택 부위원장이, 경제와 외교 분야 고위층을 이끌고 중국 방문을 하였다. 중국의 관련 지역을 방문하고 중국의 국가 지도자들을 만났다. 북조선과 중국의 경제협력이 거시 전략적으로 기획되고 있다.

지난 8월 14일이다.
일본의 니혼게이자이 日本經濟 신문의 보도이다. 블라디미르 푸틴 러시아 대통령이 김정은 북조선 노동당 제1비서에게 북·러 정상회담을 제의했다고 보도하였다. 푸틴 대통령은 2000년 대통령 취임 직후 평양을 방문하여 북조선 김정일 국방위원장과 회담하였다. 드미트리 메드베데프 러시아 총리도 대통령 시절이던 2011년 8월에 시베리아에서 김정일 위원장과 정상회담을 가졌다. 북조선은 중국과 러시아와 모두 양호한 협력관계를 보유하고 있다. 북조선과 중국, 북조선과 러시아의 본격적인 경제협력 역시 거대한 잠재력과 협력공간을 보유하고 있다. 일단 결심만 하면 거대한 규모로 본격적으로 추진될 수 있다. 우리의 북반도에서 천지개벽의 천리마 대행진이 일어나는 것은 시간문제이다.

우리의 다음 대통령은 반드시 거시 전략적인 사고와 기획으로, 남한과 북조선의 경제협력을 검토하고 대기업의 북반도 투자진출을 전격 지원해야 할 것이다. 대선후보 김두관의 말이다. 남한의 성장 동력은 북반도에 있다. 정확한 논단이다. 우리는 반드시 북반도의 거시 전략적인 투자개발에서 남반도 대진흥의 원동력을 찾고 유라시아 대륙진출의 출로와 함께 세계 5강 도약의 출구를 찾아야 할 것이다.

제2편
동북아 공동체가 핵심이다

　동북아시아이다. 동북아는 사실상 세계지리 개념에서 동쪽의 맨 끝인 극동極東이다. 중국, 러시아아시아 지역, 몽골, 일본, 그리고 남한과 북조선이 극동의 6개국이다. 이 동북아의 극동이 미래세계의 인류발전을 강력하게 견인하게 될 새로운 엔진과 원동력이 될 것이고, 극동지역이 미래인류의 발전에 가장 핵심지역이 될 것이다.

　그 이유를 말한다. 중국이다. 중국은 고대사회에서 이미 전 세계의 중심 국가였다. 진秦나라 진시황 때에 이미 거대제국을 만들어 냈고 100만 대군을 거느렸다. 한漢나라 한무제 때에 이미 중국의 국토가 지금의 규모에 육박해 있었다. 당唐나라 당태종 때에 이미 세계 GDP 50% 이상의 최강대국을 만들었다. 마지막 왕조인 청淸나라 건륭제乾隆帝 때에도 역시 세계 최강 경제대국이었다. 그러나 영국이 중국에 대량의 아편을 가져다 팔면서 거액의 자금이 흘러나가기 시작하고, 영국과 프랑스 등 모든 제국주의 국가의 경제침략과 군사침략으로 인하여 동아시아의 병부病

제4장 통일반도 국가를 기획한다　225

夫로 불릴 정도로 쇠락해졌다. 그러던 중국이 모택동毛澤東이 주도하는 혁명으로 모든 제국주의 군대들을 중국의 국토에서 몰아내고 새로운 중국을 탄생시켰고, 1978년 등소평鄧小平이 가동한 국가개혁을 계기로 힘찬 도약을 했다.

중국은 이미 세계 2위의 경제대국이며, 미국을 추월하고 세계 최강의 경제강국이 되리라는 데 많은 이들이 동의하고 있다. 중국은 말 그대로 대국이다. 중국의 인구가 13억 9,600명이 넘는다. 절대적인 인구대국이다. 중국의 국토가 9,596,960㎢이다. 남한 면적의 약 97배이고 우리 반도의 약 44배이다. 이 거대한 중국이 웅비하고 있다. 명실상부한 거룡의 웅비다.중국의 수입규모가 곧 15조 달러를 넘게 되고 세계 최대의 내수시장이 형성된다. 중국이 세계 최대의 시장으로 자리매김할 것이라는 것은 예측이 가능한 일이다. 이 중국의 옆에 인도가 있고 동남아가 있고 러시아와 중앙아시아 국가들이 있다. 하나의 거대한 시장으로 융합되는 것은 시간문제이다. 이 거대한 중국에 우리의 반도가 육지와 바다로 이어져 있다.

다음은 러시아다. 세계 최대의 국토대국이다. 우랄산맥 동쪽의 아시아 지역의 국토면적만 1만 2천㎢가 넘는다. 중국 전체의 국토보다도 더 크다. 또한 거대한 자원의 보고寶庫이다. 특히 북극해 항로가 개통되고 인류의 북극해 시대가 열리게 되면, 러시아의 자원은 엄청난 규모로 불어날 것이다. 그뿐만이 아니다. 러시아는 세계적인 과학기술 강국이고 군사대국이다. 일단 베링해협의 해저커널이 개통되면 북미대륙을 직행하게 될 것이다. 이 러시아 대륙에 우리의 반도가 역시 육지와 바다로 이어져 있다.

몽골이다. 세계적인 자원국가이다. 우라늄과 희토류를 비롯해 구리, 금, 석탄 등의 광물자원 매장량이 많은 세계 7대 자원부국이다. 세계 최대 유연탄광도 몽골에 있다. 이 자원의 부국 몽골에도 우리의 고속철도와 고속도로가 개통될 수 있다.

일본이다. 세계적인 경제대국이고 금융대국이며 최첨단 과학기술의 대국이다. 부산에서 규슈 섬을 잇는 해저터널만 개통되면 순식간에 오갈 수 있는 우리의 이웃이다. 이 중국, 러시아, 몽골과 일본의 중심에 우리의 반도가 자리 잡고 있다. 이 동북아의 '극동경제공동체/FEC'는 미래세계의 경제발전을 강력하게 견인하는 가장 중요한 핵심 지역으로 자리매김하게 될 것이다. 두말할 나위도 없다. 통일반도가 세계 5강의 지구촌 초일류의 행복국가로 도약하는 가장 전략적인 관건사업이 '극동경제공동체 조직'의 설립과 '극동경제공동체/FEC'의 창설이다. 이로써 동북아 공동체가 탄생하게 되는 것이다.

우리는 반도의 나라이고 변방의 국가이다. 그러나 '극동경제공동체/FEC'가 창설되면, 우리의 반도는 세계 경제발전의 중축으로 웅비하게 된다. 반도와 변방의 나라가 세계의 중심으로 도약하는 것이다. 세계 경제발전의 핵심지역이 서구에서 북미로 옮겨갔다가, 지금은 동아시아 지역으로 옮겨오고 있다.

미국과 서구가 심각한 경제위기에 빠져 있다. 중국은 이미 세계 최대의 수출시장으로 부상하고 있고, 조만간 미국을 추월하여 세계 최강의 경제대국, 금융대국, 산업대국으로 자리 잡게 될 것이다. 러시아의 푸틴 대통령도 새로운 도약을 가동하고 있다. 광활한 러시아의 아시아 지역은 풍부한 원유와 천연가스, 원시삼림과 지하광산 등의 자원의 보고寶庫이고, 전 세계에서 마지막으로 남아 있는 가장 잠재력 있고 전망 밝고 개발의 가치가 높은 처녀지이다. 푸틴 대통령의 새로운 10년 임기와 함께, 러시아의 세계 강국을 향한 새로운 도약이 이미 시작되었다. '동방의 러시아'가 웅비하게 될 것이다. 앞에서 언급한 바와 같이 이 '동방의 러시아'가 우리의 반도와 이어져 있다.

우리의 반도는 중국과 러시아와 모두 인접해 있다. 땅과 땅, 바다와 바다, 철도와 철도로 연결되어 있다. 이것이 우리의 반도와 민족이 가지고 있는 미래발전의 최대 장점이다. 우리 민족은 근 만년의 유구한 역사를 가진 동방의 민족이며 중화민족, 일본민족과 함께 휘황찬란한 동방문화를 창조하였다. 세계는 이미 지역의 통합을 기반으로 한 지구촌 시대로 발전하고 있다.

우리 민족과 중화민족, 일본민족은 동역同域, 동종同種, 동문同文이다. 하나의 땅인 동북아에서 하나의 인종인 동방인류로 탄생하여 하나의 동방문화를 지키면서 발전하여 왔다. 세계의 동방에서 하나의 동방인류로 하나의 동방문화를 탄생시켰다. 시베리아와 극동 등 러시아의 동부지역은 무진장한 자원과 잠재력을 가지고 있는 처녀지이고 황금의 땅이며 기회의 땅이다. 러시아는 우랄산맥 동쪽의 아시아 지역을 본격적으로 개발하고 있다. 거대한 대개발 사업들이 지속적으로 펼쳐지고 베링 해저터널도 건설될 것이다. 유라시아 대륙과 북미주 대륙이 고속철도와 고속도로로 관통될 것이다. 러시아가 '동방의 러시아'로 되어 아시아 태평양 시대의 샛별로 등극할 것이다. 일본이 '태양의 나라'가 되어 새로운 비약과 발전을 이룩하게 될 것이다. 몽골도 큰 도약을 이룰 것이다. 우리는 반드시 우리의 반도를 중축으로 하여 중국, 러시아, 몽골, 일본과 공동으로 동북아 '극동경제공동체/FEC'를 창설해야 한다.

베링 해저터널이 개통되면 러시아의 극동 캄차카반도와 미국의 알래스카가 하나로 이어지므로, 미국의 '극동경제공동체/FEC' 협력과 참여도 가능할 것이다. 우리의 통일반도와 중·러·일·미 등 세계 최강의 국가들이 지혜와 힘을 합쳐 '극동경제공동체/FEC'에서 협력하는 그날이 꼭 찾아올 것이다. 그렇다면 우리는 동북아 극동의 중축이 되어 주도적인 역할을 할 것인가, 아니면 종속의 위치에 머물러 있을 것인가? 이 역시 반드시 거시 전략적으로 결단해야 할 중대한 과제이다.

'반도의 동북아 핵심가치 기획도면'을 보라. 기획도면에서 볼 수 있듯이 반도가 중국의 가장 중요한 경제발전 핵심구역과 몽골, 러시아 극동의 연해주, 그리고 일본 열도의 중심에 자리 잡고 있다. 앞으로 극동 '환황해' 자유무역특구와 극동 '지중해' 자유무역특구가 창설되면 반도가 중국, 러시아, 몽골, 일본과 함께 극동 '환황해' 자유무역특구와 극동 '지중해' 자유무역특구의 중축이 될 것이다. 또한 '극동경제공동체/FEC'가 창설되면 고속철도 고속도로 운송망과 동북아지역 해운 및 항공 네트워크의 핵심 위치에 우리의 반도가 있을 것이다.

우리의 반도만이 가지고 있는 이상의 장점을 절대로 포기할 수 없다. 우리는 반드시 남과 북의 화해와 협력을 실현하고 발기국 發起國이 되어 '극동경제공동체/FEC' 조직을 창설하고, 극동 '환황해' 및 극동 '지중해' 자유무역특구와 고속철도를 건설하고 한일 해저터널과 베링 해저터널을 건설하고 유라시아 횡단철도를 건설하여야 한다.

지난 15세기에서 17세기까지의 300년은 이탈리아 반도를 중심으로 하여 로마, 스페인, 포르투갈 등의 국가들이 세계를 주도해 온 지중해 시대였고 18세기에서 20세기의 300년은 영국과 미국을 중심으로 한 대서양 시대였다.

21세기 이후의 인류세계는 우리의 통일반도와 중국, 러시아의 아시아 지역, 일본, 그리고 몽골을 포함한 동북아 '극동경제공동체/FEC'가 미래 인류의 발전을 강력히 견인하면서 가장 핵심적 역할을 하는 아시아·태평양 시대가 될 것으로 전망하고 있다.

우리는 반드시 중국과 합류하고 러시와 합류하고 유라시아 대륙과 합류하는 대륙의 국가와 태평양의 해양국가로 동시에 도약하는 거시전략을 택해야 한다.

우리의 대륙국가 시대를 기획하고 전망하여 본다.

새로 신설되는 대륙물류·관광·통상부이다. 약칭이 대륙부다. 대륙부는 차세대 초고속 디지털 지능고속철도의 개발생산과 유라시아 대륙의 차세대 초고속 디지털 고속철도 네트워크 구축 및 디지털 초고속 지능고속철도 고속도로 물류 관광 거점기지 건설을 대륙사업의 핵심 돌파구로 확정하였다.

한국철도공사, 현대로템, 삼성전자, LG전자, SK텔레콤, KT 등 관련 기업과 관련대학, 연구소들이 차세대 초고속 디지털 고속철도 연합체 기업을 설립하였다.

본격적인 개발이다. 산학연이 힘을 합치고 정부의 강력한 지원이 확보되어 있으며 목표가 명확하니, 모든 부품의 연구 개발에서 기관차와 차량의 연구 개발까지 모두 다 신속하다. 한국형 초고속 열차가 디지털 지능기술로 모든 사고의 위험을 피해 시속 600km로 달리는 차세대 초고속 디지털 고속철도 기관차와 차량이 개발되었다. 모든 운행이 지능 디지털 기술로 진행되고 위치의 확인이 곧바로 된다. 서울에서 부산까지 40분이면 도착이다. 디지털 초고속 지능고속철도 고속도로 물류 관광 거점기지 건설의 시행이다.

부산을 가상의 거점기지로 하여 시행하여 본다. 서울 출발 물류 관광 물자와 관광객이 부산에 도착하여 인근의 모든 도착지에 송달되고 도착하여 물건이 접수되고 관광을 하는 전 과정이 즉시로 확인되고 신속하고 정확하다. 초고속 고속철도 운송과 거점기지의 고속도로 운송 네트워크가 완벽하게 융합되고, 디지털 지능기술로 모든 서비스가 보장되어 있다. 대륙으로 진출할 수 있게 되었다. 모두 세 단계로 나누어 추진하기로 한다.

첫 단계다. 유라시아 대륙의 몇 국가와 합의하여 현지 법인을 설립하고 그 나라 국내의 차세대 초고속 디지털 고속철도 네트워크 구축과 디지털 초고속 지능고속철도 고속도로 물류 관광 거점기지 건설을 추진한다.

러시아다. 러시아 철도공사와 한국의 고속철도 연합체 기업이 현지 법인을 설립하였다. 모스크바에서 극동의 해변 항구에까지 한국의 차세대 초고속 디지털 고속철도 기관차와 차량으로 달리는 세계 최장의 고속철도가 건설된다. 그리고 시베리아와 극동의 중심 도시에 디지털 초고속 지능고속철도 고속도로 물류 관광 거점기지가 건설된다.

중국이다. 중국의 관련 철도공사와 한국 고속철도 연합체 기업이 현지 법인을 설립한다. 압록강 출해구出海口 해변의 중국 단동시丹東市 동항東港 철도역에서 내몽고자치구內蒙古自治區의 이련호특二連浩特을 잇는 고속철도를 건설한다. 그리고 동항東港 철도역에서 신강위구르족자치구新疆維吾爾族自治區와 카자흐스탄 국경의 아라산구阿拉山口를 잇는 고속철도를 동시에 건설한다. 한국의 차세대 초고속 지능고속철도가 몽골과 러시아를 거쳐 서유럽까지 관통하고, 중국을 거쳐 중앙아시아를 경유하여 서유럽까지 달리기 위해서이다.

몽골이다. 중국과 러시아의 한국형 디지털 지능고속철도를 잇는 고속철도를 건설한다.

인도다. 인도의 국가철도공사와 한국의 고속철도 연합체 기업이 현지 법인을 설립한다. 인도 국내의 모든 지역을 한국의 차세대 초고속 디지털 고속철도 기관차와 차량으로 달리는 완벽한 고속철도 네트워크가 구축된다. 그리고 인도의 지역별 중심 도시에 디지털 초고속 지능고속철도 고속도로 물류 관광 거점기지가 건설된다.

폴란드다. 폴란드의 철도공사와 한국의 고속철도 연합체 기업이 현지 법인을 설립하였다. 폴란드 국내의 모든 지역을 한국의 차세대 초고속 디지털고속철도 기관차와 차량으로 달리는 완벽한 고속철도 네트워크가 구축된다. 주변의 동구지역으로 신속히 확장하여 나간다. 폴란드와 주변 동유럽 국가의 지역별 중심 도시에 디지털 초고속 지능고속철도 고속도로 물류 관광 거점기지가 건설된다.

두 번째 단계다. 북조선과 합의하여 북반도 서해안과 동부선 고속철도 고속도로의 본격 건설이다. 그래야만이 한국의 차세대 초고속 디지털 고속철도 기관차와 차량이 러시아로 폴란드로 동유럽으로 서유럽으로 직접 달릴 수 있고 중국을 경유하여 인도로, 중부아시아로, 서부아시아로, 동남아시아로 직접 달릴 수 있기 때문이다.

동부선 고속철도는 부산에서 남한과 북조선의 동해안을 경유하여 러시아로 직접 빠져나갈 수도 있으나, 먼저 수도권을 거쳐 북조선의 개풍군에서 동쪽으로 갈라지는 동부선 고속철도를 건설하기로 한다. 반드시 서해안의 개발과 합류해야 되기 때문이다. 서해안과 동부선 고속철도 고속도로 개통이다.

부산에서 출발한 한국의 차세대 초고속 지능디지털 고속철도 기관차와 철도차량이 러시아와 중국을 거쳐, 폴란드와 인도의 한국형 차세대 초고속 디지털 고속철도와 합류하고, 거대한 유라시아 대륙으로 뻗어나간다. 그리고 러시아의 극동, 시베리아와 인도, 폴란드의 지역별 중심도시에 건설한 디지털 초고속 지능고속철도 고속도로 물류 관광 거점기지가 작동되기 시작한다.

한국의 디지털 지능기술이 주도하는 유라시아 대륙의 초고속 고속철도 운송, 무역, 물류, 관광의 네트워크가 구축된다.

우리의 대륙 수출입 운송수입 급등.

우리의 대륙 수출입 물류수입 급등.

우리의 대륙 수출입 무역수입 급등.

우리의 대륙 출입국 관광수입 급등.

우리의 철도차량 관련사업 매출 급등.

모두 다 급등이다. 국가의 재정수입 역시 급등이다.

그리고 러시아, 인도, 폴란드의 고속철도와 거점기지의 합자경영 수입도 짭짤하다. 이로 인하여 대륙의 핵심지역마다 전략적인 거점으로 한국의 기업도시가 생겨난다.

초고속 지능고속철도 물류와 관광을 중심으로 한국의 거점도시 특구가 일어선다. 더 중요한 것은 한국형 차세대 초고속 디지털 고속철도와 함께 한국형 차세대 초고속 디지털정보통신 기술도 동반 진출하여 유라시아대륙의 네트워크를 구축한다.

세 번째 단계다. 베링 해저터널을 달려 북미주로 진출하고, 세계의 모든 대륙으로 진출한다. 전 세계의 모든 대륙에서 현지 국가와 협력하여 한국의 디지털 지능기술이 주도하는 초고속 고속철도 운송, 무역, 물류, 관광의 네트워크를 구축한다. 한국형 차세대 초고속 디지털 정보통신 네트워크도 동반하여 구축된다. 이상이 '극동경제공동체/FEC'를 핵심으로 한 대륙사업의 거시전략 기획이다.

기획도면들을 보라.

유라시아 고속철도 1호선이 일본 열도에서 서유럽을 직행하는 대동맥이 될 것이다. 중국 러시아 동부극동 고속철도가 유라시아와 북미주 대륙을 관통하게 될 것이다. 우리의 통일반도를 중축으로 하여 '극동경제공동체/FEC'가 창설될 것이다. 동북아 '극동경제공동체/FEC'의 창설로 통일반도가 세계 5강으로 도약하게 된다. 역사가 증명하리라. '극동경제공동체/FEC'가 우리 민족 도약의 핵심이다.

제3편
해양강국 도약이 가능하다

　우리의 인류는 조만간 해양의 시대로 진입하게 될 것이다. 우리 지구 표면의 70% 이상이 바다이다. 지구 생명체의 90% 이상이 바다에서 생존하고 있다. 지구 산소의 75% 이상과 담수의 70% 이상도 바다에서 나오고 있다. 육상자원의 고갈을 대체할 수 있는 자원의 보고寶庫가 역시 바다이다. 얼음의 바다 북극해는 인류 최후의 자원의 보고이다. 만년 동토凍土와 해저에 석유, 천연가스, 금, 은, 희유금속 등의 풍부한 자원이 매장되어있다. 미래의 인류는 바다로부터 무한한 수산자원과 광물자원 및 에너지자원을 얻게 될 것이며, 최첨단 과학기술로 해양무역과 해양물류, 해양관광 시대를 창조할 것이다.

　바다는 인류의 미래이고 우리의 미래이다. 우리는 반드시 해양의 강국으로 도약해야 한다. 가능할까? 분석하여 보자
　첫째, 해양강국이 되려면 반드시 바다와 육지를 모두 다 끼고 있어야

한다. 일본은 섬나라이다. 그러므로 해양강국이 되기에는 어려움이 많다. 대륙의 시장과 산업은 해양의 시장 및 산업과의 관통이 불가능하기 때문이다. 반드시 거대한 대륙의 시장과 산업이 거대한 해양의 시장 및 산업과 관통하고 융합할 수 있는 물류 네트워크와 산업협력의 시스템을 구축할 수 있는 국가이어야 한다.

둘째, 바다와 육지를 끼고 있다고 하여 모두 해양강국이 될 수 있는 것은 아니다. 반드시 해양산업과 자원개발에 필요한 최첨단 기술을 보유해야 한다.

셋째, 이상의 여건이 구비되었다 하여 해양강국이 되는 것은 아니다. 반드시 해양강국 건설을 위한 거시 전략적인 기획이 확립되어 있고 국가의 의지로 굳혀져야 한다.

해양산업은 해운선박, 해양플랜트, 해양운수, 해양물류, 해양관광, 해양어업, 해양양식, 해양풍력발전, 해조발전, 해저조류에너지, 해양의약품, 해수담수화, 해양연구개발 등과 해저자원개발을 포괄한 모든 해양관련 산업들을 말한다. 해양시장은 이상 해양산업과 해저자원의 개발로 인하여 형성되는 융합시장을 말한다.

우리나라의 경우 거대한 유라시아 대륙 및 태평양 시장과 산업을 관통하는 가교가 될 수 있는 반도이고, 향후 동북아·태평양 시장이 북극해 항로를 활용하는 데 전략적 위치를 차지하고 있으므로 해양운수, 해양물류, 해양관광 등의 산업이 대륙운수, 대륙물류, 대륙관광 등의 산업과 하나의 유라시아·태평양 네트워크로 구축되게 할 수 있다.

유라시아 대륙에 고속철도 고속도로 지능물류 네트워크와 거점기지를 구축하고 거대한 태평양의 해양시장 및 해양산업과 하나로 융합되게 하는 것이다.

한편 우리나라는 이미 세계 최고의 해운선박 제조산업과 기술을 가지고 있으며, 해저자원 개발기술과 해양어업, 해양양식, 해양풍력발전, 해조발전, 해저조류에너지, 해양의약품, 해수담수화, 해양연구개발 등의 분야도 세계적인 수준이다. 그러므로 일단 해양강국 창설의 거시전략이 확정되면 해양강국으로의 도약이 가능하다.

특히 북극해 시대가 다가오면서 부산항과 반도의 전략적 가치가 신속히 급등할 것이다. 부산항 시대를 거시 전략적으로 열리게 하고, 부산항이 태평양과 유라시아 대륙시장을 관통하는 유라시아 대륙의 관문 항구로 도약하게 하는 것이 바로 핵심기획이다. 항구와 항만, 해양과 산업을 모두 다 통합하여 기획하고 추진해야 한다.

부산을 중심으로 하여 포항, 울산, 광양, 여수, 광주, 전주, 새만금과 제주도 등 남부해안의 모든 지역과 항구 및 섬과 바다를 통합하여 세계적인 '해양산업광역특구'를 설립하고 항구와 조선, 플랜트, 원양어업, 해저자원개발, 해양담수, 해양에너지, 해양바이어, 해양풍력, 해조발전, 해양운수, 해양관광 등의 해양관련 모든 산업들을 통합하여 거시 전략적으로 기획 발전시켜 해양강국을 건설해야 한다.

우리의 세계 최고 조선과 스마트 기술로 초고속 디지털 지능해운선박을 개발 생산하여 세계의 모든 대양을 달리게 하고 새로운 해운 네트워크를 구축해야 한다.

전문가들의 분석이다. 21세기 중반이면 북극해의 얼음이 대부분 녹아버리고 북극해 항로가 개통된다. 북극해에서 러시아의 시베리아 극동해안을 따라 북극해의 '북동항로'가 개통될 것이고, 캐나다의 북부해안을 따라 북극해의 '북서항로'가 열리게 될 것이다.

지금의 중국 상해上海를 시점으로 하여 계산하여 보자.

상해에서 수에즈 운하를 지나 서부유럽에 도달하는 데 약 2만km에 23일이 걸린다.

그러나 베링 해협을 지나 러시아의 시베리아 극동해안을 거쳐 극동해의 '북동항로'를 이용하여 서부유럽에 도착하는 데는 약 1만 6천km에 15일이면 충분하다. 해운 운송거리가 약 20% 감축되고 해운 소요시간은 8일 정도 줄어든다. 상해에서 파나마 운하를 거쳐 미국 동부해안의 항구에 도달하는 거리가 2만여km이다. 그러나 베링 해협을 거쳐 캐나다 북부해안을 따라 극동해의 '북서항로'를 이용하여 미국 동부해안의 항구에 도착하는 거리는 1만 7천km가 좀 넘는다. 해운 운송거리가 대폭 감축되고 소요시간도 10일 정도 줄어든다. 이상의 장점으로 하여 북극해 항로는 '꿈의 항로'로 불리고 있다. 부산항은 동아시아 해운선박이 '꿈의 항로'로 들어가는 핵심위치에 자리 잡고 있다. 부산항에 역사적 대도약의 기회가 찾아온 것이다. 21세기 후반에 북극해의 항로가 단계별로 개통되면 '부산항 시대'가 열릴 것이다.

우리는 반드시 우리의 부산항을 유라시아 대륙의 핵심관문의 항구로, 세계 1위의 해운항구로 거시 전략적으로 기획하여 본격적으로 육성해야 한다. 또한 태평양·북극해 시대의 가장 중요한 국제항구와 해양물류, 대륙물류의 허브항구로 만들어야 한다.

유라시아 대륙시대, 태평양 시대와 북극해 시대의 '부산항 시대'를 열어야 한다. 향후 몇천 년, 몇만 년, 몇십만 년, 몇백만 년을 내다보면서 거시 전략적으로 기획하여, 부산항을 꼭 세계 1위 유라시아 대륙의 핵심관문 항구로 만들어 내야 한다. 그리고 우리나라의 남부지역에 '해양산업광역특구'를 창설하여 세계 최고의 해양물류, 해양관광, 해양무역과 차세대 해양산업의 중심지로 부상하게 해야 한다.

앞으로 거시 전략적으로 세계 최고의 해양박람관, 해양수족관, 해양공원, 해저도시와 해양대학, 해양과학기술 연구개발센터 등을 본격적으로 건설해야 한다. 우리의 세계 최고 해양산업을 거시 전략적으로 키워 내어야 한다.

지난 1994년 우리나라는 유엔 산하 국제해저기구ISA로부터 세계에서 일곱 번째로 태평양 공해상 클라이온-클리프톤 해역에 15만㎢ 광구를 확보하는 성과를 올렸다.

한편 프랑스의 브레스트에서 열린 제22회 국제해저지명소위원회SCUFN 회의는 이미 태평양 해역 북마리아나 제도와 마셜 군도 사이에 위치한 해산海山 4곳의 이름을 장보고 해산과 아리랑, 백두, 온누리 평정해산으로 결정하였다.

우리나라의 해양자원 탐사능력도 이미 세계 최고 수준이다. 그리고 세계 최고의 조선과 스마트 지능기술을 보유하고 있다.

세계의 모든 대양을 우리의 초고속 디지털 지능해운선박이 초고속과 지능의 기술로 누비면서 항행航行하고 우리의 최첨단 디지털 지능무인잠수정이 모든 심해의 자원을 탐사하고 개발하면서 세계 최고의 해양산업을 키워낼 것이다.

우리는 반드시 세계 최고 수준의 해양강국으로 도약해야 한다. 우리의 기술, 우리의 지혜, 우리의 창조력으로 해양강국을 탄생시켜야 한다.

우리나라 해양강국을 향한 도약을 전망하여 본다.
새로 설립하는 해양산업부이다. '해양강국도약 전략기획회의'이다.
현대중공업, 삼성중공업, 대우조선해양.
한진해운, 현대상선, STX팬오션.
조선사, 해운사와 해양어업, 해양담수, 해양관광, 심해자원개발, 해양발전, 해양대학, 해양연구소, 해양에너지, 해양바이오 해양산업 관련업체가 모두 모였다.
세계 해양강국을 향한 대전략을 기획하여 펼쳐내고 있다.
차세대 초고속 지능해운선박 제조.
차세대 심해 무인지능잠수정 제조.
차세대 최첨단 해양플랜트 제조.
차세대 최첨단 해양발전설비 제조.
차세대 최첨단 해양담수설비 제조.
차세대 초고속 해양관광유람선 제조.
모든 해양제조업 육성의 전략기획이다. 세계의 최고의 해양강국을 향한 도약, 문제없다.
한국산 차세대 초고속 지능해운선박으로 태평양을 질주하고 북극해를 달리는 차세대 초고속 지능해운 네트워크를 구축한다. 한국산 차세대 심해 무인지능잠수정으로 모든 심해의 자원을 탐사하고 개발한다. 한국산 차세대 최첨단 해양플랜트로 해양석유기지가 건설되고 해양개발이 본격

화된다. 한국산 차세대 최첨단 해양발전설비로 해양풍력발전, 해조발전을 발전시킨다. 한국산 차세대 최첨단 해양담수설비로 지구촌 담수부족을 전면적으로 해결한다. 한국산 차세대 초고속 해양관광유람선으로 해양관광의 새 시대가 열리고 있다.

부산항의 역사적인 도약이다. 부산에서 중국과 러시아를 거쳐 유라시아 대륙으로 뻗어가는 한국형 차세대초고속 지능디지털고속철도 네트워크 구축으로 부산항이 세계 최대의 유라시아 관문 항구로 자리매김하게 하고, 북극해 항로의 개통과 함께 태평양·북극해 항로의 허브 항구로 비약적으로 발전하고 있다.

부산시를 중심으로 포항시, 울산시, 광양시, 여수시, 광주시, 전주시, 새만금과 제주도가 새로운 자유무역형 '해양산업특구'로 힘차게 일어선다. 세계 최고와 최대의 최첨단 해양산업 융·복합특구로 인정받게 된다. 우리나라가 미래 지구촌의 해양강국으로 힘차게 도약하고 있다.

제4편
세계 5강으로 도약한다

인류의 역사는 원시인류의 화석과 유물의 발견으로부터 시작하여 몇 백만 년의 역사이다.

언어와 문자가 생기고 문화가 탄생하면서 살아온 역사는 불과 몇 천 년이다.

그중 현대문명의 역사는 불과 몇 백 년이다.
공업문명의 시대로부터 계산해야 할 것이다.
그러나 이미 신속한 대융합이 전개되고 있다.
산업이 하나의 지구촌 산업으로 융합된다.
시장이 하나의 지구촌 시장으로 융합된다.
금융이 하나의 지구촌 시장으로 융합된다.
문화가 하나의 지구촌 문화로 융합된다.
정치가 하나의 지구촌 정치로 융합된다.

우리의 인류가 하나의 정보통신망과 하나의 지구촌 물류네트워크로 융합되고 있다. 무엇을 의미하는가? 최강의 경쟁력을 구비한 나라와 민족만이 살아남을 수 있다는 것을 말하고 있다. 그 어느 나라 어느 민족이든 일단 경쟁력이 떨어지면 국가적 부도까지도 가능하다. 전체 민족이 무너지는 것이다.

우리의 반도와 우리의 겨레, 반드시 도약해야 한다. 반드시 중국, 러시아, 인도에 이어 세계 5강의 도약을 실현해야 한다. 2012년이다. 우리나라는 1인당 소득 2만 달러, 인구 5천만 명에 달하여 세계 7번째로 '20-50클럽'에 가입하였다. 세계 수출 7위이며 무역규모 1조 달러를 넘긴 세계 8대 무역대국이다. 우리는 IT·자동차·철강·조선·해운·건설 등에서 세계 최고의 경쟁력을 갖추고 있으며, 아시아 국가로서는 처음으로 G20 정상회의를 개최하였다.

최근 세계에서는 '전략경영'이라는 용어가 유행하고 있다. 다음 대통령은 반드시 '전략정치'라는 용어를 사용할 줄 알아야 한다. 향후 나라와 민족의 미래와 운명을 내다보면서 국정운영을 해야 하는 것이다. 인류의 지난 5천 년 문명사를 돌이켜 볼 경우 공자, 노자 이후의 몇 천 년은 서방문명이 인류의 발전을 주도하여 왔다.

서방문명의 근본이 대결경쟁對決競爭이다. 지속적인 대결과 끊임없는 경쟁으로 국가와 민족의 생존과 발전을 모색하여 온 것이 바로 서방문명의 근본이다. 결국은 전쟁, 침략, 약탈과 착취 등으로 물적인 탐욕이 주도하는 서방문명이 형성되었고, 그 사회적인 형태가 바로 자본주의 사회이다. 서방문명은 전쟁, 침략, 약탈과 착취를 기반으로 하는 물적문명物

的文明이며, 자본주의사회와 서방문명의 핵심이 물욕物慾이라는 진실이 이미 확인되어 있다.

우리는 반드시 냉철한 사고를 해야 한다. 물적인 탐욕의 만족을 위하여 지금도 거침없이 벌어지고 있는 전쟁과 정치권의 권력투쟁이, 인류의 사회와 인류의 문명을 최악의 상태로 몰아넣고 있기 때문이다. 이제는 바뀔 때가 되었다. 동방인류東方人類가 창조한 동방문명이 미래인류의 발전을 주도하게 되는, 인류의 동방문명 시대와 동아시아·태평양 시대이다.

동방인류가 미래인류 발전의 핵심이 될 것이며, 동북아의 '극동경제공동체/FEC'가 창설되고 동북아 6개국이 통합되어 유라시아 대륙의 통합을 이끌어 내고, 나아가서 전 인류의 통합을 선도하여 미래의 지구촌과 세계인 시대가 탄생되게 할 것이다.

그 중축의 위치에 우리의 반도와 우리의 겨레가 이미 자리 잡고 있다. 남과 북이 화해와 협력으로 하나의 통일반도 국가로 통합이 되고, 우리 8천만 겨레가 하나의 민족공동체로 융합하게 된다면 그 생명력, 창조력, 전략적 가치는 무한할 것이다.

세계의 5대 강국 창설, 우리의 비전이고 우리의 거시 전략적인 목표이다. 우리는 남과 북의 통일로, 남과 북의 국민과 국토의 강점을 융합하는 방법으로, 세계 변방의 우리 반도가 세계의 5대 강국으로 도약하게 할 수 있다. 거시 전략적으로 남북의 통일을 이룩하고 세계의 5대 강국으로 도약해야 한다. 우리는 지구촌 초일류 행복나라로 세계 5강 통일국가가 탄생되게 할 것이다. 이 희망찬 미래를 위하여 남과 북이 하나로 화합하여 협력해야 한다.

미래의 대통령은 반드시 우리의 반도에서 세계 5강 통일반도국가 창설의 기반을 마련하는 거시전략으로 국정운영을 펼쳐나가야 한다. 우리의 대기업들, 대단히 잘하고 있다. 대기업의 기를 죽이고 글로벌 경쟁력을 허무는 행위는 법으로 금지해야 한다. 반드시 국가적 차원에서 세계적인 글로벌 대기업 본격 육성의 거시전략이 있어야 한다. 그래야만 세계 5강으로 도약할 수 있다.

세계 5강 통일반도의 도약을 거시 전략적으로 기획하여 전망해 본다. 새로 설립되는 항공·우주부다. 우리의 항공우주산업, 후발後發 도약이다. 미국, 러시아, 중국과의 협력으로 항공우주산업의 국가적인 대도약이다. 남반도의 인공위성기술과 북반도의 로켓기술의 장점을 융합하여 통일반도의 항공우주산업을 선택과 집중의 거시전략으로 힘차게 육성하여 나간다. 통일반도 국가의 우주정거장 월궁月宮이 미국, 러시아, 중국에 이어 우리의 로켓으로 발사되어 인류 역사상 네 번째로 세워진다. 남에서 선발된 남성 우주인 두 명과 북에서 선발한 여성 우주인 한 명이 남남북녀의 조합을 이루어 우리의 우주로켓 은하호銀河號를 타고 우리의 우주정거장 월궁月宮에 올라간다. 우주를 향한 최첨단의 과학기술을 실험한다.

과학·기술·첨단산업부이다. 기초과학을 연구하여 발전시키고 첨단기술을 발명하여 산업화시킨다. 정부의 조직으로 정부가 주도하여 전국의 과학인재와 첨단산업분야 기업들이 하나로 지혜를 모으고 힘을 합친다.

차세대 스마트 지능산업.

차세대 최첨단 친환경 원자력산업.

차세대 초고속 인터넷산업.

차세대 친환경 녹색에너지산업.

　차세대 녹색에너지 지능자동차산업.

　차세대 지능로봇기계와 생활로봇산업.

　차세대 최첨단 신소재산업.

　차세대 최첨단 소프트웨어산업.

　차세대 온라인 게임과 동화, 만화 등 최첨단 문화산업.

　대륙부, 해양부, 우주부가 관할하는 첨단산업 외의 모든 최첨단 산업들을 과기산업부에서 거시 전략적으로 기획하여 본격 육성한다. 한국형 지능산업이 세계를 놀라게 한다. 모든 것이 지능이다. 지능고속철도기관차, 지능친환경자동차, 지능초고속 해운선박, 지능무인비행기, 지능무인잠수정, 지능가전과 지능로봇. 모두 다 스마튼 지능으로 움직인다. 한국의 스마튼 지능기술로 모두가 자동으로 움직이게 된다.

　한국의 차세대 최첨단 친환경 원자력산업이 세계의 시장을 석권한다. 절대적인 친환경이고 그 어떤 위험성도 없는 절대로 안전한 최첨단이다.

　우리의 차세대 최첨단 친환경 원자력 기술과 우리의 장비, 우리의 원료, 우리의 운영과 서비스로 세계의 모든 대륙 및 모든 바다와 하늘에서 원자력을 유일동력으로 한 고속철도 기관차가와 자동차와 해운선박이 달리고 무인지능잠수정이 심해에서 운행되고 무인지능비행기가 하늘을 날게 된다. 그리고 한국의 차세대 초고속 인터넷산업, 차세대 친환경 녹색에너지산업, 차세대 녹색에너지 지능자동차산업, 차세대지능 로봇기계와 생활로봇산업, 차세대 최첨단 신소재산업, 차세대 최첨단 소프트웨어산업, 차세대 온라인 게임과 최첨단 동화·만화 문화산업 등이 세계의 최첨단산업을 선도하게 된다.

산업·기업부이다. 최첨단 산업 이외의 모든 산업과 대기업과 중소기업, 제조업과 서비스업 등 모든 기업을 거시 전략적으로 관리한다. 모든 일반 산업과 전체 기업에 통괄적인 서비스를 제공한다. 전 세계에서 가장 기업하기 좋은 여건을 마련하고 세계 최고의 기업군을 육성한다. 삼성그룹, 현대자동차그룹, 포스코그룹, LG그룹, SK그룹, 현대중공업그룹…. 세계 최고의 글로벌 대기업으로 우뚝 서서 국민의 사랑을 받고 세계의 존경을 받는다. 산업의 주체는 기업이고 기업이 산업을 만들어 낸다. 제조업, 서비스업 등 산업이 융합을 이루고 대기업과 중소기업이 상생협력과 동반성장을 이룩하면서 국부를 창출하고 국민의 행복에 기여한다. 국민의 사랑 받는 기업 만들기 운동이 전국에서 펼쳐진다. 모든 기업들이 국민의 존경과 사랑을 받는 기업이 되기 위하여 최선을 다한다. 매년마다 전국과 지방에서 국민이 사랑하는 기업과 국민이 싫어하는 기업을 논평하고 표결에 부친다. 국민의 평가에 준하여 정부의 장려와 지원이 이루어진다.

통일·외교부이다. 통일과 동북아 극동의 통합을 위한 통일외교가 막을 올렸다. 외교의 핵심직능이 국가 간의 갈등과 분쟁을 해결하는 데 중점을 두던 시대로부터, 국가 간의 화합과 통합을 거시 전략적으로 연구하고 기획하고 실행하는 협상과 협력의 통일외교 시대에 진입하게 될 것이다.
　우리의 대한민국과 우리의 반도는 이렇게 남과 북의 화해와 협력으로 통일의 길을 찾아내고, 세계 5강으로 동방의 흑룡이 되어 웅비하게 되는 협상과 협력의 새 시대가 막을 열게 되었다. 우리의 반도와 겨레가 세계 5강으로 도약하는 모습이 2013년 말에 출판되는 원봉의 '통일반도총서' 제3부 『삼천리금수강산』에서 힘차게 펼쳐질 것이다.

제5편
우리의 대기업을 격려하라

　18대 대선의 일대 특징이다. 모두 다 대기업 때리기이다. 여야정당이 모두 다 대기업 때리기에 나섰다. 구호가 그럴듯하다. '경제민주화'이다. 그러나 절대로 국민을 위해서도 서민복지의 해결을 위해서도 아니다. 이유를 밝힌다.

이유1. 정치는 반드시 민주이어야 하나 경제는 민주일 수가 없다

　전 세계가 인정하고 실행하고 있는 상식이다. 경제는 반드시 시장화 되어야 한다. 기업의 주주들이 기업의 주인이고 기업의 소유권을 가지고 있다. 기업주가 투자와 경영의 이윤 최고화를 챙기는 것은 합법경영이다. 기업의 경영에 관섭關涉하려면 반드시 지분을 투자하여 주주가 되어야 한다. 그 외의 누구도 기업의 경영에 대하여 좌지우지할 어떤 권한도 없다. 이러한 기업경영에 대해 정당인들이 '경제민주'를 내건다는 것은 몰상식이다. 기업의 주인은 기업에 투자한 기업주이지, 아무 투자도 하지 않은 정당인이 아니다.

이유2. 일부 기업주의 무리와 위법은 법치로 다스릴 일이다

일부 정당인들과 정치인들은 이러저러한 기업주들의 무리와 위법을 열거하면서 '경제민주화'로 기업주들을 길들여야 한다고 역설하고 있다. 무리와 위법, 기업주만의 문제가 아니다. 누구나 알고 있듯 정당인과 정치인의 무리와 위법이 더 심하다. 일부 기업주들의 무리와 위법은 도덕과 법치로 해결할 일이다. 일부 기업주의 무리와 위법이 정당인들이 제 마음대로 기업주를 질타하고 기업의 합법적인 경영을 관섭하는 구실과 이유가 되어서는 안 된다. 그것이야말로 위법이기 때문이다.

이유3. 정당이 주장하고 있는 '경제민주화'는 일부 정당인들의 음모이다

전 세계가 인정하는 것처럼 우리의 대기업들 정말로 잘하고 있다. 정당이 부패와 범죄로 썩어 들어가고 있고 국민생활이 최악으로 추락하고 있으며, 국가안보도 최악인 이 마당에 유일하게 밝은 곳이 한 곳 있는데 바로 대기업들이다. 그러면 정당인들이 어째서 '경제민주화'를 내걸고 '재벌개혁'을 떠들고 있는가?

정당인들의 부패하고 무능한 정치에 대한 국민의 분노를 대기업으로 돌려보려는 것이다. 정당인이 반드시 가져야 할 3류 정치의 책임을 회피하려는 데 있다. 그러므로 지금 정당들이 부르짖고 있는 '경제민주화'는 일부 정당인들의 음모이다. 반드시 이러한 정당인들의 음모를 철저히 해부하고 우리의 대기업을 지켜야 한다. 대기업만이 국가의 미래와 국민행복에 가장 중요한 보장이 되기 때문이다.

이유4. 대기업 감세는 정부의 책임이지 기업의 책임이 아니다

현재 일부 정당인들은 이명박 정부가 많은 돈을 대기업의 감세에 쏟아부었기에 국민복지가 악화되었다고 주장하고 있다. 역시 아무런 근거도 없는 주장이다. 대기업 감세는 이명박 정부가 한 것이지, 대기업이 자체로 감세를 한 것이 아니다. 대기업들이 국가의 주력 기업으로서 정부의 중점 지원을 받는 것은 국제적 관례다. 국민복지에 필요한 거액의 재원을 대기업 감세에서 확보하겠다는 주장도 무리다. 국민복지의 재원은 거액의 군사비용과 정치비용의 절감으로 해결해야 한다. 정당들은 이러저러한 구실을 달고 입법까지 해놓고 지속적인 대규모 무기수입, 군사기지 유지, 군사훈련 감행 등의 전쟁준비에 천문학적인 국세를 쏟아붓고 있다.

정당들이 별의별 구실을 다 만들어 정당 출신 국회의원들이 엄청난 특권과 특혜를 누리면서 거액의 국세를 써버리게 하고 정당보조금과 선거보조금 등의 명목으로 거액의 혈세를 날려버리고 있다. 서민복지와 국민행복에 쏟아부어야 할 돈을 정당정치에 소모하고 있는 것이다. 국민복지에 필요한 재원은 전쟁준비와 정당정치 자금절감으로 충분히 확보할 수 있다. 국민이 주인이 되어 국민정치를 하게 되면 모두 다 신속히 해결될 것이다.

이유5. 우리의 대기업들이 국가의 핵심성장 동력이다

대한민국의 핵심성장 동력은 우리의 대기업들이다. 대기업이 국고에 거액국세를 채워주고 수출을 올려주고 일자리를 창조해 주고 있다. 반대로 정당은 국세만 천문학적으로 날려버리고 있고 일자리 하나 창조하지 않고 있다.

다음 대통령은 반드시 대기업의 든든한 후원자가 되어 기업경영을 지원하여야 한다. 반드시 정경분리의 입법으로 대기업들이 자유롭게 대북투자를 하여 북반도의 비약발전을 이룩하고 동시에 거액의 수익을 창출하도록 하여야 한다. 그래야만 통일을 한다는 명목으로 국민들보고 통일세를 내라는 등의 괴롭힘을 당하지 않을 수 있다. 반드시 우리의 대기업들이 국내외의 사랑과 존경을 받는 양호한 여론환경과 경영환경을 조성해 주어야 한다.

더 이상 정치인들이 기업인들을 향해 비자금과 정치후원금을 강요하고, 기업을 끌어들여 정당의 부패와 범죄를 감행하는 일들이 일어나지 못하게 해야 한다. 기업의 기를 죽이고 글로벌 경쟁력을 허무는 일들을 법으로 금지해야 한다.

이유는 단 하나이다. 대기업들이야말로 우리나라 미래발전의 핵심동력이기 때문이다.

제6편
중국을 정확히 알아야 한다

　이명박 정부부터 중국에 각을 세우고 부정하고 대결하는 일들이 종종 발생하고 있다. 이미 일부의 주장과 관점이 국민들의 정확한 판단을 흐리게 하고 있다. 필자는 중국에서 태어나 반평생을 넘게 살면서 중국을 체험하고 파악하였다. 중국에 있는 우리 해외동포 싱크탱크의 차원에서 핵심 관점을 밝힌다.

1. 중화민족을 정확히 알아야 한다
　중화민족은 우리나라와 일본과 함께 고대 인류의 동방문화를 창조한 핵심 민족이다. 중국을 중심으로 한 동북아 '극동경제공동체/FEC'를 기획하고 가동하고 창설하기 위해서는 반드시 해결해야 할 역사인식이 있다. 바로 중화민족에 대한 정의定義이다. 지금 일각에서는 중화민족의 정당성과 역사성을 부정하는 주장과 이론이 있다. 틀린 주장이고 설득력이 없는 이론이다.

지금의 중국 국토에 살고 있는 모든 민족은 고대로부터 이 땅에서 살아온 사람들이다. 한족이 지금 중국의 변방지역에까지 가서 살았고, 지금 중국 변방의 민족들도 한족들이 주로 살던 중원지역에 합류하여 살아온 것이 바로 고대 중국의 역사이다. 더욱 중요한 것은 중국의 거란족, 몽고족, 여진족 등 중국 변방의 유목민족들이 고대 중국의 많은 지역을 통치하였고, 중국의 전국을 장기간 통치하기도 하였다. 요遼나라, 금金나라 등이 모두 변방의 유목민족이 세운 고대 중국의 정권이었고, 원元나라와 청淸나라는 몽고족과 여진족이 세운 고대 중국의 세계적인 강국이었다. 진秦나라, 당唐나라 등 한족이 통치하는 고대 중국의 정권에서도, 그 당시 중국 황제의 혈통에는 심지어 절반 이상까지도 유목민족의 피가 섞여 있었다. 다민족의 통혼, 다민족의 융합, 다민족의 통일. 이것이 바로 고대 중국의 역사이다.

우리 민족은 고대 중국시대에 확실히 지금의 중국 땅에서 살아온 적이 있다. 그렇다 하여 그 땅이 우리의 국토이고 그 땅의 사람들이 우리 민족이라는 주장은 틀린 것이다. 우리가 고대 중국의 어느 한 시기에 지금의 중국 땅에서 살아온 적이 있다는 것뿐이지, 그 땅과 그 땅의 민족이 우리의 국토이고 우리의 민족이라는 주장은 설득력이 없다. 반면에 지금의 중국 땅에서 고대로부터 지금까지 대대손손 살아온 우리 민족도 있다.

중국 조선족의 일부가 바로 이러한 경우일 것이다. 일각에서는 고대 중국의 동이족이 우리 민족이라는 주장도 있다. 지금 중국의 동북부 지역에 살고 있었던 고대 민족은 우리 민족뿐만이 아니다. 거란족, 몽고족, 여진족 등 많은 유목민족들이 지금 중국의 동북부 지역에 살았다. 우리 민족의 선조들이 고대 중국의 민족들과 함께 살았던 적이 있다는 것뿐이다. 고대 중국의 땅에서 살아온 우리 민족을 제외한 모든 민족은 중화민족으로 되어 있다. 그러므로 동이족이 곧 우리 민족이라는 주장은 역사적으로도 맞지 않고 설득력도 없다.

우리는 반드시 중국과 중화민족에 대한 대립적인 편견을 버려야 한다. 지금 중국의 국토는 고대로부터 중국의 땅이고 모든 민족은 확실히 중화민족이다. 우리 민족이 중화민족이 되지 못한 유일한 원인은 우리의 선조들이 고대 중국의 전국을 단 한 번도 통치한 적이 없었기 때문이다. 몽고족과 여진족처럼 우리 선조들이 단 한 번이라도 고대 중국을 통치하였을 경우, 우리 민족도 중화민족에 융합되었을 것이다.

우리는 고대로부터 고대 중국의 땅에서 중화민족과 함께 살아온 적이 있는 동역, 동종, 동문의 동방민족이다. 그러므로 지구촌 글로벌 시대에 새로운 융합이 완전히 가능하다.

역사는 역사다. 우리는 반드시 역사의 문제로 미래의 발전에 지장이 없게 해야 한다.

2. 중국공산당을 정확히 알아야 한다

역시 일각에서 중국공산당에 대한 편견과 정확하지 못한 주장이 존재하고 있다. 중국공산당이 일당독재라는 말은 틀린 말이다. 중국공산당은 일당 주도하에서의 다당多黨집권이지 일당독재가 아니다. 중국공산당이 주도하고 여러 정당이 협상을 하면서 하나로 뭉쳐서 집권하는 것이다. 그리고 기층에는 광범한 민주제도가 확립되어 있어 충분한 민주가 보장되어 있다. 이 점이 바로 중국이 안정적인 사회질서를 유지하면서 비약적인 발전을 이루는 비결이다.

그렇다고 아무 문제가 없는 것은 아니다. 중국에도 권력에 의한 부패와 범죄가 존재한다. 때문에 중국이 국가적인 정치체제의 개혁을 앞두고 있다. 모든 문제들이 정치체제의 개혁을 통하여 해결될 것이다. 현실과 양심으로 평가할 경우에 중국공산당은 전 세계 모든 여당 중 가장 위대한 집권당이다. 13억 4천만 명의 거대한 대국을 국가부강과 국민행복으로 질서정연하고 희망차게 이끌어 나가고 있는 집권 여당이기 때문이다. 그리고 우리의 대한민국에 매우 좋은 외교정책을 펼치고 있다.

3. 거룡의 중국을 정확히 알아야 한다

지난 8월 24일이 한중수교 20주년이었다. 동아일보 〈한중수교 20년〉 보도이다. 제목이 "한국의 미래, 중국에 있다."이다. 한중수교가 이뤄진 지 20년. 중국은 한국의 전략적 동반자가 됐다. 경제적 협력은 더욱 긴밀해서 중국 없는 한국 경제란 상상하기 힘들다.

지난 5월 말 이건희 삼성전자 회장이 강도 높은 위기경영 체제에 들어섰다. 삼성그룹 안팎에선 '제2의 신新경영'이라는 표현까지 나왔다. 그룹의 수뇌부가 최지성 삼성그룹 미래전략실장, 권오현 삼성전자 부회장, 이재용 삼성전자 사장으로 재편됐다. 그리고 첫 공식적인 대외일정이 6월 중순 중국의 리커창李克强 부총리를 방문해 사업계획을 설명하는 일이었다. 지난해 중국에서 510억 달러의 매출을 올린 삼성그룹은 현지에 반도체, 액정표시장치LCD 등 첨단 공장을 설립할 계획이다. 재계는 이를 두고

'삼성의 미래가 중국에 있다는 사실을 상징적으로 보여준 것'이라고 평가하고 있다. 한국이 중국과 수교를 맺은 지 20년. 이제 우리 한국의 경제는 중국을 떼어놓고는 생각할 수조차 없는 관계로 되어 있다. 이상이 동아일보 보도의 모두 내용이다.

한국과 중국 수교 후의 20년 역사를 돌이켜 본다. 한마디로 말한다면 세계를 놀라게 하는 비약적인 발전이다.

한국과 중국의 무역이다. 지난 1992년 63억 8천만 달러에서 2012년 2천 206억 2천만 달러로 약 35.6배 증가했다. 2011년 한국 전체 무역규모가 1조 달러인데 그중 5분의 1이 중국이다. 지난 20년 동안 한국과 중국 양국 간의 무역액은 연평균 22.7% 증가하였다.
앞으로 10년 후에는 1조 달러를 돌파할 것으로 전망되고 있다.

한국의 중국 수출이다. 지난 1992년 26억 5천만 달러에서 1천 341억 9천만 달러로 50.6배 증가했다. 지난 1992년 9,400만 달러에 불과했던 IT 수출은 2011년 470억 달러로 499.7배 늘었다. 연평균 증가율은 41.6%다. 지난 2003년 이후 중국은 한국의 최대 수출국으로 부상했으며, 2011년 기준으로 중국 수출액이 미국과 일본을 합친 것보다 40%가 더 많다.

한국의 중국과의 무역수지다. 지난 1992년 10억 7천만 달러 적자에서 2011년의 흑자가 477억 5천만 달러에 이르며, 한국 전체 무역수지 흑자 308억 달러를 초과했다. 한국의 대중국 무역흑자가 다른 나라에서 생긴

적자를 상쇄하고도 남는다. 지난 1993년에서 2011년까지 한국이 중국과의 무역에서 남긴 흑자는 2,726억 달러로 같은 기간 한국 전체 무역의 흑자인 2,397억 달러를 넘었다. 대한상공회의소는 '한·중 수교 20주년' 보고서를 통해 지난 20년간 중국과의 교역이 없었다면, 한국이 매년 약 1조 8천억 원의 무역적자를 봤을 것이라고 분석하고 있다.

한국의 중국 투자이다. 1992년 1억 4천만 달러에서 2011년 35억 8천만 달러로 25.3배 늘었다. 지난 2011년 9월까지 중국에 대한 직접투자FDI가 누계로 348억 달러이다. 수교 20년 동안 약 20배 증가하여 중국이 두 번째 투자 대상국이 되었다. 한국 기업들의 중국 투자는 2011년 36억 달러로 지난 1990년보다 220배나 급증했다. 신규 투자법인 수도 1990년에는 24개에 그쳤지만 2011년 827개로 34배 증가했다.

한국과 중국의 금융 협력이다. 경제 분야의 핵심 산업인 은행권에서 활발한 금융 협력이 본격적으로 이루어지고 있다. 현재 중국의 5대 은행인 중국은행, 공상은행, 교통은행, 건설은행, 농업은행이 한국에서 총 10개의 지점을 운영하고 있다. 한국은행의 중국 진출도 활발하다. 국민은행, 하나은행, 신한은행, 우리은행 등이 모두 중국에 본격적으로 진출하여 있다.

중국과의 인적 교류다. 1992년 양국 간 방문자 수는 13만 명 수준이었으나 2010년에는 600만 명에 달하여 40배가 넘는 증가율을 보였으며, 2011년에는 660만 명을 돌파하였다. 한국에 온 중국인이 2009년 134만여 명에서 2011년 222만여 명으로 24.7배 늘었다. 중국을 방문한 한국인도 급증이다. 1992년 4만 명에서 418만 5천 명으로 무려 105배나 급증하고, 중국이 한국인들이 가장 많이 방문하는 국가가 되었다. 한국과 중국양국의 유학생도 13만 명을 넘어섰다. 2011년 중국에서 유학 중인 한국인 학생은 6만 7천 명으로 중국 내 전체 외국인 유학생 가운데 가장 많다. 1992년 약 1천 182명에 불과하던 한국 내 중국 유학생은, 2011년 한국에서 대학 및 대학원에 재학 중인 중국인 유학생이 약 5만 9천 3백 명으로 50배가량 급증하였다.

한국과 중국의 항공운항이다. 수교 후 2년 4개월이 지난 1994년 12월에야 열렸다. 당시 중국 내 5개 항공사에서 6개 노선에 취항해 연간 503편의 항공기만이 왕래할 뿐이었으나, 2012년 현재 취항 항공사가 22개에 노선도 40개로 늘어 일일 평균 202편의 항공기가 운항하고 있다. 수교 당시보다 무려 150배가량 늘어났다.

지난 8월 23일 연합뉴스의 보도이다. 제목이 "韓中 수교 20년, '뛰는' 한국 '나는' 중국"이다. 수교 당시인 1992년 한국의 국내총생산GDP은 3천 299억 달러로 세계 14위, 중국은 4천 227억 달러로 10위를 기록했으나 2011년 한국 GDP는 1조 1천 162억 달러, 중국은 7조 2천 891억 달러이다. 한국은 세계 15위로 밀린 반면 중국은 세계 2위로 올라섰다. 1992년 중국의 1인당 GDP는 363달러로 한국 7천 555달러의 4.8%에 불과했으나 2011년에는 5천 432달러로 늘어, 한국 2만 2천 422달러의 24.2% 수준까지 따라붙었다. 한국의 1인당 GDP 세계 순위는 46위에서 34위로, 중국은 156위에서 84위로 각각 뛰었다.

수출액은 1991년까지 한국이 중국을 앞섰으나, 수교하던 해인 1992년 중국이 역전한 뒤 한국을 크게 따돌리고 있다. 2011년 중국의 수출액은 1조 9천 15억 달러로 사상 처음 세계 1위로 올라섰다. 한국은 5천 625억 달러로 7위를 기록했다.

해외 직접투자액은 2000년대 중반까지 양국이 비슷했으나 2005년부터 중국이 한국을 앞지르기 시작한 뒤 격차가 점점 커지고 있다. 2011년 중국의 해외 직접투자액은 651억 달러인데 비해 한국은 256억 달러였다. 지난 2011년까지 누계기준 총액은 중국이 3천 823억 달러로 1천 966억 달러에 그친 한국보다 2배가량 많았다.

조선일보 〈수교 20주년 연쇄 인터뷰〉 문정인 연세대 교수의 인터뷰이다. 제목이 "지난 50년을 미국과 살았다면, 앞으로 50년은 중국과 더불어 살아야"이다. 문정인 교수의 판단은 시대의 흐름을 설명하여 주고 있다. 우리의 이웃나라 거대한 중국이 힘찬 거룡의 웅비를 하고 있다. 중국이 세계 최강의 경제대국이 될 것이라는 점은 누구도 의심하지 않는다.

한국의 미래가 확실히 중국에 있다. 미래의 동북아 발전과 미래의 인류사회 발전은 우리의 통일반도가 흑룡이 되어 세계 최강의 거룡 중국과 협력하고 경쟁하면서 이끌어 나가게 될 것이다. 그러므로 반드시 중국을 정확히 알고 거시 전략적인 협력을 기획하여 추진해야 한다.

제5장 원봉이 제출한 중요한 질문

■

책은 인류의 새로운 발전을 견인하는 탁월한 사상의 발원지입니다.
세계적인 위대한 사상가들이 남겨놓은 말입니다.
"논쟁이 있어야 민주가 있고 중요한 문제가 던져져야 논쟁이 있다."고 하였습니다.
중요한 질문을 던지는 책의 출판은 언론의 치열한 논평·논쟁과 함께 국민의 심각한 사고를 불러내면서, 인류의 새로운 발전을 견인하는 탁월한 사상을 탄생시킵니다.
저는 우리 겨레와 미래인류의 발전에 아래의 중요한 질문을 던지게 되는 책들을 지속적으로 창작하여 출판하려고 합니다.

■

1. 원봉의 '통일반도총서' 책들의 창작과 출판입니다

'통일반도총서' 제1부가 『박근혜 대통령 새 정치시대』 약칭 『새 정치』이고 제2부 『통일행진곡統一進行曲 – 반도 통일의 사시史詩』 약칭 『통일행진』과 제3부 『삼천리금수강산三千里錦繡江山 – '세계5강 통일반도' 기획서』 약칭 『금수강산』이 명년에 출판될 것입니다.

『새 정치』는 '박근혜 대통령 새 정치시대'에 대한 거시전략적인 기획입니다. 『통일행진』은 반도통일의 역사와 통일의 미래를 기록하는 사시史詩입니다. 『금수강산』은 박근혜 대통령이 국민과 겨레와 함께 '국민민주사회'를 탄생시키고 '평화발전모델'과 '선도형 모델'을 창조하여 우리 반도와 겨레가 '세계5강 통일반도'로 힘차게 웅비하게 하는 통일의 청사진을 그려낼 것입니다.

제4부 『흑룡의 웅비黑龍雄飛』는 우리의 통일반도가 세계동방의 흑룡이 되어 거룡의 중국과 거시 전략적으로 협력하면서 경쟁하는 모습을 그려낼 것입니다.

제5부 『통일연방공화국統一聯邦共和國』은 남과 북이 대치와 대결을 철저하게 종결하고 연방제의 통일국가로 탄생하게 되는 역사적인 대장정을 그려내겠습니다.

제6부 『통일반도2050統一半島2050』은 우리의 반도와 겨레가 '세계5강 통일반도'로 힘차게 도약하는 희망차고 고무적인 미래상을 그려낼 것입니다.

제19대와 20대 대선 전에 『새 정치』의 개정판이 출판되고 '세계5강 통일반도' 사업이 중대한 진전을 이룬 후에 『통일행진』의 개정판이 출판될 것입니다.

2. 원봉의 '한국대그룹총서' 책들의 창작과 출판입니다

한국 대기업들의 창업사를 조명하면서 지구촌 초일류의 글로벌그룹으로 도약하는 미래상을 그려내는 '한국대그룹총서韓國大企業集團叢書'를 창작하겠습니다.

제1부『현대의 기적現代奇跡』은 고 정주영 명예회장님의 창업사를 조명하면서 현대자동차 그룹, 현대중공업 그룹 등 정주영 후손의 기업들의 도약을 그려내겠습니다.

제2부『삼성은 찬란하다三星璀璨』는 고 이병철 회장님과 이건희 회장님의 창업사를 조명하면서 삼성 그룹 계열사들의 미래도약을 기획하여 그려내겠습니다.

제3부『포스코의 길浦鐵之』은 고 박태준 회장님과 창업사를 조명하면서 포스코 그룹 계열사와 포항공대 등의 희망찬 미래도약을 기획하여 그려내겠습니다.

제4부『SK의 네트워크SK之網』는 SK 그룹의 창업사를 조명하면서 지구촌의 최첨단 디지털 정보통신망을 구축하는 미래도약을 기획하여 그려내겠습니다.

제5부『기적의 원천奇跡之源』는 한국의 대표적 벤처그룹의 창업사를 조명하면서 번체기업들이 지구촌 최첨단산업을 견인하는 미래도약을 기획하여 그려내겠습니다.

제6부『한류의 항공모함韓流航母』은 문화산업의 비약발전을 조명하면서 도서출판, 영화, 드라마, 에니메이션, 음악 등 지구촌의 최첨단 문화산업을 견인하여 나가는 희망차고 고무적인 문화산업 한류의 미래도약을 기획하여 그려내겠습니다.

3. 원봉의 '인류사상문명시대총서' 책들의 창작과 출판입니다.

'인류사상문명시대총서' 제1부 『세계를 기획한다策劃世界』, 제2부 『굴기의 극동崛起的遠東』, 제3부 『동방의 러시아東方的俄羅斯』, 제4부 『태양의 나라 – 일본太陽之國 一日本』, 제5부 『미국의 길美國之路』, 제6부 『지구촌 2010地球村2010』과 특집 『네 번째 문명第四文明 – 인류의 사상문명시대』와 『거시역사학宏觀歷史學』 등 작품들이 창작되어 지속적으로 출판되게 하겠습니다.

그리고 우리겨레와 동북아 동방인류의 역사를 원고시대로부터 조명하고 몇백 년, 몇천 년, 몇만 년, 몇십만 년 이 후의 눈부시고 찬란한 미래를 기획하고 전망하는 특별기획 『반도半島』와 『극동遠東』을 창작하여 출판하려고 합니다.

4. 원봉의 '인류패스워드총서' 책들의 창작과 출판입니다

제1부 『사랑의 패스워드愛情密碼』, 제2부 『전쟁의 패스워드戰爭密碼』, 제3부 『권력의 패스워드權利密碼』, 제4부 『정당의 패스워드政黨密碼』, 제5부 『민족의 패스워드民族密碼』, 제6부 『문명의 패스워드文明密碼』 등 '인류패스워드총서人類密碼叢書'를 창작하려고 합니다.

5. 원봉의 중문中文판 총서 책들의 한글판 출판입니다

원봉의 '중국과학발전신시대총서中國科學發展新時代叢書' 등 원봉이 중문으로 직접 창작하여 중국과 홍콩에서 출판한 기타 책들의 한글판을 출판하려고 합니다.

이상 원봉의 '5대 총서'와 특집, 특별기획과 중문中文판의 한글판 번역 출판을 합치면 15년 이상으로 30권 이상 원봉의 책이 출판되고 자연스럽게 '원봉 선집'과 '원봉 전집'이 나오게 될 것입니다.

이상으로 원봉의 책들이 지속적으로 창작되어 출판되면서 원봉이 우리의 국민과 겨레 및 미래 인류의 역사와 발전에 아래의 중요한 질문을 던지게 될 것입니다.

첫째, 우리의 국민과 다음 대통령들께 제출하는 중요한 질문

제18대 정권에 중요한 질문을 던져주고, 19대와 20대 대선에서도 중요한 질문이 될 것이며 국민과 겨레가 나라의 운명을 사고하는 중요한 질문이 될 것입니다.

1. 국민봉사형 대통령이 되려는가, 아니면 개인권력형 대통령이 되려는가?

우리 인류는 이미 많은 분야에서 전문 인재를 검증하고 확인하는 국가의 표준과 법칙을 마련하고, 전 세계가 인정하는 국제표준과 법규도 마련하였습니다. 이제는 전체 국민이 공감하고 국민의 대다수가 인정하는 우리나라 다음 대통령들의 자격을 검증하고 확인하는 표준을 만들어야 할 때가 되었습니다. 이를 위하여 우선 대통령 후보 검증의 시금석과 분수령을 확정해야 합니다.

"국민봉사형 대통령이 되려는가, 아니면 개인권력형 대통령이 되려는가?" 하는 것입니다.

대선후보들에 대한 검증과 확인의 방법은 매우 간단합니다. 국민봉사형 대통령이 되려는 후보는 절대로 자기의 세력, 자기의 사람, 자기의 권위를 추구하거나 구축하지 않고, 대한민국의 헌법이 규정한 대로 모든 권력이 국민으로부터 나오고 국민이 국가의 주권을 쥐고 국가의 주인이 되게 하기 위하여 총력을 다 쏟아부을 것이고, 국민의 '머슴'이 되어 헌신하고 봉사하는 대통령이 되려고 할 것입니다.

반대로 개인권력형 대통령이 되려는 후보는 모든 수단을 가리지 않고 자기의 세력, 자기의 사람, 자기의 권위를 추구하거나 구축하려고 할 것이며, 자기가 여당과 국회와 사법부를 장악하고 국민 위의 대통령이 되어 국민을 다스리려고 할 것입니다.

"국민봉사형 대통령이 되려는가, 아니면 개인권력형 대통령이 되려는가?"를 검증하는 유일한 방법은 말이 아니라 대선후보의 구체적인 방안과 조치를 검증하는 것입니다.

어째서, 어떻게, 어떤 방안과 조치로 국민봉사형 대통령이 되겠다는 것인지를 가장 투철하고 확실하며 실현성 있고 신뢰할 수 있도록 밝히는 대선후보만이, 국민의 '머슴'이 되어 봉사하고 헌신하는 국민봉사형 대통령이 될 수 있을 것입니다.

2. 대기업 때리기의 경제민주화가 관건인가, 아니면 정치선진화가 관건인가?

자본주의 강국인 미국과 사회주의 대국인 중국을 포함한 세계의 모든 강대국들이 모두 인정하고 있고, 국가의 법과 정부의 핵심정책으로 집행하고 있습니다.

그 어느 국가든지 대기업이 국가경제와 금융의 당연한 주축이고, 나라의 발전과 민족의 복지와 행복을 보장해 주는 국가와 국민의 기둥입니다.

지난 3월 12일 언론의 보도에 따르면, 오는 2017년 한국 주요 대그룹들의 자산규모가 2,000조 원을 돌파하게 되어 정부의 자산규모를 초과할 것으로 관측하고 있습니다.

지난 9월 2일 금융감독원에 따르면, 작년 매출액 기준으로 100대 기업의 현금 및 현금성 자산은 지난 6월 말 현재 66조 2천 542억 원으로 집계됐습니다.

이는 2010년 말 55조 4천 807억 원보다 10조 7천 735억 원이나 증가한 액수입니다. 유럽발 경제위기 속에서도 우리의 대기업들이 좋은 성과를 거두고 있는 것입니다.

그러나 지난 18대 대선 경선에서는 거의 모든 정당후보들이 '경제민주화'를 내걸고 서로 경쟁까지 했습니다. 정당인들이 내놓은 '경제민주화'는 정당정치에 대한 국민의 분노를 대기업에게 돌리려는 얕은 수입니다.

우리 국민이 이처럼 고통과 절망 속에서 몸부림치게 만들어 놓은 원인이, 우리나라 대기업들에게 있습니까?

국민의 금쪽같은 혈세를 퍼 쓰고 있는 천문학적인 정당운영 비용과 국회운영 비용, 거기에 세계 2위의 무기 수입국에까지 오르면서 진행되는 무기수입 비용과 군사기지·군사훈련 등의 전쟁준비 비용도 역시 천문학적입니다. 이 두 천문학적인 비용만 절감하여도 우리의 서민복지와 국민행복은 몰라보게 탄탄해질 것입니다.

그러므로 이번 대선에서는 "누가 더 대기업 때리기인 '경제민주화'보다 정당정치와 냉전정치를 종결시키는 '정치선진화'를 핵심공약으로 했는가?"가 대선후보를 검증하는 중요한 시금석이 돼줄 것입니다.

3. 국가의 주인이 국민이어야 하는가, 아니면 정당이 국가의 주인이어야 하는가?

대선후보들이 모두 다 말로는 국민이 국가의 주인이라고 주장하고 있습니다. 그러나 현실은 정당이 국가의 주인으로 되어 있고 권력이 정당을 움직이고 있습니다.

정당을 장악한 권력이 국가를 지배하고 있으며 국민을 쥐락펴락하고 있습니다. 실권자의 말 한마디면 정당의 모든 결정이 완전히 달라질 수도 있는 것입니다. 정당이 국회의 의장, 부의장 및 모든 위원회를 갈라서 차지하고 국회를 통치하고 있습니다.

그러므로 모든 대선후보는 어째서, 어떻게, 어떤 방안과 구체조치로 국민이 확실히 국가의 주인이 되게 하겠는가를, 투철하게 밝히고 철저한 검증을 받아야 합니다.

4. 대결의 냉전정치를 고집할 것인가, 아니면 평화발전모델을 창조할 것인가?

대치와 대결의 냉전정치가 남북관계와 국가안보를 최악으로 몰아넣고 있습니다. 남과 북이 정경분리의 원칙으로 기업이 주도하여 협력하는 새 시대를 열어야 합니다.

미국과 북조선이 정전협정을 평화협정으로 바꾸고 국교 정상화를 실현하여 북핵문제를 철저히 해결하도록, 우리의 정부 및 국회와 정당이 총력을 기울여 협조해야 합니다. 반도의 비핵화와 항구적인 평화발전의 새 시대에 진입하기 위해서입니다. 냉전정치를 고집하는 대선후보는 이러한 시대의 흐름을 이끌어 낼 수 없습니다.

평화발전모델을 창조할 수 있는 대통령만이 통일의 새 장을 열 수 있습니다. 전쟁은 크게 역사 분쟁, 자원 약탈, 시장 차지 등의 세 가지 원인으로 일어난다고 볼 수 있습니다.

우리나라는 단군조선 이래 그 어느 민족에게도 역사 분쟁, 자원 약탈, 시장 차지 등의 이유로 전쟁을 일으킨 적이 단 한 번도 없습니다.

반대로 우리나라에 전쟁을 발동할 이유가 있는 나라도 사실상 없습니다. 그러므로 우리가 전쟁의 게임에서 빠져나오기만 하면 그 어떤 전쟁의 위험도 없는 것입니다. 우리가 미국의 군사기지가 되어 전쟁 준비를 하고 있으면 전쟁은 피할 수 없습니다.

대선후보는 냉전정치를 고집할 것인지, 평화발전모델을 창조할 것인지를 명확히 밝혀야 합니다. 대통령의 선택에 따라 전쟁이 올 수도 있고 평화가 올 수도 있기 때문입니다.

5. 변방의 국가로 남아 있을 것인가, 아니면 세계 5강 통일반도로 도약할 것인가?

우리나라는 군사분계선으로 가로막혀 있기에 섬 아닌 섬나라가 되어버렸습니다. 제20차 아시아태평양경제협력체APEC 정상회의가 지난 9월 8일 러시아의 블라디보스토크에서 열렸습니다. 블라디보스토크 아시아태평양경제협력체 정상회의에서 자유로운 무역과 투자의 기본원칙에 대한 회원국들의 의지가 확인되었습니다. 블라디미르 푸틴 러시아 대통령은 사실상 '동방의 러시아' 건설을 선언하고 러시아 북방연해의 북극해 항로 개척을 호소하였습니다. 우리에게는 황금의 땅이고 기회의 땅인 '동방의 러시아'가 부상하고 있습니다. 우리의 이웃나라인 거룡의 중국도 힘차게 웅비하고 있습니다. 그러나 우리나라는 아직도 러시아에도, 중국에도 융합하지 못하고 있습니다. 고속철이 달릴 수 없고 고속도로로 통할 수 없으며 가스관도 어렵습니다.

이제는 우리 반도와 겨레의 미래발전을 거시 전략적으로 기획할 때가 되었습니다. '세계 5강 통일반도'를 지구촌 초일류의 행복국가로 만드는 미래비전입니다. 우리는 모든 대선후보의 거시 전략적인 미래비전을 철저하게 검증해야 합니다. 정확한 미래비전이 없는 대통령은 국민과 겨레의 미래를 마련할 수 없기 때문입니다. 이상이 원봉의 책에서 대선후보와 국민과 겨레에게 던지는 중요한 질문들입니다.

둘째, 인류의 미래발전에 제출하게 되는 중요한 질문

원봉의 책이 인류의 미래발전에 아래의 중요한 질문을 던지게 될 것입니다.

6. 인류의 네 번째 문명의 시대가 사상문명의 시대일 것인가?

인류가 원시문명과 농업문명 시대였을 때는 그 어떤 세계대전도 폭발하지 않았으며 원자탄도 터지지 않았습니다. 그러나 공업문명 시대에 들어서면서 두 차례의 세계대전을 겪어야 했고, 원자탄이 두 개나 폭발하여 수십만 명의 목숨을 빼앗아 갔습니다. 자원을 약탈하고 시장을 차지하기 위하여 지금도 지역별로 전쟁을 하고 있습니다.

공업문명 시대에 대결로 경쟁한다는 문명의 가치가 불러낸 시대의 산물입니다. 인류의 문명이 지금 이미 사상문명의 시대로 전환되고 있습니다. 인간의 두뇌 속에 있는 탁월한 사상과 숭고한 사상이 사상문명시대를 열리게 할 것입니다. 사상문명 시대의 인간은 가장 숭고한 사상으로 대결하면서 경쟁하는 것이 아니라 협력하면서 경쟁하는 협력경쟁 시대를 열리게 하고 그 어떤 전쟁무기의 개발과 전쟁의 위험이 없는 평화발전의 모델을 창조할 것입니다. 그리고 인간의 가장 탁월한 사상으로 기획하고 개발한 사상산업思想産業이 탄생되어 인류의 두뇌가 인류의 미래발전을 견인하는 핵심동력이 되게 할 것입니다.

7. 인류사회 발전의 다음 단계는 국민민주정치의 사회일 것인가?

우리의 인류는 노예사회에 들어서면서부터 지금에 이르기까지 권력에 의하여 움직이는 권력 주도의 사회였습니다. 미국의 선거는 아직도 미국의 이권집단이 주도하는 돈 선거이고, 유럽의 일부 국가들도 아직 국왕이 국가의 원수로 되어 있습니다. 인류의 첫 사회주의 국가인 소련도 소련공산당 정치국이 국가의 모든 권력을 독점하고 권력정치를 추진하다가 결국 역사 속으로 사라지고 말았습니다.

세계는 이미 초고속 인터넷 시대와 디지털 정보통신 시대에 들어와 있습니다. 인류는 이미 지식의 보편화를 특징으로 한 지식화 시대에 들어와 있습니다. 모든 국민이 충분한 지식을 가지고 있고 순식간에 모든 정보가 통합니다. 그러므로 인류사회의 발전은 국민민주사회로 접어 들어가게 될 것입니다.

모든 국민의 탁월한 사상과 슬기로운 지혜로 초고속 인터넷과 최첨단 디지털 정보통신을 이용하여, 전체 국민이 직접 국정운영을 하는 국민민주정치의 사회입니다. 인류의 위대한 사상가인 독일의 칼 마르크스는 인류사회가 일정한 단계에 도달하면 정당이 사라질 것이라고 이미 오래 전에 예언하였습니다.

유엔의 미래포럼은 21세기 중반부터 정당이 사라지기 시작할 것이라고 발표했습니다. 그 첫 절차로 집권 여당의 제도가 우선으로 사라지게 될 것입니다. 모든 정당이 국민을 위하여 봉사하는 국민봉사형 정당으로 전환되고, 집권 여당 없이 국민이 지방의원과 국회의원을 선출하여 국민의 의회를 만들고, 국민의 의회를 중심으로 하여 국정운영을 하는 국민정치의 시대가 탄생하는 것입니다. 국민정치가 정당정치를 대체하여 국민이 국가의 주인이 되게 하는 새로운 정치입니다. 권력에 의한 모든 밀실정치, 이권정치, 비리정치, 범죄정치가 사라질 것입니다.

대통령과 정부의 장관을 비롯한 모든 고위직이 국민의 추천 및 논평과 표결로 선출되고, 입법부와 사법부의 모든 공직자들도 국민의 추천 및 논평과 표결로 선출될 것입니다. 그 어느 국민도 돈 한 푼 쓸 필요 없이 자기의 도덕성과 능력만으로 지방의원과 국회의원이 되고 정부와 입법부 및 사법부의 고위직이 되어 국민에게 봉사할 것입니다. 인류의 국민정치와 국민민주사회가 바로 인류발전의 다음 단계입니다.

8. 인류의 역사를 거시적으로 탐구하는 '거시역사학'이 창설될 것인가?

지금까지 인류가 창설한 역사학은 인류의 과거 역사를 국가별로, 민족별로, 문명별로, 시대별로 나누어 연구하고 정리하는 세부적이고 한계적인 역사학이었습니다.

우리의 인류는 이미 우주학, 생물학, 의학, 화학, 물리학 등 자연과학

분야에서 매우 거시 전략적인 단계에 진입해 있습니다. 우주의 미래, 생물의 미래 등 자연과학의 미래분야에 대한 연구가 진행된 것입니다. 그러나 인류사회를 몇천 년, 몇만 년, 몇십만 년, 몇천만 년, 몇억 년 등의 시간단위로 탐구하고 기획하고 전망하는 '거시역사학'은 아직 창설되지 못했습니다. '거시역사학'은 인류의 지난 역사를 거시 전략적으로 분석하고 연구하여 정리하고, 인류의 미래를 몇억 년 등의 거시적인 시간단위로 탐구하고 기획하고 전망하게 될 것입니다.

세상의 모든 사물事物은 규율성規律性과 규칙성을 가지고 있습니다. 인류발전의 규율성과 규칙성을 기초로 하여 인류의 미래를 기획하게 됩니다. 원봉이 세계 최초로 제출한 인류의 사상문명시대, 협력발전시대, 국민민주사회, 평화발전모델, '세계 5강 통일반도'와 '극동경제공동체/FEC' 등의 핵심기획이 모두 거시역사학의 학설과 이론을 기초로 한 핵심기획입니다.

셋째, '박근혜 대통령 새 정치시대'에서 제출한 중요한 질문

18대 대선의 승리로 박근혜 대통령이 탄생하게 되었습니다. 우리 겨레 최초의 여성 대통령입니다. 유구한 동방문화의 발원지인 동북아 최초의 여성 대통령입니다. 미래 인류의 희망의 땅인 동북아에서 '철의 여인'이 탄생한 것입니다. 박근혜는 창당을 하면서 '국민이 주인공이 되는 좋은 세상'을 약속하였습니다. 18대 대통령선서 출마의 선언문에서 "근본적인 변화"를 선언하였습니다. "국정운영의 기조를 국가에서 국민으로" 바꿔야 한다고 선언하였습니다. "선진국을 따라 가던 추격형 모델이 아닌 선도형 모델"을 선언하였습니다. "새로운 미래를 선도하는 정부로 거듭 나야 합니다."라고 선언하였습니다. '선도형 모델'과 '새로운 미래의 선도'를 선언한 것입니다. 선거 직전의 12월 17일에 "우리 사회의 혁명적 변화"를 호소하였습니다. 이상은 박근혜 당선인이 창당으로부터 후보까지 핵심공약들입니다.

원봉이 『박근혜 대통령 새 정치시대』 약칭 『새 정치』를 창작하였습니다. 새 정치'는 '박근혜 대통령 새 정치시대'의 거시전략적 싱크탱크기획입니다. 박근혜 후보가 약속한 '국민이 주인공이 되는 좋은 세상'을 기획하였습니다. 박근혜 후보가 약속한 '국민 대 통합'과 '국민행복시대'를 기획하였습니다. 박근혜 후보가 호소한 '근본적인 변화'를 기획하였습니다.

박근혜 후보가 호소한 '혁명적 변화'를 기획하였습니다. 『새 정치』는 박근혜 당선인의 이러한 핵심공약이 실천되게 하는 책입니다. 박근혜가 약속한 '국민이 주인공이 되는 좋은 세상'을 만드는 책입니다. 박근혜 후보가 선언한 '근본적인 변화'를 촉발시키는 책입니다. 박근혜 후보가 선언한 '혁명적 변화'가 일어나게 하는 책입니다. 박근혜가 선언한 국정운영의 기조를 '국가에서 국민으로' 바꾸는 책입니다. 박근혜의 '선도형 모델'로 '새로운 미래의 선도'를 하게 되는 책입니다. 명실상부하게 '박근혜 새 정치시대'의 완벽한 교과서敎科書가 될 것입니다. 새 정치의 모든 이론과 정책, 방법과 조치들을 완벽히 기획하였기 때문입니다. 동시에 '박근혜 새 정치시대'의 완벽한 백과사전百科事典이 될 것입니다. 박근혜 시대의 핵심사업들을 기획하고 기획도면까지 제시했기 때문입니다.

"새로운 정치, 새로운 시대를 만들겠습니다."

2012년 11월 25일, 박근혜 후보가 국민에게 남긴 약속입니다. 박근혜의 당선으로 '박근혜 대통령 새 정치시대'가 열리게 되었습니다. 그러면 도대체 무엇이 "새로운 정치, 새로운 시대"입니까?

이제는 전체 국민의 사고와 토론으로 정답을 찾아내야 할 것 같습니다. 『새 정치』를 읽어 보면서 정확한 판단이 내려질 수 있을 것이라고 봅니다. 낡은 정치와 구태정치를 투철하게 해부하고 날카롭게 분석하였기 때문입니다. '국민이 주인공이 되는 좋은 세상'을 전략적으로 기획하였기 때문입니다. 국민이 항구적으로 행복하게 되는 '국민행복시대'를 기획하였기 때문입니다. 지구촌의 초일류 행복국가로 '세계5강 통일반도'를 기획하였기 때문입니다. 통일반도가 선도하는 동북아 '극동경제공동체/FEC'를 기획했기 때문입니다. 대한민국은 "언론·출판의 자유"를 헌법으로 보장하고, "언론·출판에 대한 허가나 검열"을 헌법으로 금지하고 있는 민주와 법치의 국가입니다. 국민의 토론으로 정답을 찾아 내고 박근혜의 '새 정치시대'가 탄생할 것입니다.

『박근혜 대통령 새 정치시대』가 인류의 위대한 이정표로 남게 될 것입니다. 박근혜가 우리민족과 인류의 위대한 대통령이 되어 역사에 빛날 것입니다.

원봉이 『새 정치』에서 제출한 중요한 질문들입니다.

1. 낡은 정치와 구태정치의 본질과 근본이 무엇인가?

지난 18대 대선의 가장 큰 이슈는 낡은 정치에 대한 정치쇄신입니다. 여야의 후보는 물론이고 무소속 후보까지도 정치쇄신에 초점을 두었습니다. 정치쇄신을 하려면 우선 낡은 정치의 본질과 근본을 확인해내야 합니다. 낡은 정치의 본질과 근본을 확인해야 정치쇄신이 가능하기 때문입니다.

『새 정치』는 낡은 정치를 사실에 근거하여 투철하게 해부하였습니다. 낡은 정치와 구태정치의 본질과 근본을 명백하게 파헤치었습니다. 권력독점垄斷权力, 법외특권法外特权과 밀실정치暗箱操作입니다. 국가의 핵심권력을 모두 독점하고 권력으로 국민을 다스리는 것입니다. 법률이 견제할 수 없는 특권을 가지고 헌법을 마음대로 짓밟는 것입니다. 국민의 알 권리를 박탈하고 국민 몰래 밀실에서 모든 결정을 하는 것입니다. 국민이 낡은 정치와 구태정치의 본질과 근본을 철저히 파악하게 할 것입니다.

2. 국민이 국가의 주인공이 되게 하는 구체적 방법이 무엇인가?

'대한민국헌법'은 국가의 주권은 국민에게 있다고 규정하였습니다. 국가의 모든 권력이 국민으로부터 나온다고 명백하게 규정하였습니다 대통령과 공직자는 전체 국민에 대한 봉사자이라고 명백히 규정하였습니다. '대한민국헌법'의 규정으로 국민이 국가의 주인인 것입니다. 그러나 지난 50여 년의 역사와 현실은 국민이 국가의 주인이 아니었습니다.

모든 권력이 절대로 국민으로부터 나오고 있는 것이 아니었습니다. 정당이 국민의 주권과 모든 권리를 박탈하여 독점하고 있었습니다. 정치쇄신의 핵심은 국가의 권력구조를 헌법의 규정으로 바꾸는 것입니다. 정당이 빼앗아간 국가의 모든 권력을 국민에게 모두다 돌려주는 것입니다. 국민이 국가의 주인이 되게 하려면 말로 하는 공약에 그쳐서는 안됩니다. 반드시 구체적인 방법과 조치가 있어야 하고 완벽한 입법이 있어야 합니다.

『새 정치』는 국민이 국가의 주인이 되는 방법을 기획하여 제시하였습니다. 국민의 제안, 논평, 표결, 감독 등 '4대 센터'를 구축하는 것입니다. 국민정치, 국민두뇌, 국민법치 등 '3대 시스템'을 구축하는 것입니다. '4대 센터'와 '3대 시스템'으로 국민이 국정운영을 하는 것입니다.

국민이 대한민국의 '국민정치법'과 '헌법개정안'을 입법하는 것입니다.

국민입법으로 대한민국의 모든 권력이 국민으로부터 나오게 하는 것입니다. 우리겨레와 인류역사의 최초로 국민이 국가의 주인공이 되게 하는 것입니다. '국민이 주인공이 되는 좋은 세상'이 확실하게 탄생하게 하는 것입니다.

3. 어떻게 거시전략적으로 통일반도의 미래를 기획해야 할 것인가?

우리 반도와 우리 겨레의 미래는 과연 어떻게 될 것입니까? 모든 대통령과 국민이 가장 크게 관심하고 있는 핵심과제입니다. 국가의 미래비전이 없는 민족은 밝은 미래가 있을 수 없기 때문입니다. 무기수입과 전쟁준비로는 국가와 겨레의 미래를 보장할 수 없기 때문입니다. 반드시 5,000만 국민이 통합하고 8,000만 겨레가 화합되게 하여야 합니다.

『새 정치』는 국민민주, 국민행복과 국가통일을 핵심으로 기획하였습니다. 국토통합, 겨레화합과 '세계5강 통일반도'를 거시전략적으로 기획하였습니다. 통일반도가 선도하게 되는 동북아 '극동경제공동체/FEC'를 기획하였습니다. 거시전략적인 기획과 함께 핵심사업들의 기획도면도 마련하였습니다. 통일반도 고속철도 대동맥과 남북경협의 핵심사업들을 기획하였습니다.

정경분리와 대기업 중심의 새로운 대북정책을 기획하였습니다. 우리민족의 부흥을 실현하는 남북경협의 희망찬 청사진을 그려내었다. '대륙부'의 창설과 거대한 유라시아 대륙시장을 개척을 기획하였습니다. '해양산업부'와 '해양특구'의 창설과 해양강국의 도약을 기획하였습니다. 우리의 통일반도를 지구촌 초일류의 행복국가로 기획하였습니다. 국가통일의 위대한 가치를 거시전략적으로 설명하였습니다. 통일의 미래가 엄청나게 눈부시고 찬란하다는 것입니다.

4. 프랑스대혁명보다 더 위대한 "혁명적 변화"가 일어날 것인가?

『새 정치』는 역사의 사실과 거시전략 기획으로 설명하고 있습니다. 인류사회는 국가가 생기면서부터 권력이 국민을 통치하였습니다. 노예사회의 노예주와 봉건사회의 대왕, 황제와 귀족들입니다. 프랑스 대혁명은 봉건정치를 철저히 매장해 버린 위대한 혁명입니다. 볼테르와 루소 등 계몽작가와 사상가들이 프랑스혁명을 선도하였습니다. 프랑스 민족의 후세들이 '프랑스 대혁명의 아버지'라고 부르고 있습니다. 볼테르의 핵심사상은 "인간은 평등하다." 입니다. 프랑스와 미국의 '인권선언'에 모두다 수록되었습니다. '인간평등'을 근본으로 인류의 '민주정치'가 탄생하게 한 것입니다.

『새 정치』는 "국민이 국가의 주인입니다."를 핵심사상으로 하고 있었습니다. '국민주인'을 근본으로 하여 인류의 '국민정치'가 탄생하게 할 것입니다. 지난 대선에서 박근혜 후보는 "혁명적 변화"를 호소하였습니다. 박근혜의 '새 정치'는 국민이 주인공이 되는 "혁명적 변화"입니다. 프랑스 대혁명보다 더 위대한 근본적인 역사적 혁명일 것입니다. 인류의 권력정치를 종결하고 국민이 국가의 주인이 되기 때문입니다. 집권여당이 사라지고 국민이 모든 권력을 가지게 되기 때문입니다. 국가의 모든 권력이 국민으로부터 나오게 되기 때문입니다. 국민이 항구적으로 행복하게 되는 '국민행복시대'가 탄생하기 때문입니다. '국민이 주인공이 되는 좋은 세상'이 탄생하게 되기 때문입니다. 그러므로 프랑스 대혁명보다 더 위대한 역사적인 혁명인 것입니다.

5. 우리의 겨레가 인류의 미래발전을 선도하게 될 것인가?

"선진국을 따라 가던 추격형 모델이 아닌 선도형 모델로 바꿔어야 합니다."

"새로운 미래를 선도하는 정부로 거듭나야 합니다."

지난 해 7월 11일 박근혜 후보가 대선출마에서 발표한 선언입니다. '선도형 모델'과 '새로운 미래의 선도'를 선언한 것입니다. 근대역사의 인류발전은 지중해 지역의 서방민족들이 주도하였습니다. 인류의 '문예부흥'이 일어나고 공업문명의 시대가 탄생하게 하였습니다. 원봉이 『새 정치』에서 거시전략적인 기획으로 예측하고 있습니다. 미래 인류의 발전은 환황해 지역의 동방민족들이 주도할 것입니다. 우리의 반도와 겨레가 미래 인류의 발전을 선도하게 될 것입니다. 인류최초의 '국민정치'와 '국민민주사회'가 탄생하게 될 것입니다. 그 어떤 전쟁의 위험도 없는 '평화발전모델'이 탄생하게 될 것입니다.

국민이 항구적으로 행복한 '국민행복시대'가 열리게 될 것입니다. '한강의 기적'을 뛰어 넘는 '반도의 기적'이 일어나게 될 것입니다. 남북이 '경제공동체'에서 '통일연방공화국'을 거쳐 통일로 가게 될 것입니다. '세계 5

강 통일반도'가 지구촌 초일류의 행복국가로 탄생하게 될 것입니다. '극동경제공동체/FEC'가 세계경제를 견인하는 핵심동력이 될 것입니다. 통일반도가 동북아의 '극동경제공동체/FEC'를 선도하게 될 것입니다. 우리민족이 미래인류의 발전을 선도하는 역사의 새장이 열릴 것입니다. 박근혜 대통령이 우리민족과 인류역사의 위대한 대통령이 될 것입니다. 박근혜의 '선도형 모델'이 탄생하고 인류의 미래를 선도하게 될 것입니다.

이상이 원봉의 책 출판으로 하여 인류의 역사에 던지게 되는 중요한 질문입니다. 그러므로 원봉의 책 출판은 우리나라와 인류의 미래사회에 대한 이상의 중요한 질문을 던지면서, 우리 민족의 역사와 인류의 발전사에 중요한 한 페이지를 남기게 될 것입니다. 세계적인 사상가들이 남긴 편지는 역사에 영원히 남는 역사유물이 되기도 했습니다.

오늘 원봉이 독자들께 드리는 이 편지가 30세기 이후의 우리의 후손들과 미래의 인류가 21세기의 세계 인류를 연구하는 역사유물이 될 수도 있다는 생각이 듭니다. 열심히 창작하여 좋은 책들을 지속적으로 출판할 수 있도록 최선을 다할 것입니다.

후기

세계적인 기획가와 사상가가 되겠습니다

 필자의 '원봉기획실'은 국제협력사업의 전문기획과 전문저서의 창작으로, 동북아의 미래발전을 전략적으로 기획하여 추진하고 있는 해외동포 민간 싱크탱크입니다.

 인류의 '국민민주사회', 인류의 '평화발전모델', 인류의 '협력경쟁시대', 인류의 '유라시아·북극해시대', 인류의 '사상문명시대', 인류의 '거시역사학', 동북아의 '극동경제공동체/FEC'와 '세계 5강 통일반도' 등 8대 핵심기획을 추진하고 있습니다.

 우리의 인류가 탄생한 지는 불과 몇백만 년입니다. 인류의 역사는 이미 원시문명과 농업문명, 공업문명의 시대를 거쳐 사상문명의 시대로 본격 접어들었습니다.

 원시문명 시대의 인류는 야생동물의 사냥과 기르기 및 야생식물의 이용과 재배 등으로 생존과 발전의 길을 찾았고, 농업문명 시대의 인류는 농사와 수공업 등으로 생존과 발전의 길을 찾았으며, 공업문명 시대의 인류는 제품의 생산과 시장의 개척 및 새 기술 새 제품의 발명 등으로 생존과 발전의 길을 찾았습니다.

인류의 사상문명 시대는 원시문명, 농업문명, 공업문명 시대에 이어 인류의 역사상 네 번째 문명의 시대입니다. 다가오는 사상문명 시대의 인류는 인간의 탁월한 사상과 슬기로운 지혜로 인류의 생존과 발전의 길을 기획하여 개척하여 나가게 됩니다.

가장 대표적인 성공 사례가 미국의 빌 게이츠가 창조한 '마이크로소프트'의 기적과 스티브 잡스가 창조한 '애플'의 기적입니다. 인간의 탁월한 사상과 뛰어난 지혜로 기획하여 만들어 낸 사상문명의 큰 기적들입니다. 우리의 인류가 인터넷시대와 스마트 지능시대로 진입하게 하는 획기적이고 위대한 기적을 창조해 낸 것입니다.

우주학자들은 지구의 향후 수명이 적어도 50억 년, 많게는 70억 년일 것으로 예측하고 있습니다. 인류는 조만간 '국민민주사회' '평화발전모델' '협력경쟁시대'와 '사상문명시대'에 진입하게 될 것이며, 인간의 두뇌 속에 있는 탁월한 사상과 지혜가 향후 50억 년 이상 지속될 인류의 생존과 발전에서 핵심 동력의 역할을 하게 될 것입니다.

필자는 인류의 사상문명시대와 국민민주사회, 협력경쟁시대를 정치경제학적으로 분석하고 전망하는 '인류사상문명시대총서人類思想文明時代叢書'를 창작하고 인류의 역사를 몇천 년, 몇만 년, 몇십만 년, 몇백만 년, 몇천만 년, 몇억 년 등의 시간 단위로 탐구하고 기획하는 '거시역사학宏觀歷史學'을 창설하려고 합니다.

'극동遠東'이라는 명사는 당시 신대륙의 발견을 계기로 전 세계의 식민

통치를 주도하고 있었던 서구인들이 유럽을 중심으로 하여 만들어 낸 지명地名입니다. 유럽에서 중동中東보다도 멀고도 먼 동방의 땅이라는 뜻으로 현재의 중국, 한국, 북조선, 일본, 러시아아시아 지역와 몽골 등 동북아의 6개국을 포함하고 있습니다.

필자는 1990년부터 20년이 넘게 동북아 극동지역 국제협력의 기획이라는 한우물만 파오게 되었습니다. 동북아의 가치, 중국의 가치, 러시아의 가치, 우리 반도와 겨레의 가치를 심도 있게 탐구하게 되었으며 이미 '세계 5강 통일반도' 사업의 핵심기획을 완료하고, 2002년부터 동북아의 '극동경제공동체/FEC' 사업을 기획하여 관련국가의 중앙정부에 사업제안을 하고 전문저서의 창작과 함께 전략적으로 추진하고 있습니다.

지금 이미 힘차게 굴기屈起하고 있는 동북아의 극동지역은, 조만간 인류사회의 발전을 강력하게 견인하는 핵심지역과 핵심동력으로 자리매김하게 될 것입니다.

이 동북아 극동지역 6개국의 중심에 우리의 반도와 우리의 겨레가 있습니다.

한국에서는 한반도라고 하고 있고 북조선에서는 조선반도라고 하고 있는 우리의 반도는 지리적으로 중국, 러시아아시아 지역, 몽골, 일본의 중심에 자리 잡고 있으며, 지정학적으로는 조만간 다가올 동북아 '극동경제공동체/FEC' 시대에 중축中軸의 역할을 하고 세계 5강으로 힘차게 도약하여 지구촌 초일류의 행복나라로 '통일반도국가'를 창설할 수 있는 매우 좋은 여건들을 충분히 구비하고 있습니다.

우리의 겨레는 근 만 년을 두고 중화민족, 일본민족과 함께 동방인류東方人類의 유구한 역사를 쌓아오면서 위대한 동방문명을 창조하였고, 근면

하고 창의적이고 슬기로우며 신나게 일하고 흥나게 사는 아름다운 민족의 풍습을 키워냈습니다.

오늘도 탁월한 사상과 뛰어난 지혜로 지구촌의 초일류 최첨단 산업과 국제무역산업, 글로벌 문화산업 등으로 또 하나의 세계적인 기적들을 창조하고 있습니다.

우리의 겨레는 미래 인류사회의 발전에 매우 큰 전략적 가치가 있는 둘도 없이 귀중한 지혜의 민족이고 희망의 민족이며, 우리의 반도는 미래 인류사회의 발전에 매우 큰 전략적 가치가 있는 둘도 없이 보귀寶貴한 황금의 땅이고 기회의 땅입니다. 우리는 우리의 겨레와 반도의 이 귀중한 핵심가치를 꼭 조속히 인지認知해야 합니다.

인류의 역사를 돌이켜 볼 경우, 서방인류와 서부유럽이 인류의 발전에 거대한 기여를 하였으며 특히 이탈리아 반도가 로마제국의 강성과 인류사회의 발전 및 인류문명의 발전에 매우 중요한 역할을 하였습니다. 이어서 서구인들이 북미주로 대거 이주하면서 미국을 중심으로 한 북미주 국가들이 인류사회의 발전을 견인하여 왔던 것입니다.

서구와 미국을 비롯한 서방인류와 서방문명이 근대 인류의 발전을 주도하였다면, 미래 인류의 발전은 동북아를 중심으로 한 동방인류와 동방문명이 이끌어 나갈 것입니다.

향후 인류사회의 발전에서 우리의 겨레와 반도는 이탈리아 민족과 이탈리아 반도가 과거 세계에서 인류의 발전에 기여한 그 모든 업적을 훨씬 초과하는, 더 휘황찬란하고 더 거대한 가치가 있는 역사적인 기여를 하게 될 것입니다.

하지만 우리의 반도와 우리의 겨레는 지금도 분열되어 있습니다.

아직도 반세기가 넘는 분단의 국가로 엄준하게 대결하고 있으며, 우리의 겨레와 우리의 반도만이 가지고 있는 모든 장점들도 산산이 부서져 있습니다. 무엇이 국익이고 또 무엇이 최고의 국익입니까? 우리는 조속히 확인해야 합니다.

정답은 하나입니다. 국토의 통합과 겨레의 화합으로 모든 전쟁의 위험을 뿌리로부터 송두리째 뽑아 던지고, 우리의 반도와 겨레의 장점을 융합하여 세계 5강의 통일국가로 힘차게 도약하고, 지구촌 초일류의 행복국가를 창설하는 것이 바로 최고의 국익입니다.

국토가 통합되고 겨레가 화합되어야만 우리의 겨레와 반도의 장점을 융합할 수 있으며 나라에는 국익이 있고 겨레에는 행복이 있고 반도에는 희망찬 미래가 있습니다. 우리는 반드시 거시 전략적으로 조국의 통일을 사고하고 기획하여야 합니다.

전 인류가 공인하는 진리입니다.

시대의 흐름을 선도할 수 있는 탁월한 사상과 창조적인 기획이 진리와 정의를 탄생시키고, 나라의 국익과 민족의 미래를 선도하고 있습니다.

우리의 인류는 이미 수많은 세계적인 사상가들을 탄생시켰습니다.

모든 우수한 민족이 전부 다 자기 민족의 세계적인 사상가가 태어나게 하였습니다.

위대한 사상가들은 탁월한 사상으로 그 시대의 흐름을 견인하였고, 나라와 겨레의 운명을 바꾸어 놓게 하면서 자기의 민족과 인류의 위대한 역사를 창조하였습니다.

볼테르는 프랑스를 대혁명으로 이끈 위대한 작가이고 사상가입니다.

"인간은 평등하다." 볼테르가 남긴 역사적인 명언입니다. 이 명언은 프랑스의 인권선언과 미국의 인권선언에 모두 수록되었습니다. 우리 민족도 많은 사상가들이 역사에 남아 있습니다.

그러나 아직 세계적이고 역사적인 위대한 사상가는 나타나지 못했습니다. 우리는 반드시 우리 민족의 세계적인 사상가들이 탄생하게 하여야 합니다. 우리 겨레가 미래인류의 발전을 선도하려면 반드시 세계적인 사상가가 있어야 합니다.

고어古語에 '집사광익集思廣益'과 '포전인옥抛磚引玉'이라는 말이 있습니다. 여러 사람들의 지혜와 의견을 모아서, 자기의 미숙한 학식인 돌磚을 먼저 선보이고 다른 분들의 고견高見인 옥玉을 모셔온다는 뜻이라고 말할 수 있습니다.

필자는 소년시절부터 지금까지 반도체 라디오를 통하여, 책을 통하여, 신문을 통하여, 인터넷을 통하여, 텔레비전을 통하여 한국의 많은 교수, 학자, 기업인, 정치인들의 이론과 주장을 배우고 사고하고 분석하면서 '통일반도총서'를 창작하게 되었습니다.

특히 한국방송공사 KBS의 〈일요진단〉〈심야토론〉〈열린토론〉과 〈아침마당〉의 '목요특강'에서 많은 영감을 얻고 깊은 사고를 하게 되었습니다.

그러므로 저의 기획과 창작은 한국 국민들의 지혜를 기초로 하여 이루어졌으며, 이렇게 『새 정치』를 창작하여 미숙한 돌磚로 '포전인옥'을 하게 되었습니다. 여러분들의 많은 고견高見을 구슬玉로 모셔올 수 있다면 대단히 반갑겠습니다.

이 자리를 빌려 지난 1990년 제가 현대그룹 정세영 회장님께 드린 사업제안을 보시고 답신을 주시고 중국에 오셔서 사업검토를 하신 현대종합상사 음용기 사장님, 1991년에 저와 면담하시고 주요 계열사를 돌아보게 하신 한라그룹 정인영 회장님, 1992년에 저희들과 회담을 하시고 후에 중국을 방문하신 현대그룹 정세영 회장님, 1998년에 저서를 보내주시면서 기념서명을 하여 주신 서울대학교 조동성 교수님, 저의 사업제안에 친히 답신을 주신 삼성물산의 현명관 회장님, 포스코그룹의 김종진 사장님, 효성그룹의 이상운 사장님, 대우그룹의 장병주 사장님, 현대로템의 정원순 부회장님, 김대중 정부의 박재규 통일부 장관님, 노무현 정부의 문정인 동북아시대위원장님, 이명박 정부 주관부서의 김우연 선생님 등 모든 분들께 진심으로 감사를 드립니다.

저에게 너무나도 큰 신심信心과 지혜를 가져다주었기 때문입니다.

그리고 도서출판 행복에너지의 권선복 사장님께 깊은 감사를 드립니다. 저의 원고를 여러 번 검토해 주셨고 매우 중요한 지원을 해주셨습니다. 도서출판 행복에너지는 매우 전망이 밝은 출판사입니다. '박근혜 대통령 새 정치시대'의 핵심사상을 선도하는 출판사가 될 것입니다. 박근혜 대통령이 추진하는 '국민행복시대'의 행복에너지가 될 것입니다.

박근혜 대통령이 인류 최초의 '국민정치'를 탄생시키는 이정표를 만들 것입니다. 박정희 대통령보다 더 위대한 박근혜 대통령의 탄생을 기록하게 될 것입니다.

희망찬 2013년, 계사년의 새해가 밝았습니다.

사랑하는 독자 여러분, 복 많이 받으세요!

2013년 새해를 맞으면서
원봉 드림

원봉의 거시전략적인 전망

박근혜 여사는 이미 평양에서 통일을 기획하였다.
박근혜 대통령이 통일의 새 장을 열게 될 것이다.
통일반도가 '세계5강'으로 도약하게 할 것이다.
지구촌 초일류의 행복국가로 탄생하게 할 것이다.

기획도면1

반도의 동북아 핵심가치 기획도면

반도의 동북아 극동 핵심가치 기획 설명

1. 반도가 중국의 가장 중요한 경제발전 핵심구역과 몽골, 러시아 극동의 연해주, 그리고 일본 열도의 중심에 자리매김하여 있다.
2. 반도가 동쪽에 위치한 극동 '지중해' FTA지역과 서쪽에 위치한 극동 '환황해' FTA지역의 중축으로 되어 있다.
3. 반도가 동북아 '극동경제공동체' 고속철도 고속도로로 운송망과 동북아지역 해운 항공 네트워크의 핵심 위치에 자리잡고 있다.

기획도면2

조선자유무역특구 총도면

기획도면3

조선 신도국제도시 도면

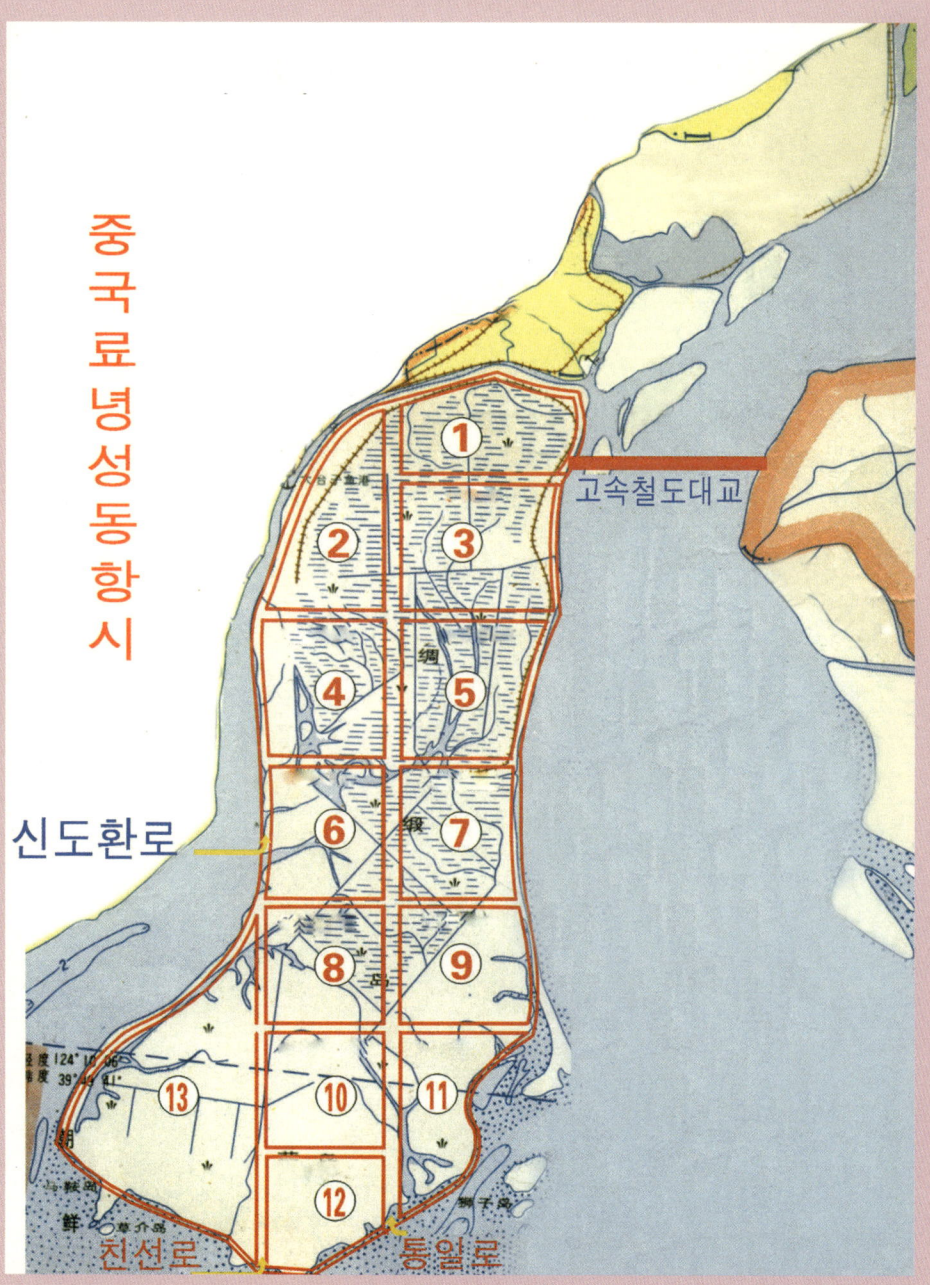

299

조선 압록강 자유무역특구 도면

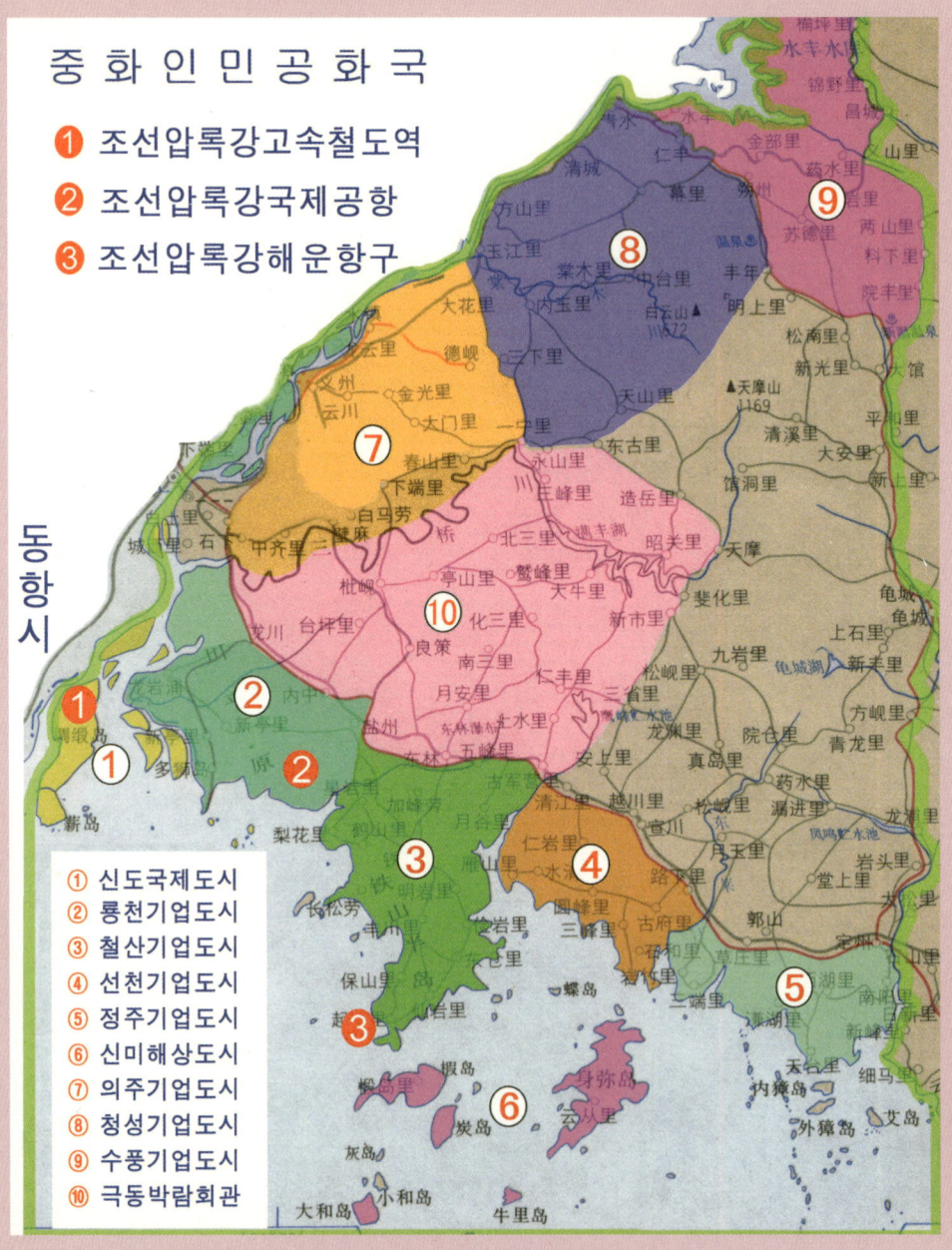

300 박근혜 대통령 새 정치시대

동북아 '극동경제공동체' 기획도면

부록

한라그룹 정인영 회장님과 단독회담 후
1991 봄 기업 방문 시 기념사진

1992년 봄 현대자동차 방문 시에
현대그룹 정주영 회장님과 회담 기념사진

다음 대통령들께 묻는다!

1. 어떻게 기존의 '3류정치'를 끝내고 우리나라 정치선진화를 실현하시겠습니까?
2. 어떻게 국민이 국가의 주인이 되게 하고 대통령은 국민의 '머슴'이 되겠습니까?
3. 어떻게 그 어떤 전쟁의 위험도 없게 하고 우리의 평화발전모델을 창조하시겠습니까?
4. 어떻게 국가의 역사적인 개혁을 추진하여 국민이 정말로 꼭 행복하게 하시겠습니까?
5. 어떻게 조국통일을 전략적으로 기획하여 국토통합과 겨레화합을 이룩하시겠습니까?
6. 어떻게 거대한 유라시아대륙에 융합하여 세계 5강 대국으로 도약하게 하시겠습니까?

※구체적 조치와 실천의 확답이 필요합니다.

함께 보면 좋은 책들

열정으로 유혹하라
강규남 지음 | 148*215 | 값 15,000원

대한민국 최초 여성 대통령 시대 개막! 21세기 대한민국이 주목하는 여성 리더십!
특유의 감성과 포용력을 바탕으로, 사업 각 분야의 전위에 나서는 여성 리더들의 노하우는 무엇일까. 성공한 리더가 되기 위해 필요한 것은 오직 '열정' 하나임을, 30년 CEO 경력 저자의 목소리를 통해 들어보자.

돌격영웅전
박근형 지음 | 신국판 | 값 15,000원

젊은이여! 위로는 끝났다. 신세타령 그만하고 일어나서 돌진하라! 시대를 앞서간 30인의 전 세계 영웅이 전하는 열정과 도전의 메시지. 중요한 것은 생각이 아닌 실천. 온몸을 던져 세상에 도전하고 그에 대한 평가는 시간에 맡기자. 그 열정이 세상을 이끌어 가는 원동력이다.

내가 들어줄게
우영제 지음 | 145*210 | 값 15,000원

기성세대의 자랑과 인생 코칭만 늘어놓은 뻔한 자기계발서는 이제 그만!
평범한 옆집 형 같은 저자가 현실에 상처 받은 후배와 나란히 앉아 '행복한 미래를 위해 젊은 세대가 꼭 알아야 할 행복 노하우'를 솔직담백하게 들려준다. 「시간관리는 다이어트」,「20대 최고의 경쟁력은 인성」,「공부와 행복푸어」라는 세 가지 주제를 바탕으로 각박한 현실에 대한 청춘들의 올바른 대처법을 알아 보자.

중국의 굴기와 미국의 전략
신성원 지음 | 145*210 | 값 15,000원

미국과 중국, 전략적 동반자로 발전할 것인가 불가피한 적으로 남을 것인가.
현재 국가 관계에서 가장 중요한 관계는 미국과 중국과의 관계이다. 중국이 자신의 지정학적 환경 속에서 어떻게 자신의 생존과 번영을 확보하고 강화하기 위해 노력해왔는지 미국 최고 국제 문제 대가들인 키신저, 브르제진스키, 스코크로프트 등 전 미 대통령 안보보좌관들의 전략적 사고를 통해 파악해 보자.

청춘이 스펙이다
정태현 지음 | 신국판 | 값 15,000원

청춘을 망치는 대한민국의 잣대를 부숴라!
평사원으로 시작해 포스코 건설의 임원직까지 오르고, 이후 글로벌 기업 에어릭스의 대표가 된 정태현 저자가 이 시대의 청년들과 과거 청년이었던 모두에게 바치는 청춘의 노래. 이제 의미 없는 스펙의 굴레에서 벗어나 진짜 인생을 위한 스펙을 쌓아보자.